上海交通大学现代金融研究中心系列丛书

倪权生 著

全球资本流动过程中的收益分配

格致出版社 上海人民出版社

全球化是近半个世纪以来世界经济发展最为显著的特征,特别是 20 世纪 80 年代以来,随着各国经济对外开放度的提高,国际间贸易、投资活动不断加深。国际资本在经济全球化中起着重要的载体作用,它已渗入到全球经济活动的各个领域,将各国紧密地联系在一起,形成一个复杂的活动网络,维系着全球及各国经济、金融体系的运转。国际资本作为一种生产要素,既可以给投资国带来回报,也可以给东道国提供发展所需要的资源,因此国际资本流动的过程也是利益产生和分配的过程。不少学者认为国际流动资本由少数发达国家掌握,以美国、日本和西欧国家为主体的发达国家是掌握全球资本流动的主导力量,并从中获得巨大利益。而大多数发展中国家,在国际资本流动体系中往往处于被动的地位。关于全球资本流动过程中收益分配不均的讨论越来越受到学者们的关注。虽然不少学者从不同的角度进行了阐述和分析,但是现有的国际经济金融理论尚未对此形成系统的、明确的观点和理论体系。并且这些讨论往往是定性的,更侧重逻辑分析的研究,缺少理论和实证的支持。

本书试图将国际资本流动过程中的收益分配问题,进行系统的梳理和分析。在充分利用前人已有成果的基础上,通过理论推导和实证分析探讨各经济体在对外资本循环中的收益和成本,分析各经济体在国际资本流动体系中的角色。研究在经济全球化的背景下,国际资本流动所产生的收益在不同经济体之间的分配问题。

各经济体在国际资本流动体系中获益情况不同,是因为各经济体在对外资本流动中的收益和成本不同。本书的研究基础是单个经济体在全球资本流动体系中的收益和成本,通过比较收益和成本来比较不同经济体在对外资本循环中是否获益,并从全球视角来分析收益分配问题。

本书首先提出理论假说,从理论上推导不同特征经济体在全球资本流动体系中的获益能力。在理论假说的基础上,通过实证数据理清过去近 30 年全球资本流动体系的格局及其演化过程。在进行收益分析之前,首先需要解决的是国际资本的存量问题,作者针对不同类型的资产建立模型,计算了过去 30 年 80 个国家和地区的对外资产和负债存量。基于计算的这 80 个国家和地区的资产负债存量数据,结合各国和地区国际收支中的投资要素收入和支付数据,进一步计算了各国和地区的对外投资的账面收入和支付。基于收入和支付数据、投资存量数据和投资流量数据,我们计算了各国和地区的对外投资的收益率和支付率。进而通过收入和支付、收益率和支付率的比较,分析得出哪些国家和地区在全球资本流动体系中是获益的,而哪些国家和地区又是受损的。并进一步从微观和宏观的角度去分析其中的原因。

从理论上来说,那些经济发达、技术先进、资金实力充裕的发达国家和地区能够在对外直接投资中获得更大好处。这些国家和地区的跨国公司利用自身的技术、管理和资金优势,结合发展中国家和地区的廉价劳动力和其他资源,能够有效降低成本,提高利润。证券投资方面,发达国家和地区——特别是资本市场发达的国家和地区——由于具备信息、资本、技术优势,从而能够取得更好的收益率。在其他投资和储备资产类别中,不同国家和地区的收益和成本,因受到其资质、利率水平等因素的影响而有所不同。落后国家和地区由于信用低,可能需要支付更高的利息。而那些提供国际储备货币的国家和地区,不仅在本币初次输出时享有"铸币税",还在此后的对外资本循环中,充当银行家的角色,能够以低成本吸收资金,再以高利率贷出资金。

在理论假说的基础上,我们通过建立一个可以代表全球经济活动的国家(地区)样本,实证分析全球资本流动过程中各国(地区)的收益和成本。样本包含 80 个国家和地区,这 80 个国家和地区的经济总量(GDP)占全球 95% 左右,这些地区对外资本流动规模也占全球所有国家和地区的 95% 左右,我们可以认为这些样本基本代表了全球的经济活动。

通过建立模型计算这 80 个样本国家(地区)对外资本流动和国际投资头寸的情况,我们首先厘清了过去 30 年全球资本流动的格局及演变趋势。我们发现过去 30 年全球资本流动呈现出以下特征:(1)国际资本流动规模增长加速。全球资本流动规模和各经济体国际投资头寸增长超过同期实体经济的增长速度。(2)少数经济体在国际资本流动体系中占据主导地位,资本流动规模最大的 13 个经济体占全球比重超过80%。从区域来讲,西欧经济体的资本流动规模占全球的一半左右,是全球资本流动最活跃的地区。其次是北美,资本流动总量平均占全球的 15%—20% 之间。20 世纪90 年代中期以后,发展中国家(地区),特别是亚洲和中东欧的发展中国家(地区)在全球资本流动体系中的比重明显上升。(3)对外资本流动"失衡"的国家(地区)越来越多。在我们计算的样本中,2000 年至 2008 年间,每年资本净流动和 GDP 比值超过5% 的有 30 个国家和地区,而这一数字在 90 年代和 80 年代分别仅为 10 和 12。(4)尽管发展中国家(地区)在 90 年代末开始由资本输入转变为资本输出,但是发展中国家(地区)的负债地位尚未根本改变。虽然发展中国家(地区)在 2008 年对外总资产首次超过总负债,但是扣除中国因素之后,其他发展中国家(地区)长期以来仍旧对外净负债,并且在 2008 年金融危机之前,其他发展中国家(地区)的负债规模还呈上升趋势——虽然 2000 年以后发展中国家(地区)持续资本输出。扣除美国因素之后,其他发达国家(地区)长期对外资本净输出,持有的境外资产也大于对外负债,并且净资产规模不断上升。(5)发达国家(地区)的境外资产中,证券投资所占比重不断上升,储备资产所占比重大幅下降;而发展中国家(地区)的境外资产结构变化最显著的特征就是储备资产的不断上升,80 年代初发展中国家(地区)的境外资产中储备资产约为 25%,这一比例到 2008 年已经上升为 50%,其中主要是外汇储备,黄金和 SDR 所占比例极小。

从收益和支付角度来看,只有少数经济体在国际资本循环中获得了要素净收入,而获得账面净收入的经济体则更少。我们计算的 80 个样本国家(地区)中,在 1980—2008 年间,有 34 个经济体累计资本净输出,到了 2008 年只有 24 个是债权经济体,能够获得累计要素净收入的只有 15 个,如果考虑资产升值,那么能够获得账面净收入的经济体只有 12 个。这说明在国际资本流动体系中,"赚钱"并不容易,不少国家和地区在输出资本的同时,还向外国(地区)支付更多的利息——中国和俄罗斯就是其中的典型代表。在一些债权经济体(或资本输出经济体)还需要对外利息净支付的情况下,美国和英国这两大债务国从国外大量借入资本的同时,却还能够获得更高的收益——无论是要素收入,还是账面收入。我们用净收益率表示收益率和支付率之差,在过去 30 年中要素净收益率均值显著为正的经济体仅有 7 个,而账面净收益率显著为正的经济体仅有美国 1 个。这说明在全球资本流动体系中,能够直接获益的经济体非常少,大多数经济体在对外资本循环中的成本超过收益。

CONTENTS 目录

第 7 章　结论和展望

第1章 绪论

1.1 选题背景和意义

全球化是近半个世纪以来世界经济发展最为显著的特征,特别是 20 世纪 80 年代以来,随着各国经济对外开放程度的提高,各国贸易、投资活动不断加深。经济全球化促进了生产要素在全球范围内的有效配置,为各国提供了新的发展机会。国际流动资本在经济全球化中起着重要的载体作用,它已渗入到全球贸易、服务以及投资等各个领域,将全球不同的国家紧密地联系在一起,形成千丝万缕而又复杂异常的网络,维系着全球及各国经济、金融体系的运转。国际资本作为一种生产要素,既可以给投资方及投资国带来回报,也可以给融资方及东道国提供发展所必要的资源,因此国际资本流动的过程也是利益产生和分配的过程。

从全球来看,国际资本的总量是极其庞大的,已经超过了全球 GDP 的总和,但其分布却是极不均衡的。虽然传统观念认为,资本输出国往往都是少数的发达国家,但如今形势却发生了变化,积累巨额贸易盈余的发展中国家如中国、石油输出国等,其资本输出规模也不可小觑。但与传统的发达国家相比,这些新兴国家的资本输出呈现出单一性、低盈利性特征。国际流动资本仍由少数发达国家掌握,以美国、日本和西欧国家为主体的发达国家仍是全球资本流动过程中的主角,把握着全球资本流动的主导力量,并从中获得巨大利益。而大多数发展中国家,在国际资本流动体系中往往处于被动的地位。不仅在资金的运用上处于被动地位,而且在投资收益和融资成本上,发展中国家也往往处于不利地位。著名的"斯蒂格利茨怪圈"正是阐述发展中国家——特别是亚洲国家——将本国企业的贸易盈余转变成官方外汇储备,并通过购买收益率很低的美国国债,回流到美国资本市场;美国在贸易逆差的情况下大规模接受这些"亚洲美元",然后又以证券组合投资、对冲基金等形式将这些"亚洲美元"投资在以亚洲为代表的高成长新兴市场国家获取高额回报。除了美国和亚洲国家"斯蒂格利茨怪圈"式的资本循环外,在发达国家主导的全球经济、贸易和金融体系下,在全球范围内的资本循环中,利益又是如何分配的? 资本输入国和输出国又承担了怎样的成本?

对于这些问题,虽然不少学者从不同的角度进行了阐述和分析,但是现有的国际经济金融理论尚未对此形成系统的、统一的、明确的观点和理论体系。关于国际资本流动中的收益分配问题,现有研究大多是将资本输出国和输入国分开单独分析,或者将实体经济和虚拟经济分开分析。一些学者分析证券市场国际化分散投资的收益,另一些学者分析外国直接投资对东道国的益处。而实体经济和虚拟经济往往是有紧密关联的,同时资本输出国和输入国在收益分配问题上也是存在竞争关系的。还有些研究则结合资本输入国和输出国双方来讨论收益分配问题,但这类讨论往往是定性的,更侧重逻辑分析的研究,缺少理论和实证的支持。

因此,本书试图将国际资本流动过程中的收益分配问题,作为一个体系进行系统的梳理和分析。在充分利用前人已有成果的基础上,作者拟通过实证数据分析国际资本流动的特征,分析各国和地区在对外资本循环中的收益和成本,分析各国和地区在国际资本流动体系中的角色,研究在经济全球化的背景下,国际资本流动所产生的利益在不同国家和地区之间的分配问题。

随着我国外汇储备规模的不断增长,关于中国巨额外汇储备低收益高成本的讨论也越来越受到重视。正是在这样的背景下,本书希望在理清全球资本流动格局的基础上,分析全球资本流动过程中的收益分配问题,比较不同国家和地区在对外资本循环中的收益和成本,并分析其中的原因,进而为我国对外资本开放和巨额外汇储备管理提供参考。

1.2 研究思路和内容

1.2.1 研究思路

本书采用理论和实证分析相结合的方法,首先提出理论假说,从理论上推导不同特征国家和地区在全球资本流动体系中获得收益的能力以及融资成本的高低。在理论假说的基础上，结合过去 30 年的实证数据，分析全球资本流动体系中的收益分配情况。由于不同国家和地区之间经济规模差距极大，各国和地区对外的资本流动规模也存在显著差异，收入和支付的总量与经济规模存在很大联系。因此，收益率和支付率相对于收益和支付的绝对量，更能够显示一国和地区在对外资本循环中的收益和成本。本书关于收益的研究，也主要基于对收益率和支付率的分析。

本书的实证分析是一个从个体到整体再到个体的过程，首先计算和分析各个样本国家和地区的对外资本循环以及从中获益情况，进而从全球视角比较各国和地区在全球资本流动体系中的收益和成本，得出哪些国家和地区在全球资本流动体系中是获益的，而哪些国家和地区又是受损的。在分析全球格局的基础上，又回到全球资本流动体系中的主要国家和地区，进一步分析这些国家和地区对外资本循环的特征，从微观和宏观的角度去分析其中的原因。最终，本书希望能够通过理论分析和实证数据，构建出全球资本流动体系的格局以及其中的收益分配情况，并为我国如何在全球资本流动体系中争取最大收益提供参考。

1.2.2 本书主要内容

第 1 章是引言部分，介绍了本文研究的背景和意义，介绍了本书的研究思路和主要内容，提出的研究对象以及相关概念的界定，并提出了本书的创新点。

第 2 章主要内容为文献综述，由于和本书研究的题目直接相关的定量研究较少，也缺乏相关的理论体系。因此本书就对在研究过程中需要涉及的主要理论和实证研究进行了整理和综述。除了关于国际投资的收益分配问题之外，还总结了对国际资本流动格局的研究、国际投资头寸的估算方法等方面的文献。

第 3 章提出分析的理论基础。基于直接投资理论、证券投资理论、利率平价原理，本章分析了不同类型的国际投资资产中，不同国家和地区具备的盈利能力以及可能的融资成本。

第 4 章基于我们的研究样本，系统全面地从实证数据分析了过去近 30 年中全球资本流动体系的格局、演变和最新特征。分析了不同类型和区域的国家和地区在全球资本流动体系中的角色，并进一步深入到国家层面。就国际资本流动的规模、结构、方向、变化趋势作了全面的计算和分析。

第 5 章计算了跨国投资给各国（地区）带来的收益和成本。结合收益（支付）的规模和收益率(支付率)大小,从绝对值和相对值上分析了各样本国家和地区的收益情况。通过收益率和支付率的数据,从而分析出全球资本流动体系中哪些经济体给外国投资者提供了高回报率的资产以供投资、哪些经济体具备在全球获得高收益的能力、哪些经济体在全球资本流动体系中既能获得高收益又能以低成本融资。

第6章基于第4章和第5章的结果,重点分析了全球资本流动体系中的主要角色,即美国、英国、德国、日本和中国。以实证数据分析了这些国家和地区在全球资本流动体系中的地位,以及这些国家和地区对外投资的收益和融资成本。

第7章总结了本文的研究成果,提出了对后续研究的展望。

1.3　研究对象及相关概念的界定

本书的研究主题是全球资本流动过程中的收益分配,而全球资本流动是由全球200多个经济体之间错综复杂的多边关系构成。因此,研究对象分为两个层面,第一个层面基于微观视角,即全球资本流动体系中各个国家和地区的收益和成本,全球资本流动体系中的收益分配格局是由每个国家和地区的收益和成本所决定,这是研究的基础;第二个层面基于全球视角,基于各经济体对外资本循环的情况以及收益和成本进一步分析全球层面的资本流动的格局以及收益分配。

本书的研究步骤是从个体到整体,再到个体的一个过程。首先利用相关模型计算单个经济体对外资本流动的情况,以及该经济体在此过程中的收益和成本。其次,基于单个经济体的资本流动以及收益情况,分析和构建全球资本流动格局的框架,并进一步分析全球收益分配的格局。最后,基于对全球资本流动过程中收益分配的研究,重点分析主要的国家和地区在全球资本流动体系中的角色,以及这些国家和地区是否在对外资本循环中获益。

分析一国和地区对外资本流动的格局以及收益情况,需要从多个角度进行分析,涉及国际资本流动的流量、存量、境外投资的收益、境外投资收益率等多个方面。各国和地区对外资本流动的流量以及利息、红利等收入(支付)在各国和地区的国际收支平衡表中已经进行了官方统计。本书的相关概念以 IMF 的《国际收支手册》为基础,并根据本书研究需要进行了进一步扩充。

作者首先估算了各经济体的国际投资头寸,国际投资头寸是反映特定时点上一个国家或地区对世界其他国家或地区金融资产和负债的存量数据。国际投资头寸的变动是由特定时期内交易、价格变化、汇率变化和其他调整引起的。国际投资头寸表在计价、记账单位和折算等核算原则上均与国际收支平衡表保持一致，并与国际收支平衡表共同构成一个国家或地区完整的国际账户体系。根据 IMF 的《国际收支手册》，资产细分为对外直接投资、证券投资、其他投资和储备资产四部分；负债细分为外来直接投资、证券投资、其他投资三部分，净头寸是指对外资产减去对外负债。由于金融衍生品作为新兴的金融投资方式，其发展时间较短，大多在场外市场完成，数据难以统计（我们发现大多数国家和地区的对外金融衍生品投资数据都存在比较严重的缺失），因此，本书所涉及的各经济体对外资本流动均不包括金融衍生品（如无特别说明）。

投资收益是本书分析的重点内容，我们将境外投资的收益根据来源分成两个部分——要素收入和资产升值。由于在日常使用中，人们常将要素收入也称为投资收益，为了区别起见，我们分别定义了账面收入和要素收入两个概念，账面收入包括要素收入和资产升值两个部分。要素即国际收支平衡表中的投资收入项，是居民实体因持有国外金融资产而得到的收入，最常见的要素收入是股本收入（红利）和债务收入（利息）。红利包括股息，是分派给股票以及在公司化的私人企业、合作企业以及公共企业里的其他参股形式的收益。红利代表债权人和债务人之间无需根据具有约束力的协议即可用于分配的收入。利息包括贷款和债券的收入。根据不同的资产类别，要素收入又可分为直接投资收入、证券投资收入和其他投资收入。国际收支平衡表中的投资收入（即本文所指的要素收入）是已经实现的，由红利、利息等形式获得的收入，但不包括境外资产由于自身价格变动而给居民带来的账面的增值或损失。因此，我们引入账面收入的概念，即无论是因为资产价格波动还是来自分红利息，只要在一定时间区间内使居民因持有境外资产而得到的所有收益或损失均称为账面收入。

分别与要素收入和账面收入对应，我们将一国（地区）因对外负债而对外国投资者支付的红利和利息称为要素支付，因本国（地区）负债的价值变化和本国（地区）对外支付的红利和利息等所有因素引起的外国投资者的账面的收益称为账面支付，即要素支付是账面支付的一部分。

有了要素收入、账面收入、要素支付、账面支付的概念，我们结合一国（地区）的资产头寸、负债头寸以及相关的资本流出和流入量，计算一国（地区）对外投资的收益率和对外融资的支付率。要素收益率表示一国（地区）在一定的境外资产基础上获得要素收入的水平，账面收益率是一国（地区）在一定的境外资产基础上获得账面收入的水平。要素支付率反映了一国(地区)在一定的对外负债基础上对外要素支付的水平,账面支付率反映了一国(地区)在一定的对外负债基础上对外账面支付的水平。

1.4　本书的创新点

(1)选题和分析角度新颖。本书从全新视角量化分析全球资本流动过程中的收益分配。目前关于全球资本流动过程中的收益分配问题的研究较少,以局部性的、定性的分析为主。本书以大量样本国家和地区对外投资的收益率和对外融资的支付率为基础,全局分析了各国和地区在对外资本循环中获得的利益,并进行全球层面的比较。据我们观察,尚未有类似的研究出现。

(2)实证方法和数据的突破。本书解决了国际投资头寸和收益率的计算问题,并结合大量的样本数据将其运用。一方面,现有的国际资本流动统计的存量数据严重缺失,大多数国家和地区开始统计国际投资头寸的年份较晚。国际投资头寸数据的不足,制约了该领域实证分析的进展。本文针对不同类型的资产建立模型,计算了80个国家和地区30年的国际投资头寸。另一方面,经济体层面的投资收益率一直未有相关研究,本书基于计算的各经济体投资头寸,计算了各经济体对外投资的收益率和融资成本。如此大样本的经济体国际投资头寸和对外投资收益率数据是目前的研究中所没有的。

(3)跨国投资理论的综合和深化。针对国际资本流动过程中收益分配问题的研究,尚未形成相关理论体系。本书将直接投资的竞争理论、证券投资的风险—收益分析、利率平价理论等针对不同类型资产的分析方法应用到跨国投资的收益分析当中,从理论上推导不同类型经济体在对外资本循环中的收益和成本。这使得原本分割开来的不同领域的研究,可以结合起来对一国(地区)对外投资和融资的收益及成本进行理论分析。

(4)理论分析的验证。与已有研究不同的是,本书获得了大量的实证结果,因而使用本书的实证结果对相关理论进行了验证。

第 2 章 文献综述

关于国际资本流动的研究在国际金融学领域起步较晚,在 20 世纪 60 年代以前,尚未形成相对完整的国际资本流动理论体系。有关国际资本的论述多散见于国际贸易、国际收支以及汇率等理论的研究中,或是针对国际资本的某一特定问题进行的研究。随着经济和技术的发展,二战后国际间的贸易投资规模不断增强,关于国际投资的理论也开始兴起。60 年代以后,经济学界陆续产生了对外直接投资理论、发展中国家利用外资理论、国际投资组合理论等等,构成了国际投资理论的基石。近 30 年来,随着经济全球化的加深,学术界对国际资本流动的研究愈加重视。越来越多的学者分析研究国际资本流动的特征、驱动因素、影响、风险以及应对措施等等。这些研究大多数是实证分析,而理论研究比较少,更没有形成系统的理论。

本书的目标是在理清全球资本流动格局的基础上,分析各经济体在全球资本流动过程中的收益和成本,进而解释清楚在全球资本流动循环过程中收益是如何分配的,并分析其中的原因。因此,本书的研究范围涉及国际资本流量的测度、国际投资头寸的估算、全球资本流动格局、国际投资的收益和成本等方面。

2.1 国外学者关于国际资本流动中收益分配的研究

已有关于国际资本流动过程中收益分配问题的研究大多针对个别国家进行分析,其中较多的还是关注美国对外投资的收益和成本。Gourinchas 和 Rey(2005)针对美国作为国际货币体系的中心国家,是否享有欧洲人所说的"过度特权"进行了探讨,该文使用了一种新的数据系列,详细分析了 1952 年以来美国外部资产和负债的市场价值变化情况。研究发现美国之外的资产比负债有明显的超额收益。有趣的是,这种超额收益在布雷顿森林体系崩塌后有所增加。在每种资产上,美国支付给外国投资者的回报率要比其从国外资产上获得的小很多。美国资产负债的结构差异也是美国获益的原因之一,美国趋向于借入短期而借出长期。随着金融全球化的进程,美国将其自身从一个世界银行家转变为风险投资家,大量投资于高收益的资产,如股票和 FDI。最后作者用这些发现来分析美国经常账户不平衡的可持续性。Ibbotson 等(1982)比较了美国和 17 个国家的股票、债券以及国际债券回报率在 1960—1980 年的 21 年间的表现,发现全球市场的总体表现优于美国,美国只是在一小部分时间表现更好。这说明美国投资者能够从对外投资中获益。Balakrishnan 和 Tulin(2006)通过研究美元风险贴水来研究美国资产的吸引力。资本流入过程中存在的负的美元贴水(美元贬值超过利率),显示投资者是出于结构原因而购入美国资产。一个可能的解释就是,亚洲金融危机导致各国积累了大量的储蓄,而这些储蓄所追求的相对低风险的投资机会,则由成熟、流动性强、创新的美国金融市场提供。美国金融市场对欧洲投资者的吸引,则是因为他们需要不同风险/收益特征的资产来完善他们分散投资的结构。这说明美国金融市场的配置效率能够减轻全球经常账户不平衡导致的无序的风险。Higgins 等(2006)研究显示美国外债的稳定反映了美国从强劲的外国股市以及弱势美元上获得的收益。美国在外直接投资的回报高于外国在美投资的回报,但美国持续的借债可能会使得美国净收入平衡转向更深的赤字。另外,该文回顾了一些观点,即认为美国还持有很多无形资产(无法用数据度量),也可能会使美国的净投资头寸趋于平衡。但该文作者认为这些无形资本,并不太可能足够稳定来改变美国的净负债地位。Jorion(1996)从汇率变化角度分析了1977—1994 年间日本投资者在美国投资的直接损失,并从机会成本角度来衡量间接损失。结果发现,1977—1994 年间,日本投资者在美国投资的名义货币损失达到 2 600 亿美元,即使以在日本本地市场投资作为机会成本参考,这部分损失也达到 2 000 亿美元。

2.2 国内学者关于国际资本流动中收益分配的研究

关于国际资本流动中的收益分配的研究,国内学者基本以定性研究的方式就此问题进行了探讨。刘建军和王晋忠(2000)认为国际资本流动体系有其固有的不公平性,国际资本流动的规则主要由少数金融发达的国家决定,而国际垄断资本寡头又具有其他国家不具备的信息优势。但是作者也指出,国际流动资本给发展中国家造成的风险,并不能完全归咎于金融工具(如金融衍生品)自身,诸多因素起到了重要作用。作者认为防范国际资本流动带来的风险,关键在于发展中国家应该采取明智的开放态度和有力的宏观金融稳定措施。谢皓(2004)的观点同刘建军和王晋忠(2000)相似,也认为全球化过程中的收益分配不均,主要有两方面的原因,一是当前全球经济金融体系的霸权制度对西方国家有利,二是发展中国家自身存在诸多制度缺陷,难以适应全球化的竞争体系。李翀(2001)论证了金融全球化的趋势,指出金融全球化是发达国家金融资本全球化的实质,并定性分析了发达国家和发展中国家在全球资本流动体系中的利益分配,指出资本的输入输出给发达国家和发展中国家都会带来一定的利益。但发达国家因自身优势获得了更多收益,而发展中国家则承担了更多风险。王楚明(2002)认为在金融全球化过程中,发达国家之间、发达国家和发展中国家之间都存在着利益冲突,但是作者并未深入分析产生怎样的利益冲突以及分配机制。张幼文(2002)以"全球化经济的要素收入分配论"回答经济全球化挑战的性质。文章运用要素稀缺性与要素收益分析方法,研究经济全球化中的收益分配问题,认为经济全球化对发展中国家存在着收益分配上的隐性冲击。发达国家拥有全球化经济与知识经济的核心要素,其在全球化中居于主导地位并获得更大的收益。

何帆(2003)也指出,在全球化进程中,无论在贸易还是投资过程中,发展中国家都处于不利地位,和发达国家存在利益冲突。即使在发展中国家内部,也会因为全球化而导致内部分配不公的情况出现。章江益和张二震(2003)以及周玮等(2005)强调在当前的经济全球化背景下,贸易过程中的利益分配已经不能适用当前情况。在国际投资背景下,贸易收益已经不再专属于贸易国,而是分为几个部分由东道国和母国的相关主体共同分享。我国吸收了大量外商直接投资,外资企业外贸倾向大,但由于利益分割等原因,外资企业进出口贸易的利益并非全属于我国,而且也存在贸易利益实现问题。

也有一些国内学者针对具体国家进行了研究。顾静和李雪飞(2008)认为对外投资收益和向外国投资者发行政府债券是美国支付贸易逆差的主要手段,造成这一现象的根本原因在于美国在世界经济体系中拥有经济霸权。美国综合运用政治实力、贸易逆差战略及对美元汇率的掌控,获得了非对等收益。林玲和段世德(2008)以及章丽群(2009)则分析了备受关注的中美间国际收支不平衡问题,通过分析对国家、企业以及个人各个层级层面的利益,认为在中国贸易顺差的背景之后是中国利益的流失,并影响到中国经济的可持续发展。武常歧(2004)还认为外国企业在华投资,存在利润转移的问题,虽然直接投资企业盈利能力看上去并不高,但是在这个过程中,外商通过将利润在境外实现,从而获得更高收益。另外,我国各地在税收上的优惠,也给外商投资企业提供了更高的利润空间。

张斌等(2010)以及刘莉亚(2008)则定量分析了中国外汇储备的收益率,张斌等(2010)计算并比较了中国外汇储备资产以美元计价的账面收益率,以及以货币篮子和商品篮子计价的要素收益率。刘莉亚(2008)则利用估计的中国外汇储备币种结构估算了中国外汇储备的收益率。

2.3　国际资本流动的格局研究

在研究全球资本流动过程中的收益分配之前,我们首先需要解决的问题就是全球资本流动体系是怎样的一个格局,其发展趋势如何。目前关于全球资本流动格局的分析,大多是基于流量数据的分析,将国际资本流动的流量和存量结合起来分析各国对外的资本流动和国际投资头寸的研究非常少。在时间和空间跨度方面,学者们大多以某一类型的国家,或者某一区域的国家甚至特定的国家为样本进行讨论,并且分析的时间区间大多比较短。在资产类别方面,大多数学者倾向于研究一种类型的资产在国际间的流动,其中关于 FDI 和证券投资的研究较多。

美国作为全球金融体系的核心,基于其在全球经济活动中的分量,以及美国在国际货币体系中的主导地位,关于美国对外资本流动的研究较多。Lipsey(1988)从较长的历史分析了美国在国际资本流动体系中的地位,一战前美国大多数时候是借入国,两次世界大战之间美国既是资本借出国又是外国资本的避难所,二战后美国成为世界主要资本输出国,但到 20 世纪 80 年代又称为债务国。借助境外投资的市场和成本优势,技术领先的美国制造业转移到其他国家进行生产,外国资产在美国企业中的重要性在 20 世纪 70 年代初期达到顶峰。随后美国对外直接投资开始放慢,但外国对美投资却大幅增长。Lipsey(1988)还进一步分析了外国投资企业在美国的行业分布。Branson 等(1981)讨论了二战之后美国对外资本流动的趋势,作者认为二战末期美国在全球经济中建立了绝对主导的地位,随着欧洲和日本制造业产能被大规模毁坏,20

世纪 40 年代美国产出占世界 60%，从而也导致美国的贸易被扭曲。美国的国际投资头寸在二战刚结束时并不大，当时的美国贸易非常自由，几乎不怎么持有外国资产。从 20 世纪 50 年代开始，美国的长期国外资产和负债开始以 10% 的年增长率稳步增长，这也带动了同期投资国际化的趋势，同时美国也失去了全球贸易的主导份额。通过对二战后美国的国际贸易和投资数据的分析，作者发现结果显示美国的制造业产出和出口下降，而长期投资增长较快，同时贸易和长期投资的波动在 70 年代也加剧，同期美元加权汇率实际贬值了 25%。美国在全球贸易中的主导份额地位下降时，国际投资的上升又加强了美国和世界的联系，使美国在全球经济的中心地位得到巩固。Swiston(2005)发现 20 世纪 90 年代之后，各国投资者的本地偏好都有所下降，对外投资的比例增加。但是对于美国投资者来说，外国投资者的本地偏好下降得更快。虽然美国投资者持有的境外资产在增加，但是外国投资者持有的美国资产增加得更快，因此美国的对外净负债增加了。

发达国家的直接投资是全球直接投资的主要来源和目的地，Shatz 和 Venables(2000)研究了美日欧对外直接投资和吸收直接投资的情况，发现跨国公司在世界经济中越来越重要。在 20 世纪 90 年代中期，美国 66% 的出口业务属于跨国公司，其中 45% 的出口去向是这些公司的子公司。美国的这些境外子公司的产量超过美国的出口 3 倍多。虽然大多数的 FDI 都是发生在高收入国家之间，但是 90 年代发展中国家和转型地区的直接投资规模增长迅速。对于发达国家来说，FDI 和 GDP 的比例维持在 0.9% 左右，而发展中国家则从 80 年代的 0.8% 增长到 90 年代中期的 1.9%。发展中国家对外的直接投资近年也增长迅速，但和流入发展中国家 FDI 的规模以及全球的平均输出水平相比还比较低。Shatz 和 Venables(2000)还发现直接投资的趋势有两个特征，即更倾向于流向周边国家或者规模比较大的国家。并且与出口相比，FDI 的投资集中程度更高，美国在欧洲直接投资的企业的产出是美国对欧洲出口的 7 倍，在整个发达国家，这个比值是 4 倍，而在发展中国家这个比值仅为 1.6 倍。跨国公司在高收入国家的生产更倾向于在本地生产并销售，而在发展中国家的生产则是一个中间环节。美国企业在欧洲的分公司生产的产品只有 4% 再销售到美国，而在发展中国家这个比例达到 18%，在墨西哥甚至达到 40%。类似地，日本企业在欧洲的分公司生产的产品不到 10% 销售回日本，而在发展中国家这个比例超过 20%。作者用两种理论模型来描述跨国公司的活动，第一种直接投资的动机是基于比较在目的市场投资企业和基础出口的成本，称为水平投资，这就解释了在发达国家的投资；第二种是基于成本考虑进行的投资，称为垂直投资，发达国家在发展中国家的投资就属于这种类型。水平投资在发达国家对外投资中所占份额较高。对于美国投资者来说,欧洲,特别是英国是其水平投资的主要目的地。对于欧洲和日本来说,美国就是其水平投资的主要目的地。而垂直投资更倾向于在本国附近进行,比如美国投向墨西哥,欧盟投向中东欧,日本投向亚洲。

也有学者从不同的资产类别来分析资本流动的特征,Lipsey(1999)发现直接投资在20世纪90年代占了全部国际资本流动的约1/4,自70年代以来相对其他类型的国际投资有所上升。美国在70年代早期是主要的直接投资输出国,80年代被欧洲和衰退前的日本赶上。而后美国则从世界最大的直接投资输出国变为重要的吸收国,特别是在80年代,随后又回到早期净供应国的状态。直接投资资本对大多数国家来说是波动最小的国际投资,主要的例外就是美国,其在主要输出国和输入国的角色之间来回转变。特别是对发展中国家来说,直接投资是最依赖的外国投资。Albuquerque(2003)的研究也佐证了Lipsey(1999)的观点,证据显示FDI比其他类型的金融资本流动更为稳定。为了解释这个发现,该文在金融合约执行不完全以及FDI不可夺取的假设下,建立国际资本流动的模型。合约执行的不完全性导致了内生的金融约束和定价的违约风险。FDI的不可夺取,是指FDI相对其他资本,不易被征收。这使得FDI相对其他资本流动更具备一个风险分担优势。因而FDI的这个优势也就转变为一个更低的风险贴水,以及对一国金融约束改变更低的敏感性。这个模型还推出一个新的推论,就是金融约束高的国家相对更多地通过FDI借入资金。这是因为FDI更难被没收,而不是因为FDI更有效率或者更稳定。采用几个信用和风险排名来度量金融约束,该文推导出FDI和金融约束之间新的联系。而Froot等(2001)则总结了证券投资资本流动的一些特征:(1)流入的国际证券投资资本在不同的国家之间有比较弱的正相关关系,而在地区内部的相关性非常高,在亚洲金融危机中,国际资本的流动相关性非常高。(2)资金的流入和流出是持续的。(3)国际资本流动的趋势性非常强。(4)国际资本流入在一定程度上能够预示将来的收益率,在新兴国家,流入的资本往往预示着将来的正收益。但在发达国家,资金的流入并不能预示将来的收益率,从更长期的角度来说,收益是负的。(5)短期的资本流动往往导致短期的价格上涨。(6)当前资金的流入往往意味着今后资金还会流入,而后者则会推高价格。(7)股票收益率与资金流动的联动是因为资金流动包含了未来价值的信息。

随着发展中国家在全球经济活动中的重要性不断提升,发展中国家和外部发生的资本流动规模也越来越大。Ramachandran(1988)总结出流向发展中国家的资本有三个特征:首先,主要是债权资本,而不是股权资本;其次,这些贷款和债务国政府相关,或者得到政府的担保;第三,银行贷款是这些债务的主体,而不是债券。Chen 和 Khan (1997)回顾了流向新兴市场国家资本流动的基本类型,包括资本流动的组成,地区内部流动类型以及资本流动的地理分布,并建立了关于这些类型的模型,发现资本流动的形式是受金融市场发展程度以及接收国增长潜力的共同影响。Choi 等(2007)检验了在全球金融一体化的背景下,资本流动和国际储备持有之间的关联。对新兴市场来说,在 20 世纪 80 年代储备对净资本流动是负相关,而在亚洲金融危机之后变为正相关了,此时这些国家将净资本流动用于建立储备。而对发达国家来说,净资本流动对储备有个负的影响。并且在新兴市场储备对净资本流动的敏感度上升,而在发达国家则下降。Claessens 等(1998)研究流向中东欧以及前苏联国家的私人资本。发现 FDI 在 1991—1997 年间一直是最重要的私人资本形式,不过从 1993 年起,短期债券和证券资本也越来越重要,并引起一些疑问如持续性和攻击性的问题。Lankes 和 Stern (1998)也研究了流向东欧和前苏联国家的资本特点。

在发展中国家当中,中国无疑是近 30 年来最受关注,发展最为迅速,且国际影响力不断上升的国家,因此,不少学者也分析了中国在国际资本流动体系中的角色。Prasad 等(2005)从跨国的视角来检验流入中国的资本的数量和结构的变化。流入中国的资本主要还是 FDI,这也是当前学术界认为的金融全球化过程中发展中国家比较喜欢的形式。该文提供了中国对资本管制的详细内容及其变化,这也是对流入资本的形式的一个决定因素。同时还做了一些其他假设来进一步探讨中国的资本流动。特别地,该文认为一些重商主义的观点与这些因素并不一致,还讨论了中国近年来快速增长的国际储备。与一些流行的观点相比,该文认为 2001 年外汇储备的急剧增加,并不是由经常盈余或者 FDI 引起,而是因非 FDI 资本的流入。Eichengreen 和 Tong (2005)研究了中国作为 FDI 接收国是如何影响其他国家吸收 FDI 的。这个影响根据地区的不同而不同。中国的高增长吸引了 FDI 同时也鼓励了 FDI 流向亚洲其他国家,就好像这些经济体是处于一个产业链上的一样。同时也有从 OECD 接收国转移来的 FDI,我们解释这是为了更接近市场。更倾向于投资中国的公司则会更少倾向于投资 OECD,对于日本 FDI 流出的详细分析支持了这个观点。由于中国持续的贸易盈余,积累了大量的资本,因此中国的资本输出也成为全球关注的焦点。Tatom(2008)认为中国的主要不平衡包括贸易和资本账户的双顺差以及每年积累的大量外汇储备,且主要以美元资产形式持有。通常,一个可持续的固定或浮动汇率体系要求一个有大量经常账户盈余的国家同时应该在资本账户上赤字。美国则常常因为有着和中国的大量盈余对应的贸易逆差,以及对包括中国在内的大量资本流入的依赖而受到批评。

中国的不平衡带来的不良后果包括建立大规模的低回报率的外汇储备,导致货币和信贷大量增长,以及通胀。对于降低货币增量和通胀的努力加深了金融系统的低效率,中国试图通过重组和上市来提升金融系统效率。中国采取抵消这种不平衡的措施也可能会降低经济增长,一种方法就是放开资本外流的管制,使得个人和企业能持有国外资产,以求更高的回报率和更低的风险。这就将未来资产的增长转为高回报、低风险的国外资产,并能够降低中国银行的压力,从而能更快地规范银行,降低货币和信贷增速,降低通胀。美国已经开始调整这些不平衡,如2005年美国的经常账户赤字开始下降,美元明显贬值。不幸的是,这些措施来自政治压力,如增税,特别是对资本收入的增税和贸易保护,这两者都会降低美国的经济增长。Morrison 和 Labonte(2009)分析了中国持有美国证券的情况,包括基本原因(中国外汇管制特征)和所占份额,以及中国是否会大幅减持,如果减持对美国经济造成的负面影响等等。Gugler 和 Boie(2008)认为中国的对外投资可以用传统的 FDI 和跨国公司理论来解释。不过有时候,中国的对外 FDI 是与众不同的,和西方认知有所区别。更重要的是,这些很大程度上是由国有企业完成的。该文通过关注中国的政策来理解这些现象。该文提供了对政府潜在和实际影响的理解,比较中国政府和企业的国际化动机,并指出中国企业在国际化方面比西方同行的明显优势就是政府的政策支持。在中国跨国企业的国际化典型动机之外,还有一些其他动机存在,这和中国的制度以及社会情况有直接关系。

2.4 国际投资头寸的计算

虽然在 IMF 最新的《国际收支手册》中,着重强调了国际投资头寸的统计工作,但是在早期的国际收支统计中,大多数国家并没有进行国际投资头寸存量的统计和调查。因此,在研究早期关于国际资本流动时,国际投资头寸数据的缺失——特别是国际收支统计工作相对落后的发展中国家——是困扰诸多学者的一个问题。另外,虽然一些国家公布了国际投资头寸的数据,但是其统计方法存在诸多问题,如有的国家就是使用简单的历史成本累计来作为当前国际投资头寸的统计,这便会造成较大的误差。

因此,一些学者基于流量数据建立模型来估计国际投资头寸。其中,在这方面较早开展研究的是 Sinn(1990),Sinn 根据 IMF、UN 以及各国的数据,度量了 145 个国家 1970—1987 年间的国外资产和负债,这是上世纪针对各国持有的外部资产和负债最全面的研究。而 Rider(1994)也做了类似的研究,但其研究对象主要集中于工业国家。Lane 和 Milesi-Ferretti(2001,2006)也从关于国际资本流动的研究中发现,虽然资本流动被紧密地关注,但令人惊讶的是,很多国家特别是发展中国家,持有的累计国外资产和债务信息却较少被统计和公开。因而,他们在考虑通胀和证券资产价格波动因素的基础上,估算了 67 个国家在 1970—1998 年间的外部资产和负债情况,并在后续研究中进一步扩充了研究范围。

实际上,即使那些公布国际投资头寸的发达国家,也并非完全是通过实际调查和统计获得对外直接投资资产和负债的数据,对于多数国家的统计工作者来说,追踪每一笔对外和外来投资的市场价值变化情况是不现实的,因而很多已经公布的国际投资头寸数据也是通过建立模型估算得到的。Landefeld 和 Lawson(1991)介绍了永续盘存法(perpetual inventory method,简称 PIM)在估计美国国际投资头寸中的应用,对美国国际投资头寸、在外直接投资、黄金储备的价值进行了重新评估。作者认为原本使用的历史成本方法会引起误差,例如美国对外直接投资大多发生在 20 世纪 60—70年代,而外国对美直接投资大多发生在 70—80 年代。考虑到通胀等因素,因而需要进行调整。对 FDI 的评估,用当前成本或者市值的方法要比原有的历史成本法更能说明实际价值。调整后的结果发现,1982—1989 年间,美国在外直接投资资产用重置成本法和市场价值法估算出的价值要比原先的历史成本法高很多,而外国在美直接投资经调整后的价值上调较少。Meinen 等(1999)在 OECD 的一份关于资本存量统计的会议报告中详细解释和介绍了 PIM 模型的应用,PIM 模型在估计固定资产存量方面的应用已经得到认可。Simard 和 Boulay(2006)在 IMF 的国际收支统计工作会议上介绍了加拿大国际投资头寸的统计方法,加拿大公布的国际投资头寸数据,也是根据相关的流量和市场统计数据进行估算得到。Committeri(2000)通过模型和实例来检验各国 BOP 和 IIP 的统计数据联系,发现当详细的金融数据信息越多,使用模型来计算出现的偏差越小。因此,Committeri(2000)建议各国的统计部门在编制 BOP 和 IIP 数据时,应该增加数据细节信息。

我们注意到,在估计国际投资头寸(主要是直接投资头寸)的过程中,不少学者借鉴了 PIM 模型的基本思路。在实际统计中,固定资本存量度量的主要困难是资产价格波动和折旧的双重影响,由于在任何一个时点上,固定资本是由不同存在年限的往期投资组成,因而加总时需要考虑不同年限的资产的差异。PIM 模型则是解决该问题的有效方法,PIM 模型最早由 Goldsmith(1951)提出,其实质是将不同时期的资本流量逐年调整、折算,以累加成意义一致的资本存量。Jorgenson(1973)将投资品价格和资本服务租赁价格的概念引入 PIM 模型,扩展了 PIM 的实用性。目前,使用这一方法可以获得资本存量毛值的估计和资本存量净值的估计,估计的结果可以表示为购置价格、重置价格和某一特定的固定价格。不少 OECD 国家已经广泛采用 PIM 模型来估算资本存量。在现实应用中,由于各国原始数据情况存在很大差异,因而基于基本的 PIM 方法衍生出了不同的版本以结合实际应用。国内也有一些学者引入 PIM 方法,其中李京文等(1993)率先将乔根森(Jorgenson)的生产率测算理论方法引入我国,并对我国的资本投入进行研究,不过由于我国数据统计资料的限制,他们的研究对原有模型也进行了一些改进。另外 Chow(1993)、王小鲁等(2000)也是用 PIM 模型对我国的固定资产存量进行估计。

第3章 理论假说和模型分析

由于对外投资的总收益(即账面收入)由要素收入和资产升值两个部分组成,对外融资的总支付(即账面支付)由要素支付和负债升值两个部分组成,因此,本章着重从理论上分析各经济体获得要素收入的能力,影响各经济体对外要素支付水平的条件,以及影响各经济体资产负债价值的因素。

3.1 国际资本流动过程中要素收入分配的理论假说

当前全球国际资本流动规模的增长,既是金融投资行为,也和实际生产与贸易存在着密切联系。从微观上看,全球化表现为企业在全球范围内拥有或控制子公司,而不是限于某个封闭的经济体,在最适合的地方获取劳动力、资本、原材料和中间产品,并在各主要市场销售其产品和服务。从宏观上看,全球化表现为一国金融、贸易和投资关系的交叉关联性,金融、贸易和投资活动已经不再是单一的一种经济行为,彼此之间往往相互交错相互关联,密不可分。邓宁等(John Dunning et al.,1997:13—14)提出了最浅层次和最深层次全球化两个概念。前者是一个国家的某个经济实体与另一个国家的某个经济实体就某一种产品从事跨国贸易,而后者是指一个经济实体与全球范围内的大量经济实体通过一个增值链网络进行交易,且交易具有多样性和复杂性,并高度协调以服务该实体的全球利益。邓宁认为,大多数国家和企业都介于最浅层次和最深层次之间,但其跨国经济活动的趋势是朝着越来越一体化的方向发展。早期的贸易理论是在限定生产要素未流动的条件下进行的,而如今经济全球化的进程已经远超过贸易自由化的范畴,更重要的是生产要素国际流动的增强。乔治·华盛顿大学的普拉卡什和印第安纳大学的哈特(Prakash and Hart,1999:3)认为:"经济全球化是一系列导致要素、中间与最终产品以及服务产品市场的经济活动跨越地理界限形成统一整体,并使跨国界价值链在国际循环中地位不断上升的过程。"国际货币基金第一副执行董事、经济学家费希尔(Stanley Fischer)认为:"全球化是在商品和服务跨国界交易及国际资本流动数量和形式不断增加、在技术扩散广度和速度不断提升基础上所形成的日益加深的各国在经济上的相互依赖。"①因此,全球化经济与知识经济的新要素结构,要素国际流动的增强,要素收益服从稀缺度的规律,决定了经济全球化的收益分配机制。

不可否认,金融全球化会同时给发达国家和发展中国家带来直接或间接的收益,否则发达国家的资本不会外流,发展中国家也不会放宽对外部资本流入的限制。全球资本流动对商品交换和资源配置都产生了重要的影响。首先,全球资本流动有力地推动了国际贸易的发展。这种推动作用不仅表现在出口信贷的提供上,而且还表现为经常项目顺差国向逆差国融通资金。能够从其他国家融资,使贸易逆差国突破了国际贸易的支付限制,也给顺差国提供了更多的境外投资机会,扩大了国际贸易的规模,对商品出口国和商品进口国都带来了贸易的利益。第二,国际资本流动使社会资源在国与国之间得到更有效的配置,提高各国禀赋的生产要素使用效率。在不同的国家之间,生产资源的充裕程度是不同的,有的国家资本充裕而有的国家资本缺乏,有的国家具有丰富的自然资源,而有的国家则有丰富的劳动力。国际资本流动使资本得到更为合理的配置、促进国际分工,既提高了资本流出国资本的收益,也促进了资本流入国经济的发展。

3.1.1 直接投资过程中的要素收入分配

直接投资是诸多国际资本流动形式当中,最为复杂、对经济影响最为深远的一种投资形式。因此,在对国际投资的研究当中,关于直接投资的研究最为深入,也形成了诸多理论观点,这些理论有助于人们进一步认识和理解日益增强的国际直接投资行为。其中一些经典的理论得到了广泛认可,包括垄断优势理论(Hymer,1976;Kindleberger,1969等)、内部化理论(Buckley 和 Casson,1976)、国际生产折衷理论(Dunning,1977)、产品生命周期理论(Vernon,1966)、竞争优势理论(波特,1990)、比

---

① 引自 Helmut Wanger(2000:19)。

较优势理论(小岛清,1978)等等。

这些理论分析的角度各不相同,但是我们根据这些理论作出如下总结:

(1)虽然跨国公司进行境外投资的动机有多种,但大多数都是出于逐利需求。正如邓宁、小岛清等人总结的那样,跨国公司进行境外投资,可能是为了追求自然资源、降低成本(提升效率)、获取市场(贸易成本较高)、获取特殊资产等等。这些不同的动机,归根到底还是为了公司长期的盈利而进行的。比如美国对墨西哥的投资企业生产的产品中 40%是重新销售回美国①,欧洲、日本对发展中国家的直接投资也存在这样的现象,这说明发达国家对发展中国家的投资很大程度上是因为发展中国家廉价的劳动力降低了生产成本,即使考虑到运输成本、关税等,跨国公司仍能够获得比在国内生产更高的利润。而当贸易成本较高(运输、关税、贸易壁垒等)时,选择在当地进行直接投资则是进入当地市场的有效途径。而那些出于非经济目的进行的境外投资,比如获取特殊资产(品牌、技术、知识产权等),则所占比例较小。

(2)具备境外投资能力的公司,往往具备一定的竞争优势。一个企业对外直接投资的必要条件是它相对当地企业具有某种优势并足以抵消额外的成本,而且这种优势是与该企业所有权相联系的、不容易丧失的有形资产或无形资产的优势。这些优势可能来自技术、知识、垄断资源、市场管理等方面。相比于当地企业,如果外来企业不具备任何优势,那么这些企业将无法在竞争中生存下来。因此,技术优势是各国,特别是发达国家对发展中国家的投资中最为明显的竞争优势。另外,跨国公司还具备丰富的管理经验,具备比本土企业更强的竞争力,从而能够获得超额利润。即使在小岛清的比较优势理论和波特的竞争优势理论中,提到的那些日本和美国对外投资的产业,往往是在本土已经不具备竞争优势或者被边缘化的产业,其在国外仍然具备比较优势。

(3)跨国公司的内部化优势保持并增强了公司的技术、知识优势。对于资源相对不足的中小企业而言,市场内部化未必是绝对的,它们可以通过信息与知识内化来获取大公司把市场内部化的价值。

(4)跨国公司由于其全球的生产和管理体系,往往比东道国本土企业更具备信息优势。由于跨国公司在多个国家经营,特别是发达国家的跨国公司,其对全球经济环境的把握、对先进技术的把握、对先进管理理念的把握都要超过东道国本土企业。这些信息上的优势,将使得跨国公司始终保持竞争优势,获得更高的利润。

(5)除了技术、信息、成本因素,市场渠道也是当前国际生产销售产业链中的核心

---

① Shatz and Venables(2000).

环节,国际销售渠道即市场要素也是一种稀缺要素。在国际生产分工体系中,有实力的跨国公司往往掌握国际销售渠道,其在投资东道国的合作方往往只能被动提供生产加工配套。跨国公司通过产品包销控制着产品价格,获得了巨大的利润。

除了要素禀赋的差异之外,在当前全球经济体系中,发达国家资本在发展中国家的投资中处于比发展中国家劳动力更为有利的谈判地位,这决定了其获得更高收益的有利地位。正如雅克·阿达(2000:192)所述"不论是所需资本数量、投资性质或贷款条件,所有这些决定北南资本流动的参数都不受发展中国家自己左右"。根据这些直接投资的理论,我们可以作如下假说:那些大规模进行对外直接投资的国家,特别是发达国家,往往具备技术和知识优势(中高端制造业)、垄断优势(产业垄断、技术垄断、资金垄断等)以及信息优势;如果是出于寻求市场进入的目的进行境外投资,也说明在目的国投资至少比出口贸易更具备优势;对于那些在本国竞争优势不明显的产业,对外大规模直接投资,说明在境外投资能够降低成本。因此,大多数情况下,跨国公司在投资目的国的市场上的优势能够使其获得比当地企业更高的利润,借助当地廉价的劳动力和其他资源,在外投资降低生产成本,也将比在本地生产获取更高的利润。因而,那些大规模进行境外直接投资的国家,在其对外直接投资的国际资本流动过程中,无论是和目的国还是母国的同类企业相比,都能够获得更高的利润。相反,高度依赖外来投资的国家,本地企业的竞争优势不强,并且本地的成本并不高(否则外国公司将因成本问题不会在本地进行投资),因此,外国公司在本地的利润率也必然较高,那么这些国家需要付给外国较高的投资支付。

3.1.2　证券投资过程中的要素收入分配

有人认为,国际间的资本流动是由于各国的利差导致的,如果两国存在利差,那么金融资本会在两国之间流动,直到利差消除为止。但这一理论却不能解释现实中的资本流动,利差只能解释资本的单向流动,即资本从低利率的国家单向地流向高利率的国家,而在实际生活中,资本是在多国之间相互流动的。世界各国的利率既不相等,也没有出现资本单向流向一国的情况,因为各国资产的风险不同。如果资金在各国之间完全自由流动,并且人们的投资行为都是完全理性的,那么各国预期的投资收益(随风险不同而进行调整)应该相等,如果不等,那么货币就会在国际范围内流动,直到收益相等为止。但是,即使国际利率不变,仍然会有促使国际资本流动的动力,人们持有分散化证券的需要就加强了这种动力。除了投资收益,投资者还关心投资风险。投资者可以通过分散化的投资方式来降低风险。当代金融理论强调把收益的波动性作为风险指标。这是因为投资者对其持有的资产未来的价值感兴趣,而证券价值变化越大,其未来价值就越无法确定。

通过分散和选择不同资产(包括不同国家的资产)形成一种资产组合,进而可以减少该资产组合的波动性,即降低风险,这一点在现代金融理论中已经进行了非常多的阐述。随着投资者资产组合规模的不断扩大,为了维持必要的分散度,投资者需要根据已经持有的比例来购买更多的资产。这就意味着随着财富的增加,投资者为了维持这些最优的资产组合,总会让资本在各国之间流动。所以,即使国际利率不变,随着国际财富的增加,我们也可以观察到资本的流动。但需要注意的是,所有的投资机会都存在系统风险,因此分散化投资也不能消除投资者所有的风险。

如果将投资选择扩展到国际范围,投资者就能从国际多样化中得利。各国的资产都存在非系统风险,通过国际资产组合的分散化可以减少这种风险。由于各国的经济周期不完全一致,因此,当一国经济迅速增长时,另一国则可能正在衰退。通过在各国进行投资,我们可以消除部分资产组合的周期性波动。所以,从投资者的投资机会来看,扩大投资范围,不仅包括国内投资,而且还包括国外投资时,一些原本被认为是系统的风险就会变成非系统风险。

因此,对于证券投资者来说,在投资约束放大的情况下,进行国际分散化投资,至少不会比原来的情况更差(收益不变、风险增加,或者风险不变、收益下降)。但是,这仅仅是从理论上分析得到的国际分散化投资带来的收益,并且是潜在收益。基于以下几点的现实因素,国际分散化投资带来的潜在收益并不可能完全实现:(1)跨国投资的约束。与在国内买卖证券不同,跨国买卖证券的约束多得多,投资者往往不能自由买卖外国证券。例如,很多发展中国家资本账户并不完全开放,对外国投资者购买本国证券存在诸多限制,对本国投资者购买外国证券也存在诸多限制,甚至是禁止的。(2)成本因素。跨国投资需要进行外汇交易等中间流程,虽然现代金融体系的高效率使得外汇交易成本较低,但是和在国内交易相比,仍然需要支付额外的成本。(3)信息不对称。虽然上市公司会定期公布报告,重大事宜也会进行公报,但是很显然,这些信息对于进行投资分析是不够的。和本地企业相比,投资者获取外国企业信息的难度更大。(4)汇率风险。除了外国公司股价波动之外,进行境外投资还需要考虑汇率波动带来的风险。(5)其他技术因素。诸如全球不同市场交易的时差、连续性等问题,都是跨国交易中存在的不便因素。

在国际证券资本流动过程中,一个国家的市场上主要参与者有上市公司(本地企业、外国企业)和投资者(本地投资者、外国投资者)。以经济增长作为参考,发展中国家,特别是新兴国家近30年来经济增长迅速,平均经济增速超过发达国家,因此,发展中国家的上市公司往往具有更高的成长性。因此,投资发展中国家的上市公司能够给投资者带来更高的回报。另一方面,由于发展中国家的上市公司大多成立时间短,从稳定性角度来说其成长存在一定的不确定性,并且所处经济环境的风险也要高于成熟国家。根据风险贴水原理,风险高的上市公司应该提供给投资者更高的回报率。所以,从上市公司来说,无论是在本地市场还是在境外市场上市的发展中国家的公司,理论上应该比发达国家的上市公司提供给投资者的回报率更高,但风险水平也要更高。

虽然当前全球主要经济体大多建立本地的资本市场,但是发达国家(地区)的资本市场更为成熟规范,市场规模也更大,特别是纽约、伦敦、东京、香港、新加坡这样的金融中心。除了本地企业之外,这些成熟资本市场为全球的企业提供了融资平台。而去发展中国家资本市场进行融资的外国企业则要少得多,这和发展中国家的市场管制有关。在金融发达国家的资本市场,本地投资者既能购买本地企业的证券,又能购买外国企业的证券。而发展中国家的投资者在本地市场基本只能投资本地企业证券,而若想投资外国证券,则需要通过境外资本市场进行操作。从这个角度来看,发达国家(地区)的投资者——特别是国际金融中心所在地——要比发展中国家的投资者更有信息优势。另一方面,发达国家(地区)的金融机构,特别是一些国际金融巨头,在全球设立分支机构,为自身和母国的投资者提供信息和技术服务。通过全球金融网络,其在信息和技术上的优势,不但能够弥补投资外国证券时的信息不足,甚至还能比当地的投资者更具备信息优势。

从融资角度来看,发展中国家的企业往往要支付更高的融资成本。而从投资角度来看,发达国家——特别是资本市场发达的国家——由于具备市场优势和投资机构的竞争优势,其投资外国证券要比发展中国家更具备信息和技术优势,从而能够取得更好的收益。因此,从理论上来说,在全球证券资本流动过程中,发达国家的投资者能比发展中国家的投资者获得更高的收益率,而发展中国家的融资者(如上市公司)要比发达国家的融资者支付更高的成本。

3.1.3 其他投资(含储备资产)过程中的要素收入分配

在国际投资资产类别中,直接投资和证券投资以外的资产都归类于其他投资,具体来说,主要包括存贷款、应收和应付款、政府间债务、货币当局的资产负债、储备资产等。银行贷款、政府债务和直接投资有两个明显的区别。首先是责任方面,如果外国企业在直接投资方面决策失误,它就遭受损失,损失的责任由外国企业承担。但不论借款方能不能有效地利用银行贷款,它都要承担对银行的偿付义务。其次在约束方面,由于银行贷款为借款国使用资金提供了很大的灵活性,相比直接投资在政治上更受发展中国家的欢迎。在这种情况下,各国更愿意接受成本低的银行贷款。与外国企业的直接投资决策相反,各国可以利用银行的贷款资金来实行任何现行的经济或政治战略。

银行贷款的增加是由于欧洲美元市场的发展以及石油输出国的石油美元通过国际银行的回流。在 20 世纪 80 年代中期,由于出现不能偿付的问题,银行对发展中的债务国的贷款大幅度减少。于是,直接投资再次成为发展中国家资金的主要来源。直接投资对经济发展的贡献可能比银行贷款大,因为大部分直接投资的资金都投放到生产性资源上。与私人部门之间的银行贷款不同的是,对主权政府的银行贷款,往往都用作消费支出,而不是用于投资。

银行贷款以及其他债务形式的资本流动,其融资成本和投资收益率与直接投资、证券投资都存在明显差别。根据利率平价原理,在两国利率存在差异的情况下,资金将从低利率国流向高利率国以谋取利润。但套利者在比较金融资产的收益率时,不仅考虑两种资产利率所提供的收益率,还要考虑两种资产由于汇率变动所产生的收益变动,即外汇风险。套利者往往将套利与掉期业务相结合,以避免汇率风险,保证无亏损之虞。大量掉期外汇交易的结果是,低利率国货币的现汇汇率下浮,期汇汇率上浮;高利率国货币的现汇汇率上浮,期汇汇率下浮。远期差价为期汇汇率与现汇汇率的差额,由此低利率国货币就会出现远期升水,高利率国货币则会出现远期贴水。随着抛补套利的不断进行,远期差价就会不断加大,直到两种资产所提供的收益率完全相等,这时抛补套利活动就会停止,远期差价正好等于两国利差,即利率平价成立。因此我们可以归纳一下利率平价说的基本观点:远期差价是由两国利率差异决定的,并且高利率国货币在期汇市场上必定贴水,低利率国货币在期汇市场上必定升水。根据这一理论,考虑到汇率因素,各国利率水平差异是不明显的。不过这需要注意一个前提,就是资本可以自由流动,汇率是浮动的。所以,对于资本完全开放,采用浮动汇率的国家(主要是发达国家)来说,考虑汇率因素的利率水平差异并不明显。但是对于那些资本管制的国家来说,利率平价理论就不完全适用了。不少发展中国家,不但对外进行资本管制,在国内金融市场还实行利率管制,但是国际经验表明,利率管制对利率水平的影响,可能是压低,也可能是拉高,两者没有必然的联系[①]。因此,对于资本账户和利率均未实现自由化的国家,其国内利率水平和国际利率水平(考虑汇率因素)之间则不必然存在相关联系。不过由于国际间的借贷,基本是以美元、欧元(德国马克、法国法郎)、日元等国际流通货币计价的债务,因此,从理论上说,无论是发达国家还是发展中国家,通过银行

---

① 萨奇:《利率市场化与高利率关系的国际经验》,《国际金融研究》1996 年第 1 期。

贷款等形式进行的国际资本流动的利率水平差异不大。不过,在实际操作中,由于借款人的资质差异,同样货币的资金在贷给不同的借款人时,利率水平可能存在差异。

政府间的借贷也是国际资本流动的重要形式,政府间的借贷大多具有援助性质。二战后欧洲和日本亟需重建资金,美国为这些国家提供了大量政府借款。随着欧洲和日本经济重建的完成,20世纪70年代以后,私人资本的流动规模迅速增大,政府间资本流动比例不断缩小。从成本和收益来说,当前的政府间借贷大多是发达国家向落后国家提供低息贷款。从这一点来看,落后国家至少从表面上获得了实实在在的利益。但是这仍存在两个问题:第一,这类贷款在国际资本流动体系中所占比例已经越来越小;第二,这类政府援助往往有诸多附加条件,可能会在其他地方给落后国家造成更大的不利。

需要注意的是,利率水平的高低,反映了融资和投资的绝对水平。那么国际间的借贷是否和国内银行的借贷一样,存在着存贷款利差呢?如果存在的话,谁充当了银行中介的角色?如果有国家能够从国际借贷中,以低成本融入资金,以高利率贷出资金,那么这样的国家就充当了全球银行中介的角色。而那些提供全球储备资产的国家,至少就具备了这样的特征。国际储备是清算国际债务的工具,在金本位下,贵金属是国际储备的主要组成部分。二战后,我们经历了金汇兑本位,这种体系中,国际储备包括黄金和一种储备货币——美元。储备货币国将持有黄金,以此作为外国人持有期货币的未清偿额的后盾。但到了20世纪60年代末,美国的政治和经济事件使得美元的国际信誉受到损害,美国持续不断的赤字不能为不断增长的需求所吸收。美元兑换黄金的压力导致了1971年美国正式宣布美元和黄金脱钩。随着欧洲和日本经济的复兴,马克、英镑、法郎、日元也逐渐被各国接受,成为国际储备货币。当前全球各国储备资产的构成主要由外汇储备(其中以美元为主,其他货币包括欧元、英镑、日元等)、黄金储备、特别提款权和在IMF的基金份额等。其中,外汇储备是各国国际储备资产的主要构成部分。在外汇储备中,由于现金的收益率最低,因此,多数国家以一种或多种具备安全性、流动性的资产来持有,比如储备货币母国的政府债券。根据金融资产的风险收益基本特性,这些安全性和流动性好的资产,其收益率必然较其他资产低。而储备货币母国的机构对外的投资资产,和外国在本国投资的储备资产必然具备相对较高的收益率和风险性的特征。因此,从理论上说,国际储备货币以低成本融入资金,再投向高回报的境外资产,虽然这两个过程的行为主体可能不同,但是作为一个整体来说,这样的国家在全球流动体系中就充当了银行家的角色——低利率吸收存款,再以高利率发放贷款。除此之外,在储备货币初次流向国外的过程中,储备货币提供国还能享受所谓的"铸币税"。

总的来说，在其他投资和储备资产类别中，国际间的资本流动收益和成本具有如下特征：

　　(1)考虑汇率波动在内，以主要国际流通货币计价的国际间借贷利率水平在理论上相差不大。(2)在现实操作中，由于借款人的资质差异，即使是同样货币计价的贷款，也会出现利率不同的情况。(3)政府间的借贷，由于大多具有援助性质，从资金的成本角度来说，是落后国家低成本获得资金的少有的途径。即便如此，这类资本的规模在全球资本流动体系中的比重较低。(4)那些提供国际储备货币的国家，不仅在本币初次输出时享有"铸币税"，还在此后的对外资本循环中，充当银行家的角色，能够以低成本吸收资金，再以高利率贷出资金。

3.2　影响资产和负债价值的因素

　　在现代国际投资体系中，各国境外资产价值波动不断加剧，资产价值造成的账面损益越来越为投资者所重视，甚至在某些领域已经成为投资收益的主要形式。前一节，我们从理论上分析了决定要素收入的相关因素，和不同类型经济体可能的获益情况。本节我们将从理论上分析影响资产和负债实际价值变化的主要因素，以及这些因素是如何影响资产和负债的。对于一国(地区)来说，若某因素使得资产增加与其使得负债减少的效用是相似的，为了使分析更为简化，我们将资产和负债的变化合并分析——即用净资产的变化来分析影响因素。

　　从绝对规模来看，一国(地区)的境外净资产变化既受到资产和负债存量价值波动的影响，又受到新增净投资规模变化的影响。净资产等于资产减去负债，因此净资产和境外资产的价格以及币种的汇率同向变化，和负债的价格以及负债币种(一般为本币)的汇率反向变化。而新增净投资等于经常账户余额，因此净资产头寸的变化又和经常账户余额的符号同向。

$$NFA_{t+1} = A_{t+1} - L_{t+1}$$

$$= \frac{P_{t+1}^a}{P_t^a} \cdot A_t - \frac{P_{t+1}^l}{P_t^l} \cdot L_t + CA_{t+1}$$

$$= (1 + p_{t+1}^a)(1 + e_{t+1}^a) \cdot A_t - (1 + p_{t+1}^l)(1 + e_{t+1}^l) \cdot L_t$$

$$+ (NX_{t+1} + r^a \cdot A_t - r^l \cdot L_t) \tag{3.1}$$

其中 NFA_{t+1} 表示 $t+1$ 期的净资产绝对规模，A_t、L_t 分别表示 t 期的资产和负债头寸，P_t^a、P_t^l 分别表示资产和负债的价格，CA_{t+1} 表示 $t+1$ 期的经常账户余额，NX_{t+1} 表示净出口（经常账户余额减去投资净收入），p_{t+1}^a、p_{t+1}^l 分别表示资产和负债价格的上升幅度，e_{t+1}^a、e_{t+1}^l 分别表示资产和负债货币的汇率升值幅度（相对于美元），r^a、r^l 分别表示资产的要素收益率和负债的要素支付率。

我们用净资产的绝对规模（NFA）和 GDP 的比值表示净资产的相对规模（nfa）。式（3.1）两边除以 Y_{t+1}（表示 $t+1$ 期的 GDP 总量）得到：

$$nfa_{t+1} = \frac{nfa_t}{(1+g_{t+1})} + \frac{1}{(1+g_{t+1})}[(p_{t+1}^a + e_{t+1}^a + r^a)$$
$$\cdot a_t - (p_{t+1}^l + e_{t+1}^l + r^l) \cdot l_t] + nx_{t+1} \text{①} \qquad (3.2)$$

用 R^a 表示资产的账面收益率，R^l 表示负债的账面支付率：

$$R^a = p_{t+1}^a + e_{t+1}^a + r^a$$

$$R^l = p_{t+1}^l + e_{t+1}^l + r^l$$

式（3.2）又可以写成

$$nfa_{t+1} = \frac{nfa_t}{(1+g_{t+1})} + \frac{1}{(1+g_{t+1})}[R^a \cdot a_t - R^l \cdot l_t] + nx_{t+1} \qquad (3.3)$$

在式（3.3）中 nfa_{t+1}、a_t、l_t、nx_{t+1} 分别表示当期净资产、总资产、总负债和净出口对 GDP 的比值，g_{t+1} 表示名义经济增长率 $Y_{t+1}=(1+g_{t+1})Y_t$，g_{t+1} 的大小和经济实际增长以及物价变动有关。从式（3.3）可以看出，一国的境外净资产相对规模受到多方面因素的影响。根据式（3.3）：

$$nfa_{t+1} - \frac{nfa_t}{(1+g_{t+1})} = \frac{1}{(1+g_{t+1})}[(p_{t+1}^a + e_{t+1}^a + r^a) \cdot a_t - (p_{t+1}^l + e_{t+1}^l + r^l) \cdot l_t]$$
$$+ nx_{t+1} \qquad (3.4)$$

在式（3.4）中，近似认为

$$nfa_{t+1} - \frac{nfa_t}{(1+g_{t+1})} \approx nfa_{t+1} - nfa_t \qquad (3.5)$$

因此，我们得到

---

① 推导过程参考附录 3.1。

$$\Delta nfa_{t+1} = \frac{1}{(1+g_{t+1})}\left[(p_{t+1}^a + e_{t+1}^a + r^a)\cdot a_t - (p_{t+1}^l + e_{t+1}^l + r^l)\cdot l_t\right] + nx_{t+1}$$

$$(3.6)$$

各国的境外净资产相对规模和境外资产价格、境外资产货币的汇率、境外资产要素收益率、净出口正相关，和对外负债价格、负债货币汇率、负债要素支付率负相关。而本国经济的名义增长率对净资产相对规模的影响则受到其他因素的决定，若 $R^a \cdot a_t > R^l \cdot l_t$，则 nfa 的变化和经济名义增长率负相关。若 $R^a \cdot a_t < R^l \cdot l_t$，则 nfa 的变化和经济名义增长率正相关。不同类型的资产价格、要素收益率的增长率差异较大，而汇率对所有类型资产的影响则比其他因素更为直接和明显。在其他条件不变的情况下，境外资产币种汇率上升一个百分点，那么净资产上升 $\frac{a_t}{(1+g_{t+1})}$ 个百分点，而本币汇率对净资产的影响则刚好相反，负债币种（一般为本币）汇率上升一个百分点，本国净资产下降 $\frac{l_t}{(1+g_{t+1})}$ 个百分点。

名义经济增长率近似等于实际经济增长率和物价上涨幅度之和，即

$$g_{t+1} = y_{t+1} + pi_{t+1} \tag{3.7}$$

y_{t+1} 表示经济的实际增长率，pi_{t+1} 表示物价上涨幅度。式(3.1)可改写为：

$$\Delta nfa_{t+1} = \frac{1}{(1+y_{t+1}+pi_{t+1})}\left[(p_{t+1}^a + e_{t+1}^a + r^a)\cdot a_t - (p_{t+1}^l + e_{t+1}^l + r^l)\cdot l_t\right] + nx_{t+1}$$

$$(3.8)$$

物价上涨 pi_{t+1} 和负债价格增长率 p_{t+1}^l 之间存在一定的关联性。特别是对直接投资而言，直接投资多为实物资产形式存在，这些资产的当前价值会受到物价的影响。因此，将外国在本国投资的资产价格增长率 p^l 看成是本国物价的一个函数 $p^l(pi)$ 并且有

$$[p^l(pi)]' > 0$$

式(3.8)中，物价增长率 pi 对 nfa 变化的影响较为复杂，若 $R^a \cdot a_t > R^l \cdot l_t$，物价增长率 pi 的提高，会使得 $\frac{1}{(1+y_{t+1}+pi_{t+1})}$ 和 $[(p_{t+1}^a + e_{t+1}^a + r^a)\cdot a_t - (p_{t+1}^l(pi) + e_{t+1}^l + r^l)\cdot l_t]$ 同时变小，也就是说在这种情况下，本国物价增长率的提高会降低 nfa 的增长速度。当 $R^a \cdot a_t < R^l \cdot l_t$ 时，意味着资产项下获得的账面收益低于负债项下的账面支付，pi 的增加，使得分子和分母的绝对值同时上升，因而对 nfa 变化造成的影

响并不确定。

同样,经济的实际增长率,对 nfa 的影响也不确定,式(3.8)中,在 $R^a \cdot a_t$ 和 $R^l \cdot l_t$ 大小不同的情况下,经济实际增长率对 nfa 的影响不同。

3.3 国际资本流动过程中其他的潜在风险和成本

全球资本流动过程中的风险因素不可小觑,正如诸多的研究已经探讨过的那样,国际投机资金是各国金融市场不可忽略的投机力量。在各国金融市场的联系越来越密切、金融市场的结构越来越复杂的条件下,发达国家的机构投资者利用它们在信息、技术、资金和经验上的优势,在一些国家掀起投机风潮以获取暴利,而一旦泡沫破裂,这些投资者又迅速撤离,给当地投机者造成巨额损失,并破坏当地市场的稳定。虽然金融资本的本性决定了哪里有利可图它就延伸到哪里,而不管对方是发达国家还是发展中国家。但是由于发达国家的金融市场规模庞大、机制完善、监管到位,所以发达国家的金融市场更为成熟和稳定,受到投机资金攻击的可能性相对较小,即使产生泡沫和危机,市场自我修复机制也尽可能降低损失。然而,发展中国家的金融市场大多起步较晚,市场监管存在诸多漏洞,并且市场规模较小,容易受到外部资金的冲击。在金融市场上处于弱势地位,它们所受的损害更大。20世纪90年代到本世纪初陆续发生的墨西哥金融危机、亚洲金融危机、阿根廷金融危机都说明了这一点。

直接投资,不像证券投资资金那样来去匆匆,并且可以给落后国家带来先进的技术和管理经验,因而受到发展中国家的欢迎。其带来的潜在收益和风险确实是难以估量的。特别是对于落后国家,外来直接投资获得了本地的资源和廉价劳动力,占据了本地市场,甚至还破坏了本地的环境。促进本地经济增长的收益和付出的如此高额成本难以进行客观定量的比较,但这种高额成本仍应引起重视。不过,对在落后国家进行直接投资的跨国公司来说,直接投资给其带来的收益往往是明显高过成本的,利用自身的技术、知识、管理、资金优势,这些跨国公司支配了落后国家的自然资源、劳动力,并且不用为破坏环境付出高昂的代价,同时还能够占领这些国家的市场,获取超额利润。另外,落后国家的自主产业逐渐被外来企业挤出市场,使得落后国家的市场面临被跨国公司垄断的风险,对国家产业安全来说是不可忽视的风险。也就是说,发展中国家在全球资本流动体系中,不但分配得到的直接利益较少,而且还承担了更多的潜在风险和成本。

附录 3.1

$$NFA_{t+1} = (1 + p^a_{t+1})(1 + e^a_{t+1}) \cdot A_t - (1 + p^l_{t+1})(1 + e^l_{t+1}) \cdot L_t$$
$$+ (NX_{t+1} + r^a \cdot A_t - r^l \cdot L_t)$$

$$\Rightarrow \frac{NFA_{t+1}}{Y_{t+1}} = (1 + p^a_{t+1})(1 + e^a_{t+1}) \cdot \frac{A_t}{Y_{t+1}} - (1 + p^l_{t+1})(1 + e^l_{t+1}) \cdot \frac{L_t}{Y_{t+1}}$$
$$+ \left(NX_{t+1} + r^a \cdot \frac{A_t}{Y_{t+1}} - r^l \cdot \frac{L_t}{Y_{t+1}} \right)$$

$$\Rightarrow nfa_{t+1} = (1 + p^a_{t+1})(1 + e^a_{t+1}) \cdot \frac{A_t}{Y_{t+1}} - (1 + p^l_{t+1})(1 + e^l_{t+1}) \cdot \frac{L_t}{Y_{t+1}}$$
$$+ \left(\frac{NX_{t+1}}{Y_{t+1}} + r^a \cdot \frac{A_t}{Y_{t+1}} - r^l \cdot \frac{L_t}{Y_{t+1}} \right)$$

$$= (1 + p^a_{t+1})(1 + e^a_{t+1}) \cdot \frac{a_t}{(1 + g_{t+1})} - (1 + p^l_{t+1})(1 + e^l_{t+1}) \cdot \frac{l_t}{(1 + g_{t+1})}$$
$$+ \left[nx_{t+1} + r^a \cdot \frac{a_t}{(1 + g_{t+1})} - r^l \cdot \frac{l_t}{(1 + g_{t+1})} \right]$$

$$= (1 + p^a_{t+1} + e^a_{t+1} + p^a_{t+1} \cdot e^a_{t+1}) \cdot \frac{a_t}{(1 + g_{t+1})} - (1 + p^l_{t+1} + e^l_{t+1} + p^l_{t+1} \cdot e^l_{t+1})$$
$$\cdot \frac{l_t}{(1 + g_{t+1})} + \left[nx_{t+1} + r^a \cdot \frac{a_t}{(1 + g_{t+1})} - r^l \cdot \frac{l_t}{(1 + g_{t+1})} \right]$$

$$\approx (1 + p^a_{t+1} + e^a_{t+1}) \cdot \frac{a_t}{(1 + g_{t+1})} - (1 + p^l_{t+1} + e^l_{t+1}) \cdot \frac{l_t}{(1 + g_{t+1})}$$
$$+ \left[nx_{t+1} + r^a \cdot \frac{a_t}{(1 + g_{t+1})} - r^l \cdot \frac{l_t}{(1 + g_{t+1})} \right]$$

$$= \frac{1}{(1 + g_{t+1})} \left[(1 + p^a_{t+1} + e^a_{t+1} + r^a) \cdot a_t - (1 + p^l_{t+1} + e^l_{t+1} + r^l) \cdot l_t \right]$$
$$+ nx_{t+1}$$

$$= \frac{nfa_t}{(1 + g_{t+1})} + \frac{1}{(1 + g_{t+1})} \left[(p^a_{t+1} + e^a_{t+1} + r^a) \cdot a_t - (p^l_{t+1} + e^l_{t+1} + r^l) \cdot l_t \right]$$
$$+ nx_{t+1}$$

第4章　全球资本流动格局

4.1　国际投资头寸的计算方法

在分析全球资本流动过程中的收益分配之前,首先要厘清全球资本流动的格局。本书以 80 个国家和地区为样本,计算了这些国家和地区对外资本流动的流量、存量、收益、支付,并进一步计算其收益率和支付率。各国和地区官方统计机构公布了每年的流量数据以及要素收入(支付)数据,但存量数据比较欠缺,因此,本书需要计算各国和地区的国际投资头寸,进而可以结合流量数据计算资产和负债的升值以及收益率(支付率)。

由于国际投资头寸统计数据的不足,国内学者在分析国际收支问题时,基本上都停留在流量分析层面,即使有一些关于国际收支存量问题的讨论,也基本都是一些定性的分析。这就使得讨论国际收支平衡或者对外资本流动时存在缺陷。这是因为目前关于各国对外资产负债的存量统计数据较少,特别是像中国这样的发展中国家,国际收支统计起步较晚,且统计方法和规范性也存在不足。

这一问题也已经受到各国统计机构和国际货币基金组织(IMF)的重视。IMF 的《国际收支手册》是各国进行国际收支的指导性文件,早期 IMF 关于各国国际收支统计的手册称为 *Balance of Payments Manual*(《国际收支手册》,简写 BPM),如 1993 年公布的第五版就称为 BPM5。而在 2009 年公布的第六版,已经将名称更改为 *Balance of Payments and International Investment Position Manual*(《国际收支和国际投资头寸手册》），虽然简写仍为 BPM6，但是从全称上已经看出该手册对国际投资头寸统计的重视程度。第六版手册的更新主要包括了三个主题：全球化、对资产负债表问题的日益重视和金融创新。新手册反映了对日益增加的资产负债表分析的关注，这一分析有助于从脆弱性和可持续性方面理解国际经济的发展。新手册提供了更加详细的关于国际投资头寸的指南，这一头寸是一个国家的对外金融资产和负债的资产负债表。新手册还更详细地讨论了定值和其他数量变化，以及其对资产和负债的影响。

为了弥补国际投资头寸统计数据的缺失，少数学者基于可得的统计数据，通过不同方法来建立模型估计各国持有的外国资产和对外负债。其中，较早的是 Sinn (1990)，Sinn 度量了 145 个国家的国外资产和负债，从 1970—1987 年，根据 IMF、UN 以及各国的数据，这是上世纪针对各国持有的外部资产和负债最全面的研究。而 Rider(1994) 也做了类似的研究，但其研究对象主要集中于工业国家。Committeri (2000) 通过模型和实例来检验各国 BOP 和 IIP 的统计数据联系，发现当详细的金融数据信息较少时，使用模型来计算出现的偏差较大。由于在统计时，使用某一时期内连续不变的汇率和资产价格，对统计的 BOP 和 IIP 结果会产生一定影响，因此，Committeri(2000) 建议各国的统计部门在编制 BOP 和 IIP 数据时，应该增加数据细节信息。Lane 和 Milesi-Ferretti(2001) 发现虽然资本流动被紧密地关注，但令人惊讶的是，很多国家，特别是发展中国家，持有的累计国外资产和债务信息却较少被统计和公开。因而，他们对 67 个国家在 1970—1998 年间的外部资产和负债进行了估计。实际上，即使那些公布国际投资头寸的发达国家，也并不完全是通过实际调查获得对外直接投资资产和负债的数据，有些则是通过建立模型估算得到的。Landefeld 和 Lawson (1991) 介绍了永续盘存法（perpetual inventory method，简称 PIM）在估计美国国际投资头寸中的应用。对美国国际投资头寸、在外直接投资、黄金储备的价值进行了重新评估。作者认为原本使用的历史成本方法会引起误差，例如美国对外直接投资大多发生在 20 世纪 60—70 年代，而外国对美直接投资大多发生在 70—80 年代。考虑到通胀等因素，因而需要进行调整。对 FDI 的评估，用当前成本或者市值的方法要比原有的历史成本法更能说明实际价值。调整后的结果发现 1982—1989 年间，美国在外直接投资资产用重置成本法和市场价值法估算出的价值要比原先的历史成本法高很多，而外国在美直接投资经调整后的价值上调较少。

国内学者许承明（2003）也指出了当前国际投资头寸统计的困难，认为目前缺少准确的国际投资头寸数据，采取普查虽然是获得国际投资头寸的有效方法，但是该方法工作面广,工作量巨大,对很多国家来说难以操作。因此,需要采用其他方法进行估算。作者使用两种估算方法估算了中国的国际投资头寸。第一种方法是往年流量的累加,但是该方法存在两个缺陷。首先是基年存量难以确定,其次是简单累加不能反映资产的价值波动和折旧。因此,作者提出了另一种方法,用国际投资收入和支付除以对外资产的收益率和负债率,但是该方法也存在缺陷,首先是需要确保国际投资收入和支付数据的准确性,其次,收益率无法确定,作者只能用美国对外资产和负债的收益率代替。但作者也意识到美国在国际货币体系中的特殊地位,中国对外投资的收益率必然和美国存在较大差异,因而用这种方法估算中国的国际投资头寸存在缺陷。

根据 IMF《国际收支手册》的统计分类,一国的境外资产和负债可以分为 3 大类:直接投资、证券投资和其他投资(资产项下的"其他投资"中将储备资产单独列出)。而这 3 大类资产又可以进一步分为更详细的子类。(1)直接投资:直接投资反映一国的居民单位(直接投资者)对另外一经济体的居民单位(直接投资企业)的永久利益。它包括直接投资者和直接投资企业之间的所有交易,如两者之间开始的交易、以后的交易以及他们与公司型和非公司型的附属企业之间的交易。(2)证券投资:证券投资包括股票和债券的交易。债券又分为长期债券、中期债券、货币市场工具和金融衍生工具。(3)其他投资:包括长短期的贸易信贷、贷款(包括利用 IMF 的信贷)、货币和存款(可转让的和其他类型的,如:储蓄存款和定期存款,入股形式的存款和贷款以及在信贷合作社的股份等),以及应收款项和应付款项(不含直接投资项下的交易)。(4)储备资产:储备资产包括一经济体的货币当局认为可以用来满足国际收支和在某些情况下其他目的的资产的交易。涉及的项目包括货币化的黄金、特别提款权、在基金组织的储备头寸、外汇资产(货币、存款和有价证券)以及其他的债权。需要注意的是,确定储备资产的构成和范围,并不是服从于运用客观正规的标准而是屈从于有关条件和其他种种考虑。因此,我们基于 IMF 的 3 大类资产分类,分别估算了各类资产的国际投资头寸。

4.1.1 直接投资头寸的计算

固定资本存量度量的一个主要困难是资产的重置成本和折旧双重影响,由于在任何一个时点上,固定资本是由不同存在年限的往期投资组成,因而加总时需要考虑不同年限的资产的差异。PIM 模型则是解决该问题的有效方法,PIM 模型最早由 Goldsmith(1951)提出,其实质是将不同时期的资本流量逐年调整、折算,以累加成意义一致的资本存量。Jorgenson(1973)将投资品价格和资本服务租赁价格的概念引入 PIM 模型，扩展了 PIM 的实用性。目前，使用这一方法可以获得资本存量毛值的估计和资本存量净值的估计，估计的结果可以表示为购置价格、重置价格和某一特定的固定价格。

不少 OECD 国家已经广泛采用 PIM 模型来估算资本存量。在现实应用中，由于各国原始数据情况存在很大差异，因而基于基本的 PIM 方法衍生出了不同的版本以结合实际应用。国内也有一些学者引入 PIM 方法，其中李京文等(1993)率先将乔根森(Jorgenson)的生产率测算理论方法引入我国，并对我国的资本投入进行研究，不过由于我国数据统计资料的限制，他们的研究对原有模型也进行了一些改进。另外 Chow(1993)、王小鲁等(2000)也是用 PIM 模型对我国的固定资产存量进行估计。

PIM 模型将不同役龄资产的效率差异作为权重将过去投资的资产加总，计算得到资本存量 $K(t)$：

$$K(t) = \sum_{\tau=0}^{\infty} d(\tau) \cdot I(t-\tau) \tag{4.1}$$

其中 $d(\tau)$ 表示不同役龄资产的效率，τ 表示役龄。且有

$$d(0)=1,\ 0 \leqslant d(\tau) \leqslant d(\tau-1) \leqslant 1,\ \lim d(\tau)=0,\ \tau=1,\ 2,\ 3,\ \cdots$$

由于固定资本相对效率随役龄的增加而下降，要保持原有资本品效率，必须进行重置。设役龄为 τ 的固定资本需要重置的比例为 $m(\tau)$，也称其为死亡率，其表示役龄从 $\tau-1$ 到 τ 的效率减少量。

$$m(\tau) = d(\tau-1) - d(\tau) = -[d(\tau) - d(\tau-1)],\ \tau=1,\ 2,\ \cdots,\ L \tag{4.2}$$

其中，L 表示固定资本的寿命期，因为 $d(\tau) \leqslant d(\tau-1)$，所以死亡率非负，而且所有役龄的死亡率之和为 1：

$$\sum_{\tau} m(\tau) = -\sum_{\tau} [d(\tau) - d(\tau-1)] = d(0) = 1 \tag{4.3}$$

用 $\delta(\tau)$ 表示初始投资后第 τ 期需要重置的比例，称为重置率，利用更新方程，重置率可由死亡率序列递归计算：

$$\delta(\tau) = m(1)\delta(\tau-1) + m(2)\delta(\tau-2) + \cdots + m(\tau)\delta(0),\ \tau=1,\ 2,\ \cdots \tag{4.4}$$

相对效率序列通常认为有以下三种模式：

(1) "单驾马车"型，资产的相对效率在其寿命期 L 内保持不变，到期后变为零：

$$d(\tau)=\begin{cases}1 & \tau=0,1,\cdots,L-1\\0 & \tau\geqslant L\end{cases}$$

相应的死亡率分布为 $m(\tau)=\begin{cases}0 & \tau=0,1,\cdots,L-1\\1 & \tau=L\\0 & \tau\geqslant L\end{cases}$

而重置分布为 $\delta(\tau)=\begin{cases}0 & \tau=0,1,\cdots,L-1,L+1\cdots\\1 & \tau=L,2L\end{cases}$

（2）线性递减性，资产相对效率在其寿命期内线性递减：

$$d(\tau)=\begin{cases}1-\dfrac{\tau}{L} & \tau=0,1,\cdots,L-1\\0 & \tau\geqslant L\end{cases}$$

相应的死亡率分布为 $m(\tau)=\begin{cases}\dfrac{1}{L} & \tau=1,\cdots,L\\0 & \tau>L\end{cases}$

而重置分布为 $\delta(\tau)=\dfrac{1}{L}\left(1+\dfrac{1}{L}\right)^{\tau-1},\tau=1,2,\cdots,L$

（3）几何递减型，资产相对效率在其寿命期内按固定比例 δ 几何递减：

$$d(\tau)=(1-\delta)^{\tau}$$

相应的死亡率分布为 $m(\tau)=\delta(1-\delta)^{\tau-1}$

而重置分布为 $\delta(\tau)=\delta$

我们在 Lane 和 Milesi-Ferretti（2001，2006）的基础上，结合 Meinen 等（1999）、Landefeld 和 Lawson（1991）的永续盘存法（perpetual inventory method，简称 PIM）的思想来计算各国对外直接投资的资产和负债头寸，并参照股票市场价格、汇率波动的影响来估算各国对外证券投资和其他投资的资产和负债头寸。我们计算直接投资头寸的模型既继承和保留了 PIM 模型的基本思想，又考虑了 Lane 和 Milesi-Ferretti（2001）模型的简洁实用性，能够利用有限的数据估计各国的国际直接投资头寸，具有较好的可操作性。

我们根据相关数据的实际情况，将 PIM 模型进行如下改进。在本章中我们作以下两点假设：（1）假设固定资本的折旧是线性递减的，即资产在每期以一个固定的折旧

率 $1/d$ 折旧。(2)假设每期的投资是在期末进行的,那么 t 期投入的资本 I_t 在本期没有折旧,从 $t+1$ 期开始每期折旧固定资本的 $1/d$。

本章中,无论是资产还是负债,均以美元计价。在 t 期末的直接投资资产,其价值变化来自两个部分,已有资产的价值变动和新增投资:(1) $t-1$ 期末的资产价值变动,这由两方面因素引起,首先是通胀引起的资产价值变化,等量的 $t-1$ 期末的资产在 t 期末的重置成本必然受到一般价格因素的影响,$t-1$ 期末的资产在 t 期末的价值要考虑通胀因素。其次是资产折旧的影响,直接投资的资产大多是有形的固定资产,而固定资产都有一定的使用寿命,即每期存在折旧,那么 $t-1$ 期末的资产到了 t 期末,除了受通胀影响重置成本外,还因为自身的折旧有一定的贬值。(2) t 期新投入的资本,由于计算的是 t 期末的资产,我们假设 t 期新投入的资本是按照当年的平均价格水平投资的,那么 t 期投入的资产在年末也会因为当年的通胀而产生价格波动。

根据上述原理,我们得到

$$FDIA_t = FDIA_{t-1} \cdot (1-dr) \cdot \frac{P_t^W}{P_{t-1}^W} + \Delta FDIA_t \cdot \frac{P_t^W}{\bar{P}_t^W} \tag{4.5}$$

其中 $FDIA_{t-1}$ 表示 $t-1$ 期末的对外直接投资资产存量,dr 表示折旧率。式中 P_t^W 表示 t 期境外直接投资资产的价格指数期末值,$\bar{P}_t^W$ 表示 t 期境外直接投资资产的价格指数平均值,ΔFDI_t 表示 t 期的新增对外投资。因为追踪各国每年所有对外直接投资的具体去向并不现实,因此我们使用全球平均价格水平来表示影响各国对外直接投资的价格。这里的全球价格指数我们用全球 GDP 平减指数,该指数是名义 GDP 和实际 GDP 的比值,它的计算基础比 CPI、PPI 更广泛,涉及全部商品和服务,除消费外,还包括生产资料和资本、进出口商品和劳务等。因此,这一指数能够更加准确地反映一般物价水平走向,是对价格水平的宏观测量。

除了价格指数和投资流量之外,还有两个重要变量需要确定:(1)折旧额或折旧率的确定;(2)基年资本存量。

我们根据 Meinen 等(1999)以及 Landefeld 和 Lawson(1991)的研究,将年折旧率设定为 6%。

基年价格存量的确定我们采用了两种方法:(1)少数国家一直未公布任何年份的国际投资头寸数据,但是有相应的直接投资收入和支付数据,结合与本地区经济发展水平类似的其他国家的收益率平均水平,我们使用收益/收益率的方法估算初始年份数据;(2)大多数国家公布了最近一些年份的国际投资头寸数据,根据 IMF 的统计原则,这些投资头寸数据应该是以当前价格计价的,而不是使用历史成本,因而我们可以根据已有的近年的直接投资存量数据用下式推算往年的存量:

$$FDIA_{t-1} = \frac{FDIA_t - \Delta FDIA_t \cdot \dfrac{P_t^W}{P_t^W}}{(1-dr) \cdot \dfrac{P_t^W}{P_{t-1}^W}} \tag{4.6}$$

而各国的直接投资负债(即外国在本国的直接投资存量)计算要比一国持有的境外直接投资头寸计算略复杂。由于外国资本在进入本国之后,是以本币计价,本币价格受到本国通胀的影响,而最终每期末的资产又是以美元标价,因此,非美元国家的对外直接投资负债计算应通过以下几个步骤:

① 将美元表示的 $FDIL_{t-1}$, ΔFDI_t 折算成本币,其中 $FDIL_{t-1}$ 用 $t-1$ 期期末(或者 t 期期初)的汇率进行折算,ΔFDI_t 用 t 期的平均汇率折算。

② 根据 $FDIL_t = FDIL_{t-1} \cdot (1-dr) \cdot \dfrac{P_t^L}{P_{t-1}^L} + \Delta FDI_t \cdot \dfrac{P_t^L}{P_t^L}$,计算 $FDIL$,这里的所有变量均是以本币表示。

③ 再将 $FDIL_t$ 用 t 期期末汇率兑换成美元。

或者直接表示:

$$FDIL_t \cdot ex_t = FDIL_{t-1} \cdot ex_{t-1} \cdot (1-dr) \cdot \frac{P_t^L}{P_{t-1}^L} + \Delta FDI_t \cdot \overline{ex_t} \cdot \frac{P_t^L}{P_t^L} \tag{4.7}$$

式(4.7)中 $FDIL_{t-1}$、$FDIL_t$、ΔFDI_t 分别是以美元表示的 $t-1$ 期期末、t 期期末直接投资负债存量和 t 期外来直接投资流量,P_t^L、P_{t-1}^L、$\overline{P_t^L}$ 分别是以本币表示的 t 期期末、$t-1$ 期期末价格指数和 t 期平均价格指数,用对应的本币 GDP 平减指数表示。ex_{t-1}、ex_t、$\overline{ex_t}$ 分别是 $t-1$ 期期末、t 期期末的本币兑美元汇率和 t 期本币兑美元平均汇率。

原始数据和境外直接投资资产面临同样的问题,对于一直未公布对外直接投资负债存量的国家和地区,我们结合初始年份的直接投资支付和其他国家的平均支付率计算初始年份的直接投资存量,而对于在近年已经公布直接投资存量的国家,我们用下式根据近年的数据计算往年的直接投资负债存量:

$$FDIL_{t-1} = \frac{FDIL_t \cdot ex_t - \Delta FDI_t \cdot \overline{ex_t} \cdot \dfrac{P_t^L}{P_t^L}}{ex_{t-1} \cdot (1-dr) \cdot \dfrac{P_t^L}{P_{t-1}^L}} \tag{4.8}$$

4.1.2 证券投资头寸的计算

1. 股票投资资产和负债

股票和其他资产相比,最明显的一个特征就是其价格的波动性。一国对外股票投资资产存量,一方面受到本国对外新增股票投资存量的影响,另一方面还受到国外股票价格波动的影响。面临和境外直接投资资产头寸的情况相似,我们无法追踪一国每年在境外的每一笔股票投资的去向,因此假设一国在境外股票投资的收益和当期世界平均水平相同。我们用下式计算对外股票投资资产存量:

$$EQA_t = EQA_{t-1} \cdot \frac{P_t^{EW}}{P_{t-1}^{EW}} + \Delta EQA_t \cdot \frac{P_t^{EW}}{\overline{P_t^{EW}}} \tag{4.9}$$

其中 EQA_t 表示 t 期本国持有的境外股票存量, ΔEQA_t 是 t 期对外股票投资流量。基期存量估算方式和对外直接投资资产存量的估算方法相同。对于公布近年持有的境外直接投资资产头寸的国家,用下式计算早期的境外股票头寸:

$$EQA_{t-1} = \frac{EQA_t - \Delta EQA_t \cdot \dfrac{P_t^{EW}}{\overline{P_t^{EW}}}}{\dfrac{P_t^{EW}}{P_{t-1}^{EW}}} \tag{4.10}$$

P_t^{EW}、P_{t-1}^{EW} 和 $\overline{P_t^{EW}}$ 分别表示 t 期末、$t-1$ 期末的全球股票价格指数和 t 期全球平均股票价格指数。我们使用摩根士丹利资本国际指数[1](Morgan Stanley capital international index,MSCI 指数)中的 MSCI ac world—price index[2],表示对应的 P_t^{EW}、P_{t-1}^{EW} 和 $\overline{P_t^{EW}}$,以反映全球股票价格波动的指数(以美元标价)。需要注意的是,普通的股票指数编制方法中,往往包含了股票分红的信息,而 MSCI ac world—price index 指数是除去了分红之后的价格信息。MSCI 有很多种指数,包含分红信息的全球指数是 MSCI ac world—tot return index。因此,用 MSCI ac world—price index 就可以直接计算相应的境外股票资产存量,而不用考虑是否分红的问题。

---

[1] 摩根士丹利资本国际指数是指投资银行摩根士丹利所编制的一系列股价指数,涵盖不同的行业、国家以及区域。MSCI 指数是在投资界最为广泛使用的用以代表各国家、地区资本市场表现的参考指数。

[2] MSCI 有两个全球性的指数,MSCI world index 和 MSCI ac world index,前者是 24 个发达国家股票市场的加权指数,而后者的样本则既包括发达国家又包括发展中国家,共由 45 个国家的股票市场加权促成,因此,后者作为全球的股票价格指数更具代表性。

一国对外股票投资负债的头寸计算需要考虑汇率问题,计算步骤如下:

① 将 EQL_t、EQL_{t-1}、ΔEQL_t 用本币表示,注意三个变量对应的汇率分别是 t 期末汇率、$t-1$ 期末汇率和 t 期平均汇率。

② 用下式计算 t 期末的对外股票负债

$$EQL_t = EQL_{t-1} \cdot \frac{P_t^{EL}}{P_{t-1}^{EL}} + \Delta EQL_t \cdot \frac{P_t^{EL}}{P_t^{EL}} \tag{4.11}$$

基期存量估算方式和前文估算境外资产的方法相同。对于公布近年持有的境外直接投资负债头寸的国家,用下式计算早期的对外股票负债头寸:

$$EQL_{t-1} = \frac{EQL_t - \Delta EQL_t \cdot \dfrac{P_t^{EL}}{P_t^{EL}}}{\dfrac{P_t^{EL}}{P_{t-1}^{EL}}} \tag{4.12}$$

③ 再用对应的汇率折算成美元计价。

或者直接计算:

$$EQL_t \cdot ex_t = EQL_{t-1} \cdot \frac{P_t^L}{P_{t-1}^L} \cdot ex_{t-1} + \Delta EQL_t \cdot \frac{P_t^L}{P_t^L} \cdot \overline{ex_t} \tag{4.13}$$

$$EQL_{t-1} = \frac{EQL_t \cdot ex_t - \Delta EQL_t \cdot \dfrac{P_t^L}{P_t^L} \cdot \overline{ex_t}}{\dfrac{P_t^L}{P_{t-1}^L} \cdot ex_{t-1}} \tag{4.14}$$

上述中,P_t^{EL} 是本地股票价格指数。由于 MSCI 既提供了各国以本币计价的股票价格指数,又提供了各国以美元计价的股票价格指数,因而我们在估算股票投资头寸时,直接使用美元计价的股票价格指数,通过式(4.11)即可估算股票投资头寸。

一些国家早期没有股价指数,因为这些国家当时还没有股票交易市场,但仍然存在外来的股票投资,这可能有两种情况:(1)在 IMF 的股权投资分类中,投资方所占股权比例超过 10% 的认为是直接投资,而如果低于 10%,即使是直接投资形式的股权投资,而不是在股票市场购买股票,也可能被认为是股票投资;(2)可能是本国公司在境外上市而被外国投资者购买,因而在国际收支统计中记录为股票投资。因此,对于没有股票价格数据,而有外国投资者对本国进行股票投资的,我们用 MSCI 全球股票指数代表股价的波动(MSCI ac world—price index)。

2. 债券投资的资产和负债头寸

债券和股票一样，也是一种证券资产，对投资者的收益产生影响的是债券的价格和支付的票息。因此，债券头寸的计算方式和股票头寸的计算类似：

$$BDTA_t = BDTA_{t-1} \cdot \frac{P_t^{DW}}{P_{t-1}^{DW}} + \Delta BDTA_t \cdot \frac{P_t^{DW}}{\overline{P_t^{DW}}} \tag{4.15}$$

式（4.15）中，$BDTA_t$、$BDTA_{t-1}$ 表示 t 和 $t-1$ 期末一国持有的境外债券头寸，$\Delta BDTA_t$ 表示 t 期新增对外债券投资，P_t^{DW}、P_{t-1}^{DW} 和 $\overline{P_t^{DW}}$ 分别表示 t、$t-1$ 期末全球债券价格指数和 t 期全球债券平均价格指数（均以美元计价）。

$$BDTL_t \cdot ex_t = BDTL_{t-1} \cdot \frac{P_t^{DL}}{P_{t-1}^{DL}} \cdot ex_{t-1} + \Delta BDTL_t \cdot \frac{P_t^{DL}}{\overline{P_t^{DL}}} \cdot \overline{ex_t} \tag{4.16}$$

$BDTL_t$、$BDTL_{t-1}$ 分别表示 t 和 $t-1$ 期末外国持有的本地债券头寸，$\Delta BDTL_t$ 表示 t 期外国新增对本地的债券投资。P_t^{DW}、P_{t-1}^{DW} 和 $\overline{P_t^{DW}}$ 表示 t、$t-1$ 期末本地债券价格指数和 t 期本地债券平均价格指数（本币计价）。ex_{t-1}、ex_t、$\overline{ex_t}$ 分别是 $t-1$ 期期末、t 期期末的本币兑美元汇率和 t 期本币兑美元平均汇率。

这里的债券价格指数来自 Bloomberg，Bloomberg 提供了全球主要经济体主要债券品种的回报率指数（total return index），即包含票息和债券价格的指数，同时还提供了对应品种的票息率，我们根据回报率指数和票息率计算出本地债券价格指数。与股票相比，债券的价格波动极小，债券投资的收益主要来自债券发行人支付的票息，我们根据各国的债券回报率指数和票息率计算出的债券价格指数也证实了这一点。全球的债券价格指数 P_t^{DW} 我们用已有的各国价格指数的平均增长率计算得到，对于那些没有债券价格指数的国家，也用 P_t^{DW} 代替本地的债券价格变动。

4.1.3 其他投资头寸的计算

其他投资的资产主要是储备资产、贷款、应付款、应收款等，这些资产一般是以名义价格或者面值计算头寸，并且全球各国的储备资产[1]、存贷款中大多是以美元计价的，因此对于储备资产和其他资产负债我们直接使用简单累加的方法计算。

---

① 根据 IMF 全球官方外汇储备构成（COFER）的数据，全球官方外汇储备中超过 60% 是美元。

正如在前文中我们提到的,资本转移对一国的国际投资头寸也会产生直接影响。资本转移包括两个部门:广义政府和其他部门,其中广义政府的资本转移主要包含债务减免和其他(投资援助,如大型项目等)。由于资本转移主要发生在政府的债务减免方面,因此,我们把资本转移放入其他投资项目下。我们把资本转移看成是一种资本输入/输出的形式,如本国减免外国 100 万美元债务,则资本转移项-100 万美元,那么本国的资产项就减少 100 万美元,外国的负债项就减少 100 万美元。需要注意的是,经常转移(经常账户下的 current transfer)不影响头寸变化。如果一国对外转移资产 CT_t,则有本期的资产=上期的资产+本期投资-本期对外转移:

$$A_t = A_{t-1} + \Delta A_t - CT_t \tag{4.17}$$

A_t、ΔA_t、CT_t 分别表示境外资产头寸、新增对外投资和对外资本转移。也可以利用式(4.17)中当期的资产、投资和资本转移数据推算上一期的资产头寸:

$$A_{t-1} = A_t - \Delta A_t + CT_t \tag{4.18}$$

同样,对于其他投资的负债来说,外国对本国的债务减免和资产转移,会减少本国的负债和外国的资产,对于本国来说:

$$L_t = L_{t-1} + \Delta L_t - CT_t \tag{4.19}$$

ΔL_t、CT_t 分别是外国对本国的其他投资和转移给本国的资本(如对本国的资本赠送、对本国债务的减免):

$$L_{t-1} = L_t - \Delta L_t + CT_t \tag{4.20}$$

4.1.4 其他

除了前文所讲的交易、市场价格波动、汇率波动、资本转移会对国际投资头寸产生影响外,还有一些其他因素对国际投资头寸产生影响,例如:(1)债权转为股本,这种情况下,债权(贷款、债券)名义价值与股本市场价值可能存在差额;(2)重新安排债务,这种情况是以一笔新的贷款取代以前的贷款,贷款的价值可能会发生变化。这两个问题对国际投资头寸的影响,本文还不能解决,这也是本文计算方法中的一个不足之处。但庆幸的是,这两种情况在全球各国的境外资产负债中发生的比例较小,因而实际影响也较小。

4.2　样本和数据说明

4.2.1　样本选取

本章的样本选取主要根据国家(地区)的经济规模确定,基本上涵盖了全球经济规模较大的国家(地区),我们计算了80个国家(地区)的国际资本流动规模、国际投资头寸、投资收益率和成本等方面的数据。为了尽可能完整地反映全球资本流动的情况,我们搜集整理了大量的数据用于本文的计算,但是由于客观原因,部分国家(地区)的统计数据不完整或者存在严重的误差,我们无法将计算范围覆盖到全球所有的经济体。虽然从样本数量上来说,80个国家(地区)占全球行政区域总数的一半还不到,但是由于全球各国(地区)之间经济规模和经济活动差异极大,经济规模靠前的国家(地区)在全球经济活动中所占的份额要远远超过落后国家(地区)。本章的80个经济体,2008年GDP总额之和为58.28万亿美元,占全球所有国家(地区)GDP之和61.35万亿美元的95%,其余的100多个国家和地区的经济规模占全球比例仅为5%。样本国家(地区)平均对外资本流动规模占全球比例也超过95%。因此,我们认为这80个经济体的经济活动基本反映了全球经济活动的整体情况[①]。表4.1中数据为本章样本的80个国家(地区)的名义GDP和资本流出规模在全球总量中的比重,和20世纪70、80年代相比,样本国家(地区)经济规模比重的上升,说明小国和大国在经济上的规模差距越来越大。

表 4.1　本书样本国家(地区)经济规模和资本流动规模在全球的比重(%)

	1970	1980	1990	1995	2000	2005	2007	2008
GDP 占比	91.53	90.28	96.45	96.67	96.23	95.83	95.36	95.00
资本流出占比	—	—	—	95.41	96.49	95.70	94.58	86.03

资料来源:世界银行世界发展指标(WDI)数据库、IMF的BOP统计数据库和作者的计算。

---

① 在全球经济规模前60的经济体中,仅缺少伊朗(2008年GDP全球第28名)、阿联酋(第35名)、尼日利亚(第41名)、阿尔及利亚(第46名)和卡塔尔(第56名)这5个国家,这5个国家2008年GDP总和占全球的比重还不到2%(这里的GDP排名和比重是根据世界银行公布的GDP数据计算)。

本章的 80 个样本国家和地区的具体名单如附表 4.1 所示(按照英文字母排序),这里的国家(地区)代码来自世界银行的相关统计资料中的编码,为了不影响部分图表的表达效果,在部分图表中,我们将使用该表中的三字母代码表示各国(地区)。

4.2.2 国家分类的说明

如无特别说明,本章中使用的"所有国家(地区)"、"所有地区"或"所有经济体"等概念均是指本章的 80 个样本国家和地区,而不是一般意义所指的全球 200 多个行政区域。为了进一步说明不同特征的国家(地区)在全球资本流动体系中的角色和地位,本章还针对这些国家和地区进行如下的分类。

我们将所有的经济体分为发达国家(地区)和发展中国家(地区)两大类,根据 IMF① 的分类,将样本各经济体分为发达国家(地区)和发展中国家(地区),在我们的样本中,澳大利亚、奥地利、比利时、加拿大、塞浦路斯、捷克、丹麦、芬兰、法国、德国、希腊、中国香港、爱尔兰、以色列、意大利、日本、韩国、卢森堡、荷兰、新西兰、挪威、葡萄牙、新加坡、斯洛伐克、斯洛文尼亚、西班牙、瑞典、瑞士、英国、美国这 30 个经济体为发达经济体,其余 50 个样本定义为发展中国家(地区)。发达国家(地区)经济发展水平高,技术先进,生活水平较高,主要分布于北美、西欧、北欧以及亚太地区。

发展中国家(地区)近几十年来的发展趋势也发生了明显分化,"新兴国家(地区)"成为近年来的热点话题,这是一个相对概念,泛指对相对成熟或发达市场而言目前正处于高速发展中的国家、地区或某一经济体,这些经济体的特征是经济增长快、工业化进程发展迅速。出现了诸多关于新兴国家(地区)的组织和分类,其中最典型的就是"金砖四国(BRIC,巴西、俄罗斯、印度和中国)",还有许多其他分类,如"BRICET"(金砖四国+东欧和土耳其)、"BRICS"(金砖四国+南非)、"BRICM"(金砖四国+墨西哥)、"BRICK"(金砖四国+韩国)、"Next Eleven"(孟加拉国、埃及、印度尼西亚、伊朗、墨西哥、尼日利亚、巴基斯坦、菲律宾、韩国、土耳其和越南)、"CIVETS"(哥伦比亚、印度尼西亚、越南、埃及、土耳其和南非)。这些国家(地区)虽然未必处于共同的区域或者具备共同的生产要素,但是很多经济学家认为其具有一些共同的经济发展特征,因而归为一类。为了简化起见,根据其他学者的分类,结合这些国家(地区)的经济发展

---

① 资料来源:IMF 的 world economic outlook database。

规模和发达程度,我们将发展中国家(地区)分为两大类,一类是主要新兴国家(地区)(包括中国、俄罗斯、巴西、印度、墨西哥、土耳其、波兰、印度尼西亚和南非),其余的用"其他发展中国家(地区)"表示。

另外,我们还从地域上将各经济体分类以便于深入分析,我们将 80 个样本国家和地区分为北美、大洋洲、拉美、西欧和北欧、亚洲(细分为亚洲发达国家和地区、亚洲发展中国家和地区)、中东和非洲、中东欧。这里的地域分类可能和严格意义上的地域分类存在差异,详细的地域分类见附表 4.2。需要说明的是,这里的亚洲,是指东亚、东南亚和南亚地区,由于西亚地区国家(地区)的经济产业特征和东亚地区差异较大,我们将西亚(即中东地区)和非洲国家(地区)样本分为一类,称为中东和非洲地区,这部分国家(地区)中,大多为资源丰富的国家(地区),特别是石油资源较为丰富,资源出口是这些国家(地区)的支柱产业。

4.2.3 时间区间和样本完整性说明

我们研究的时间区间是 1980 年至 2008 年,我们根据各经济体的经济规模,筛选了全球主要的 80 个经济体。对于有些国家和地区的统计数据存在部分年份缺失的情况,我们做了如下处理:(1)通过其他数据来源弥补,通过查找相关国家(地区)的官方统计机构、各种独立研究机构、其他学术研究中公布的数据等;(2)数据缺失较多又不能通过其他数据来源弥补的情况,我们不得不放弃这些国家和地区的样本。幸运的是,我们的计算样本中,包含了全球最主要的经济体,以 2008 年为例,我们的 80 个样本国家(地区)的 GDP 占全球 GDP 的 94.2%。因此,可以说我们的样本能够充分代表全球主要的经济活动。

80 个样本中大多数国家和地区的数据能够追溯到 1980 年甚至更早,其中也有部分国家和地区数据不完整,样本计算结果的数据缺失情况如下:中国内地和匈牙利缺少 1980 年数据,起始年份为 1981 年。阿塞拜疆、白俄罗斯、柬埔寨、克罗地亚、捷克、爱沙尼亚、中国香港、哈萨克斯坦、拉脱维亚、立陶宛、俄罗斯、斯洛伐克、斯洛文尼亚和乌克兰这 14 个国家和地区,80 年代的数据缺失较为严重,大多统计数据始于 90 年代初,这些国家和地区大多是前苏联或冷战时期社会主义阵营国家,早期对外投资融资活动也相对较少,因此对全球资本流动格局的影响较小。所有样本中,中国香港的国际收支和国际投资头寸数据时间序列最短,为 1997 年至 2008 年。荷属安的列斯群岛和叙利亚缺少 2008 年的数据,因此其时间序列为 1980—2007

年。其余的 64 个国家和地区均能够提供比较完整的 1980—2008 年的原始数据和计算结果。

由于 2001 年及以前,比利时和卢森堡的国际收支数据合并统计,2002 年及以后这两个国家才独立公布相关数据,因此,我们在书中将比利时和卢森堡作为一个样本进行分析,不过在进行计数统计时,仍计为两个国家。

4.2.4 其他说明

相比于传统的金融资产,即直接投资、证券投资(股票、债券、货币市场工具)、其他投资(政府对外资产负债、货币当局对外金融资产负债、金融机构债权债务、其他私人部门债权债务等),金融衍生品作为新兴的金融资产,其发展时间较短,数据难以统计(我们发现大多数国家和地区的对外金融衍生品投资数据都存在比较严重的缺失情况)。因此,本章所涉及的所有国际间的资本流动和对应的资产存量均不包括金融衍生品(如无特别说明)。本章所研究的国际资本流动,主要是针对 BOP 金融账户项下的直接投资、证券投资、其他投资和储备资产四种类型,本章研究的资产头寸、收益、收益率也是与这四类资产所对应的指标。

由于资本和收入的流动是有方向的,按照 IMF 的统计规则,资本流出用负值表示,资本流入用正值表示,同样,从外部获得收入用正值表示,对外国投资者的支付用负值表示。在本章的图形、表格中,除一些进行规模绝对值的分析外,如无特别说明,正值表示资本流入或获得收入,负值表示资本流出或对外支付。同样,我们用净资产表示一国(地区)的境外资产总量减去对外负债的总量,若资产大于负债,即净资产为正,则表示该经济体为债权经济体。若资产小于负债,即净资产为负,则表示该经济体为债务经济体。

4.3 国际资本流动的规模分析

从理论上来说,在国际收支统计中,一个国家流出的每一笔资本应该等于另一些国家对应的流入资本。那么在全球范围内,所有国家的资本流出必然等于所有国家的资本流入。但是因为统计的时间差、统计误差和遗漏等原因,从全球角度来说,资本输出额和资本输入额并不完全一致。不过根据 IMF 的历史数据我们发现，全球的资本流出和流入规模基本保持一致，误差相对于总规模来说非常小。

因此，我们仅用资本流出数据就可以反映全球资本流动的规模变化。如图 4.1 所示，从较长的时间角度来看，在 20 世纪 90 年代以前，国际资本流动规模增速相对较慢，各国（地区）的资本流出总量仍旧从 1980 年的不到 5 000 亿美元增长到 1990 年的 1 万亿美元，10 年增长了 1 倍。而同期这些国家（地区）的 GDP 总量从 10 万亿美元增长到 21 万亿美元，增长了 1.1 倍。可见，80 年代全球资本流动的规模增长和经济增长速度接近，因而每年流出的规模占 GDP 的比重基本维持在 3％—5％之间。然而进入 90 年代之后，国际间的资本流动规模迅速上升，其增长速度远远超过了同期全球经济的增长速度，资本流动规模从 1990 年的 1 万亿美元增长到 2007 年的 11.4 万亿美元，17 年增长了 10 余倍。资本流出量占各国 GDP 总额的比例从 1990 年的 5％增长到 2007 年的 21％。

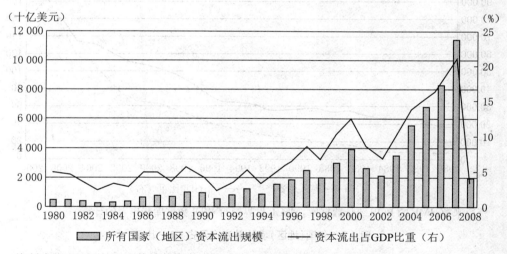

资料来源：IMF 的 BOP 统计数据库，世界银行 WDI 数据库和作者的计算。

图 4.1 全球资本流动规模

20 世纪 90 年代以来，国际资本流动的绝对值规模仅在 1991、1994、1998、2001/2002 和 2008 年有所下降，其余年份均保持着明显的增长。而这 5 个时间点分别伴随着海湾战争、墨西哥金融危机、亚洲金融危机、互联网泡沫破灭和阿根廷金融危机，以及 2008 年全球金融危机。虽然仅仅据此还不能说明国际资本流动和金融危机之间的相互因果关系，但是至少我们可以看出这两者之间显然存在着不可分割的联系。国际流动资本表现出了明显的波动性特征，其对危机的反应程度要远远大于实际经济对危机的反应程度。这说明国际流动资本中,存在着大量的投机资金,一旦发生金融危机,这些资金的流向和规模会在短期内发生巨大转变。

国际间资本流动的规模不断扩大,必然导致各国(地区)境外资产(负债)的急剧膨胀,从理论上来说,在全球范围内,所有国家(地区)的资产之和必然等于所有国家(地区)的负债之和。我们使用资产规模的变化及其和 GDP 的比值来说明各国(地区)境外资产(负债)存量的变化趋势。如图 4.2 所示,1980 年时,各国(地区)的境外总资产规模为 3.6 万亿美元,占当时全球 GDP 的 37%,而到了 2007 年,这一规模猛增至 92 万亿美元,是当时各国(地区)GDP 之和的 1.72 倍,国际资本存量规模大大超过了实体经济的增长幅度,虽然 2008 年由于金融危机各国(地区)境外资产规模大幅下降,但也达到当年全球 GDP 的 1.4 倍。

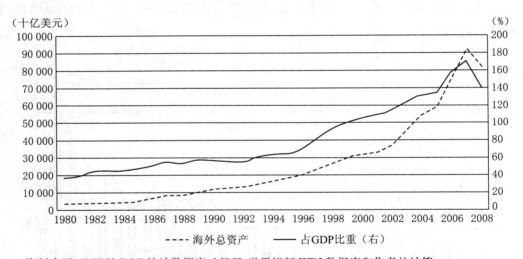

资料来源:IMF 的 BOP 统计数据库,MSCI,世界银行 WDI 数据库和作者的计算。

图 4.2　各国(地区)境外总资产及占 GDP 比重

国家(地区)间的资本流动规模和存量增长如此之快,远远超出实体经济的增长幅度,有多方面的原因。首先,近几十年经济全球化的趋势在不断加速,生产和贸易的国际分工,必然带动投资资金、信贷资金的国际往来。第二,金融市场的高速发展使得虚拟经济的规模增长远远超过实体经济的增长速度,在金融市场,跨国(地区)的交易更为便捷,交易速度更为迅速,每天在全球的各大金融中心以及场外市场,外汇、股票、债券、金融衍生品的交易极为频繁,并且交易规模越来越大。第三,早期不少国家(地区)实行汇率和资本账户的管制,随着对外贸易和投资往来增长的需求,不少国家(地区)纷纷放开资本账户管制,这也就给跨国(地区)的资本流动提供了制度条件。最后,由于美国或者其他国家(地区)的货币宽松政策,资金并没有引发本地的通胀,而是流入资本市场。

4.4 少数国家在国际资本流动中的主导地位

随着中国、印度、巴西、俄罗斯、南非、墨西哥等一大批新兴国家的兴起,发展中国家的经济实力在过去几十年不断增强。特别是新兴工业化国家,GDP 增速明显高于发达国家是近年来全球经济的一个重要特征,我们也从实证数据上证实了这一点。我们计算了本章样本中 50 个发展中国家(地区)的 GDP 和 30 个发达经济体的 GDP 总额比值,1980—1994 年间,这一比值一直在 20% 左右徘徊,并在大多数年份低于 20%。而 1995 年以后,随着新兴国家(地区)经济增长的加速,如金砖四国,发展中国家(地区)和发达国家(地区)的 GDP 比值开始上升。特别是 2000 年以后,新兴国家(地区)几乎没有发生过严重的经济和金融危机,经济增长步入快速轨道,而发达国家(地区)经济大多增速较慢,此消彼长之下发展中国家(地区)和发达国家(地区)的 GDP 比值上升趋势加快。到 2008 年,发展中国家(地区)GDP 总额已经达到发达国家(地区)GDP 总额的 40% 左右(见图 4.3)。

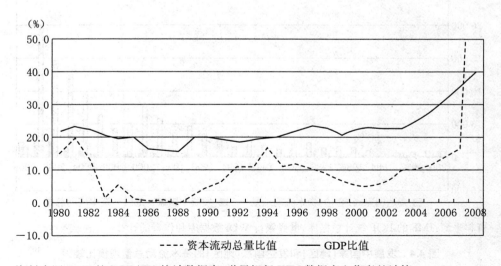

资料来源:IMF 的 BOP/IFS 统计数据库,世界银行 WDI 数据库和作者的计算。

图 4.3　发展中国家(地区)与发达国家(地区)资本流动总量及 GDP 比值

与 GDP 规模差异相比,发展中国家(地区)和发达国家(地区)的资本流动总量差异更为明显。发展中国家(地区)和发达国家(地区)一直存在巨大差异,大多数年份发展中国家(地区)对外资本流动总量规模和发达国家(地区)的比值还不到10%。发展中国家(地区)的资本流动总量(流入量和流出量之和)从 1980 年的 1 300 亿美元增长到 2007 年的 3.2 万亿美元,而同期发达国家(地区)对外资本流动总量规模从 8 600 亿美元增长到 19 万亿美元。对外流动规模的巨大差异,是由多方面的原因导致的。首先,发达国家(地区)经济总量要远超过发展中国家(地区),投资和融资需求也必然高于发展中国家(地区)。其次,发达国家(地区)金融系统发达,资金流动的渠道多,流动成本低,从而资金的流动速度更快更便捷。第三,发达国家(地区)对外资本开放程度高,大多数发达国家(地区)已经实现了资本账户的完全开放,因而资金可以自由进出,而发展中国家(地区)大多存在资本管制,对资本的进出有诸多限制,资本流动成本较高,大大影响了资本的流动规模。第四,不少发达国家(地区)之间经济一体化趋势明显,如西欧国家早已实现经济一体化,区域内部国家之间的贸易和投资往来频繁,因而资本流动规模也比较大。相比而言,发展中国家(地区)由于金融体系相对落后,融资成本高,市场效率低,对外有诸多资本管制,因此对外资本流动的规模也必然远小于发达国家(地区)(见图 4.4)。

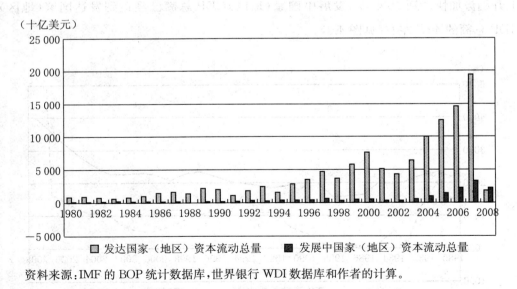

资料来源:IMF 的 BOP 统计数据库,世界银行 WDI 数据库和作者的计算。

图 4.4　发展中国家(地区)和发达国家(地区)的资本流动总量规模比较①

---

① 这里的流动总量是各国(地区)资本流出量和流入量的绝对值总和,不同于资本净流量。

从国家层面来说,国际资本流动的集中度非常高,1980—2007 年间,资本流量最大的 13 个国家的资本流动总量占全球比重均值为 82.5%,超过这些国家的 GDP 在全球的平均比重 74.2%(见图 4.5)。

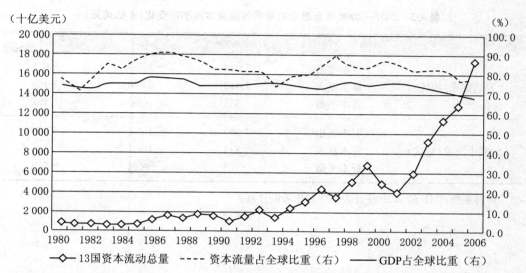

注:这 13 个国家分别为比利时—卢森堡、瑞士、德国、西班牙、法国、英国、爱尔兰、意大利、日本、荷兰、美国和中国。

资料来源:IMF 的 BOP 统计数据库,世界银行 WDI 数据库和作者的计算。

图 4.5 资本流量最大的 13 个国家在全球的比重

从前面的图中我们也可以看到,发展中国家(地区)在 2008 年的资本流入流出规模超过了发达国家(地区),这在几十年来还是首次。这从一个侧面反映了 2008 年全球金融危机对国际资本流动的冲击,特别是对发达国家(地区)产生的巨大冲击。在 2008 年全球金融危机爆发后,发达国家(地区)对外资本输出几乎陷于停滞,其对外资本输出从 2007 年的 9.5 万亿美元直线跌至 2008 年的 6 180 亿美元,对外资本输出规模降幅超过 90%。资本流入规模也从 9.9 万亿美元跌至 1.1 万亿美元,降幅近 90%。相比之下,发展中国家(地区)的对外资本流入流出变化要比发达国家(地区)小得多,2007 年至 2008 年,发展中国家(地区)的资本流出和流入总额分别只下降了 25% 和 40%。在金融危机期间,发达国家(地区)和发展中国家(地区)对外资本流动变化的巨大差异,从另一个角度反映了发达国家(地区)和发展中国家(地区)与外部的资金关系,发达国家(地区)对外的资本流动,更多的是基于在国际金融市场的投资需求,包括外汇交易、股票、债券、货币工具、金融衍生品的买卖等。而发展中国家(地区)和外部的资金关系,更多的是出于实体需求,如直接投资、银行信贷、企业债务等。因此,发展中国家(地区)的经济活动在金融危机中受到的冲击更小。多数发展中国家(地区)对资本账户实行管制,也有效避免了国际资本的过度流动,虽然可能降低了经济运行的效率,但是也很大程度上避免了外部金融危机带来的巨大冲击(见表4.2)。

表 4.2　2007—2008 年金融危机期间国际资本流动的变化(十亿美元)

		2006	2007	2008
发达国家(地区)	资本流出	−7 028	−9 509	−618
	资本流入	7 413	9 898	1 109
	资本平衡	385	390	491
发展中国家(地区)	资本流出	−1 290	−1 851	−1 339
	资本流入	814	1 397	820
	资本平衡	−476	−454	−519

资料来源:IMF 的 BOP 统计数据库和作者的计算。

4.5　地区和国家间的资本流动格局

4.5.1　资本流动规模比较

我们按照地区分类,详细计算了各地区的资本流入流出总量在全球资本流动体系中所占的比重。除去 2008 年这一特殊情况之外,其他年份各地区在全球所占的比重还是比较连续的。如前所述,发达国家(地区)在全球资本流动体系中占据主导地位,发展中国家(地区)所占比重较小。从资本流动总量规模来看,西欧和北欧无疑是全球资本流动最频繁、规模最大的地方,这一地区的 GDP 总量维持在全球的 30% 左右,而这一地区的资本流动总量占全球的比重均值在 55% 左右,一些年份甚至超过 70%。也就是说,西欧和北欧经济体的对外资本流动总量水平相对经济规模来说,接近全球平均水平的两倍。西欧的资本流动规模占全球比重出现过两次明显下降,第一次是在 1994—1995 年间,而这刚好发生在 1992—1993 年欧洲汇率机制危机之后。1992 年英镑危机爆发后,主要西欧和北欧经济体的对外资本流动规模剧增,随后又大幅下跌,这就使得西欧和北欧在 20 世纪 90 年代中期资本流动规模在全球的比重大幅下降,而欧洲比重的下降,意味着其他地区的比重上升,因而北美、亚洲(特别是日本)在 90 年代中期的比重较高。第二次是在刚刚发生的 2008 年全球金融危机之时,欧洲的对外投资行为在这一危机中遭受严重打击,其中瑞士、英国和荷兰的对外资本流动出现了严重的逆转。根据 IMF 的统计资料,这 3 个国家 2008 年的资本流出符号为正,而资本流入符号为负,这就意味着 3 个国家不但没有新增对外资本输出,反而撤回了原先在境外的投资,同样,外国投资者也大幅撤回对这 3 个国家的投资。这导致欧洲 2008 年的资本流动总量为 1 300 亿美元,仅为 2007 年的 1%。

北美近年来在全球的比重略有下降,2007 年流动规模占全球的 17.2%,而在 20 世纪 80、90 年代一度超过 30%。由于 80 年代日本对外资本流动规模较大,因而亚洲发达地区在 80 年代在全球资本流动中所占规模一度超过 15%,90 年代以后有所下降。亚洲金融危机爆发后的 1998—1999 年,亚洲发达国家(地区)整体对外资本流动规模极小,在全球中的比例也大幅下降。发展中国家(地区)的比重在 80、90 年代波动明显,这和当时发展中国家(地区)频繁发生金融危机有关。2000 年以来,发展中国家(地区)的资本流动规模在全球中的比重持续上升,可以看到,2000—2007 年间,无论是拉美、亚洲发展中国家(地区)、中东、非洲还是中东欧,其比重均有所上升。在亚洲,中国的资本流动总量已经在 2006 年超过日本成为亚洲第一(见表 4.3)。

表 4.3 各地区资本流动总量占全球的比重(%)

	1980	1985	1990	1995	2000	2005	2007	2008
北　美	19.5	26.3	13.8	27.0	21.9	14.1	17.2	18.6
大洋洲	0.7	2.1	1.6	1.4	0.7	0.3	1.1	5.9
拉　美	4.8	−0.7	2.4	3.6	1.2	1.3	2.3	7.4
西欧和北欧	55.8	57.4	71.4	41.9	64.9	65.7	57.6	3.3
亚洲—发展中国家(地区)	9.5	12.1	8.5	17.8	6.2	6.8	8.1	10.0
亚洲—发达国家(地区)	1.1	2.1	2.5	4.5	1.8	4.3	5.8	21.5
中东和非洲	6.6	−0.5	−0.9	0.1	0.8	1.8	1.8	8.5
中东欧	2.1	1.1	0.7	3.7	2.5	5.7	6.1	24.8

注:表格中部分样本出现负值,是由于下述原因造成的:根据 BOP 的统计规则,资本账户项下的借方(debit)符号为负,表示资本流出,贷方(credit)符号为正。因此我们在计算资本流动总量时使用"贷方+(一借方)"的公式计算,一般来说公式中的两项都是正值。但部分国家(地区)的某些年份借方数据为正,贷方数据为负,这表示一种资金回流的情况,但表现在数值上,就有可能出现"贷方+(一借方)"为负值的情况。例如,2007 年英国的证券投资借方和贷方数据为"−179.56"和"406.67"(单位:十亿美元),这表示当年英国对外证券投资规模为 1 796 亿美元,外国对英国的证券投资规模为 4 067 亿美元,证券投资净值为"227.11",表示当年英国的证券投资资本是净流入 2 271 亿美元,但 2008 年这两个数据分别为"199.63"和"363.88",这意味着 2008 年外国对英国的证券投资为 3 639 亿美元,而英国对外证券投资规模为"负的 1 996 亿美元",这表示当年英国对外证券投资是撤回的。

资料来源:IMF 的 BOP/IFS 统计数据库和作者的计算。

欧洲在全球资本流动中的比重较高,也反映了这一地区各经济体对外资本流动的活跃程度,我们用资本流动总量和GDP的比值来表示各经济体的资本流动活跃程度,1980—2008年的均值如表4.4所示。由于西欧和北欧经济早已实现一体化,经济体间的资本流动障碍较少,因而欧洲经济体之间的投资和融资行为更像是在一个经济体内的经济活动,其活跃程度远高于其他地区,资本流量和GDP比值的均值达到27.5%,是全球平均水平11%的两倍多,而大洋洲和中东欧的资本流动活跃程度和世界平均水平接近,北美、中东和非洲地区略低。亚洲和拉美则是资本流动最不活跃的地区,这两个地区的多数经济体资本账户尚未完全开放,甚至开放水平极低,因此资本流入和流出的活跃度较低。中东和非洲的资本流动活跃程度高于亚洲和拉美,主要原因是这一地区经济体的GDP规模不高,而资源出口又积累了大量的外汇储备,因而每年大量的对外投资使得这些经济体的资本流动/GDP的比值要比亚洲和拉美的发展中国家(地区)高。

表 4.4 资本流动活跃程度(%)

	均　值	标准差
北　美	9.9	5.9
大洋洲	11.9	6.1
拉　美	4.6	4.5
西欧和北欧	27.5	20.9
亚洲—发达国家(地区)	7.9	6.6
亚洲—发展中国家(地区)	7.1	4.8
中东和非洲	8.8	13.0
中东欧	10.3	9.3
均　值	11.0	8.9

资料来源:IMF 的 BOP/IFS 统计数据库和作者的计算。

从国家层面来看,传统经济强国无疑是全球资本流动体系中的主角。美国的资本流动总量和其经济地位相似,远远超过其他国家。其次是英国,虽然英国的经济总量长期低于日本、德国和法国,后来被中国超越,但是伦敦作为全球金融中心,在国际资本流动体系中起到了极其重要的作用,英国的金融机构在全球的融资和投资体系中成就了巨额的国际资本流动,因而英国的资本流动总量要远高于经济总量更大的日本、德国、法国和中国。比利时—卢森堡的情况和英国相似,特别是卢森堡,作为全球的著名的金融中心,在很小的国土内集聚了超过150家银行在内的金融网络,是欧洲重要的基金、债券交易和投资管理中心,因而其每年对外资本流动规模远超过其自身在全球的经济地位。在占全球比重均值超过2%的15个国家当中，中国是仅有的一个发展中国家，中国的对外资本流动总量规模较大，主要原因是中国作为世界第二大贸易国，同时又是世界最大的贸易顺差国，长期以来积累了巨额的贸易盈余，而这些外汇资产又需要通过对外投资的途径流出，因此中国的资本流动规模在全球上升的趋势极快，从20世纪80年代的不到1%上升到90年代的2%，再到现阶段的4.5%（见表4.5）。

表 4.5   全球资本流动体系中的主要国家资本流动规模（%）

	1980—1989	1990—1999	2000—2008	1980—2008
美　国	23.4	19.8	18.6	20.7
英　国	16.8	13.0	8.2	12.8
德　国	6.6	10.8	7.4	8.3
比利时—卢森堡	8.7	7.1	8.7	8.2
日　本	11.6	5.2	3.9	7.0
法　国	6.0	6.4	8.3	6.9
意大利	3.2	5.2	2.2	3.6
荷　兰	2.7	3.7	3.7	3.4
西班牙	1.0	3.3	3.8	2.7
加拿大	3.2	2.4	2.0	2.5
瑞　士	3.1	3.3	0.7	2.4
爱尔兰	0.4	1.6	5.4	2.4
中　国	0.6	2.0	4.5	2.3

注：表中的百分比是对应时间区间内每年各国资本流动总量占全球的比重均值，按照1980—2008年均值排序。

资料来源：IMF的BOP/IFS统计数据库和作者的计算。

总的来说，从资本流动总量的规模分析，西欧和北欧经济体无疑是全球资本流动最频繁、规模最大的地区。其次是北美，比重维持在15%—25%的水平。发展中国家（地区）虽然所占比重的总量还处于较低水平，但是2000年以来呈现出明显的上升趋势。

4.5.2　国际资本流动的方向

1. 发达国家（地区）和发展中国家（地区）之间的资本流动

卢卡斯（Lucas，1990）在1990年发表了名为《资本为什么不从富国流向穷国》的经典论文，该论文针对美国和印度举例说明资本没有按照理论说明的那样从美国大规模地流向印度。卢卡斯悖论以及后来诸多学者的讨论，至少都反映了这样一个事实——资本确实没有大规模地从富国流向穷国。在过去30年里，发达国家（地区）的资本账户基本维持平衡,和资本流动总量相比,资本净流动(流入减去流出)规模较小,除了少数年份外,大多数年份资本净流动占资本总量规模的比例不到5%,即每年只有几百亿的资本账户失衡。如果说,20世纪90年代初,学者们还在讨论为何资本没有大规模地从富国流向穷国的话,那么现在学者们应该讨论为何资本持续从穷国流向富国了。进入2000年之后,早期的基本流动平衡被打破,发达国家(地区)净资本流入规模开始持续增加,到2008年发达国家(地区)的净资本流入规模已经达到4 900亿美元,2000—2008年间,每年的资本净流入额占资本流动总量的平均比重超过5%(见图4.6)。

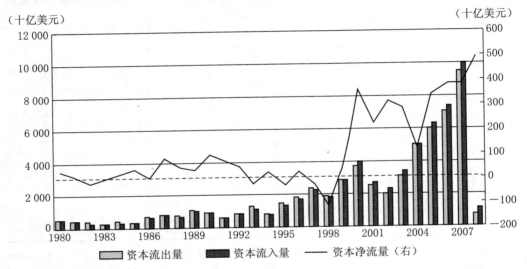

资料来源:IMF的BOP/IFS统计数据库和作者的计算。

图4.6 发达国家(地区)的资本流量

而发展中国家(地区)的资本流入流出情况的变化趋势和发达国家(地区)刚好相反,20世纪80年代,发展中国家(地区)的流动规模在平衡线左右徘徊,进入90年代以后,资本开始持续流入发展中国家(地区),1991—1999年间,发展中国家(地区)连续9年资本净流入,但1999年之后发展中国家(地区)的资本流向开始反转,由净流入转为净流出,并且流出规模不断扩大,2008年发展中国家(地区)资本净流出5 190亿美元。90年代末以来,发展中国家(地区)的资本净输出主要来自亚洲以及中东和非洲地区。亚洲地区的东亚和东南亚国家(地区)在亚洲金融危机后调整国际收支,增加出口,积累外汇储备,这些外汇作为资本流向以美元债券市场为主的外汇储备池。中东、非洲的能源出口国(地区)情况和东亚国家(地区)类似,由于长期的石油出口,这些国家(地区)贸易长期盈余,盈余资金不断投向境外储备资产(见图4.7)。

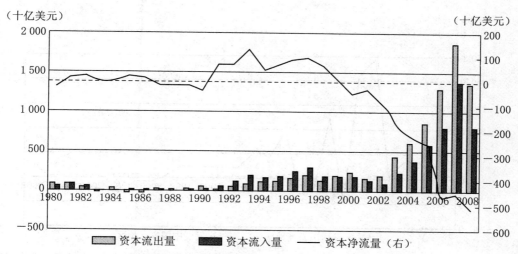

（十亿美元）   （十亿美元）

资料来源：IMF 的 BOP/IFS 统计数据库和作者的计算。

图 4.7　发展中国家（地区）的资本流量

　　虽然发展中国家（地区）的资本净流动规模和发达国家（地区）基本接近，符号相反，但由于发达国家（地区）资本流动总规模要比发展中国家（地区）大得多，对于发达国家（地区）来说，资本流动失衡并不严重（除了 2008 年），但是对发展中国家（地区）来说，从数百亿到 5 000 多亿的资本净流动相对资本流动总规模来说确实是个非常严重的失衡。发达国家（地区）的资本净流量和总流量比值基本在 0 左右徘徊，这说明净流量和总流量相比很小，而发展中国家（地区）的资本净流量和总流量之比则波动较大，2000 年之前表现为较大的正值，这说明资本流入量远高于流出量，而到了 2000 年以后，表现为绝对值较大的负值，一度达到－33％，这说明资本流出量远大于流入量（见图 4.8）。

　　2. 各地区之间的资本流动

　　从细分的地区板块来看①，目前北美、大洋洲和中东欧是全球主要的资本净流入地区。北美包括美国和加拿大两国，美国在 1983 年开始由资本净流出国转变为资本净流入国，并且资本净流入规模持续扩大，1983 年美国资本净流入额为 260 亿美元，到了 2008 年，美国资本净流入规模上升至 5 340 亿美元，其中在 2006 年美国资本输入规模达到历史最高的 7 795 亿美元。加拿大的情况则和美国相反，20 世纪 90 年代中期以前，加拿大是资本净流入国，90 年代中期以后，加拿大成为资本净输出国，资本输出规模相对稳定，2000 年以来，加拿大每年的资本净输出规模维持在 130 亿美元至290 亿美元之间。

---

① 详细数据参照附表 4.1。

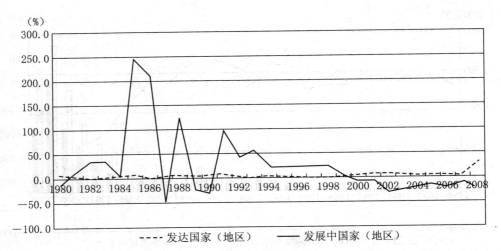

注:根据 BOP 的统计规则,一般情况下资本账户项下的借方(debit)符号为负,表示资本流出,贷方(credit)符号为正。因此我们在计算净流量和总流量的比值时使用"(贷方+借方)/(贷方-借方)"的公式计算,一般来说分子是一个正数和一个负数之和,分母是一个正数减去一个负数,因此这个比值应该在[-1,1]之间,但是由于某些年份借方数据为正,贷方数据为负,这就可能出现比值小于-1或大于1的情况,示例参考表 4.3 备注。发展中国家(地区)在 20 世纪 80 年代资本净流量和总流量比值大于1,主要是因为在 80 年代中期发展中国家(地区)发生债务危机,导致各经济体投资撤回。

资料来源:IMF 的 BOP/IFS 统计数据库和作者的计算。

图 4.8　发展中国家(地区)和发达国家(地区)的资本净流量/总流量比值

　　大洋洲的澳大利亚和新西兰从 1980 年至今,一直是资本净输入国,特别是澳大利亚,资本净输入规模增长幅度较大。从 80 年代初的不足 80 亿美元净输入,增长到 2008 年的 450 亿美元净输入,其中 2007 年达到 687 亿美元的历史峰值。新西兰每年的资本净流入维持在几十亿美元的水平。需要注意的是,这两个国家近 30 年来,从来没有一年是净资本输出的。

　　中东欧国家在 20 世纪 90 年代中期以前,资本净流动没有明显的趋势特征,一些年份资本净输入,一些年份资本净流出,且不同国家之间的资本流动趋势存在明显差异。但是 90 年代中期以后,中东欧国家的资本净流动趋势开始出现分化,除了俄罗斯、奥地利和阿塞拜疆外,其他国家均出现了资本持续净流入的情况。俄罗斯从 1998 年开始持续资本净输出,而奥地利和阿塞拜疆则在 2004 年以后转变为资本净输出国。其他国家则大多在 90 年代中期以后转变为资本净输入国,乌克兰和土耳其略晚。这说明 90 年代以后国际资本持续流入中东欧。

　　上述三个地区外的其他地区,包括拉美、西欧和北欧、亚洲、中东和非洲目前都是资本净输出经济体。在 1983 年美国由资本净输出转变为资本净输入的同时,西欧、拉美和亚洲也在同年由资本净输入转变为资本净输出。这说明美国和这些地区之间的资本流动存在紧密联系。1983 年以后的大多数年份，西欧一直保持着资本净输出，直到 2007 年美国次贷危机发生和 2008 年金融危机的全面爆发，西欧输出的资本开始大量回流（见表 4.6）。

表 4.6　各地区资本输入输出情况

	1980—1989	1990—1999	2000—2008
北美	输入	输入	输入
大洋洲	输入	输入	输入
拉美	输入	输入	输出
西欧和北欧	输出	输出	输出
亚洲—发展中国家（地区）	输入	输入	输出
亚洲—发达国家（地区）	输出	输出	输出
中东和非洲	输出	输入	输出
中东欧	输出	输入	输入

注：这里的输入输出是根据在相应时间段内的资本净流量累加值的正负进行分类。
资料来源：IMF 的 BOP/IFS 统计数据库和作者的计算。

20 世纪 70 年代后期，拉美国家贸易逆差持续扩大，不得不通过借债维持国际收支平衡，同时受实际负利率的影响，拉美国家当时也热衷于对外借债，当时的发展中国家（地区）掀起了一股借债热潮。随着拉美国家对外债务比例的上升，这些国家的偿债能力受到质疑。1982 年 8 月 20 日，墨西哥政府宣布无力偿还其到期的外债本息，要求推迟 90 天，由此引发了全球性的债务危机。债务危机爆发后，国际资本迅速撤离拉美国家，并且这种情况贯穿了整个 80 年代。从表 4.7 可以看出，1983 年以后，拉美国家的资本流入项就一直为负值，这表示外国在拉美的资产的减少，即外资主动撤离拉美。因此，1983 年以后，拉美国家在整个 80 年代都是资本净流出。

表 4.7　拉美国家 20 世纪 80 年代的资本流动（十亿美元）

	1980	1981	1982	1983	1984
资本流出	−9.7	−17.1	9.1	−1.0	−15.0
资本流入	37.8	67.8	25.7	−19.0	−6.2
资本净流动	28.1	50.7	34.8	−20.0	−21.3

	1985	1986	1987	1988	1989
资本流出	−3.7	6.3	−2.2	15.5	−8.7
资本流入	−8.7	−10.2	−17.0	−26.6	−17.0
资本净流动	−12.4	−3.9	−19.2	−11.1	−25.7

资料来源：IMF 的 BOP/IFS 统计数据库和作者的计算。

进入 90 年代之后，随着拉美经济的趋稳，外资开始重新进入拉美地区，并且外资流入规模不断扩大。因此,90年代拉美整体为资本净输入。而2000年以后,随着拉美地区贸易盈余的增加,拉美国家开始积累越来越多的资本,从而对外资本输出增加,并成为资本净输出地区。

亚洲地区的区域经济发展差异要比拉美更为明显,在亚洲,日本经济发达程度最高,经济总量规模也远超过其他国家和地区(直到最近经济总量才被中国超越),日本也是亚洲最早完成工业化进程的国家。由于自身的产业特征和贸易立国的战略,日本长期保持着贸易盈余,因此,日本一直保持着对外资本输出。而亚洲其他地区,大多为发展中国家(地区),20世纪80年代这些国家(地区)经济还相对比较落后,资金匮乏,因此纷纷打开市场吸引外国投资进入,其中中国、东南亚等地区就是典型代表。外资的流入给本地经济带来了活力,促进了经济的增长,但是对外债务的过度积累也加大了这些国家(地区)的经济风险,特别是东南亚地区,过快地开放资本账户,给国际投机资金进出提供便利。1997年亚洲金融危机后,国际资本逃离亚洲市场。受亚洲金融危机的教训,危机后,亚洲国家(地区)调整国际收支的管理,改善贸易情况,积累外汇储备防范风险。因此,1997年之后,亚洲发展中国家(地区)由资本净输入转为净输出。2002年以后,亚洲其他地区的资本净输出已经超过日本,特别是中国,2005年资本净输出规模为1 480亿美元,首次超过日本,成为仅次于德国的全球第二大资本输出国。

中东和非洲地区的资本流动波动性则比较强,没有出现长期的连续资本流入或连续流出的情况。不过进入新世纪以后,随着国际油价的持续上涨,中东和非洲的石油出口国贸易盈余增加,从而加强了对外的资本输出。

各地区间或多或少地存在资本流动不平衡的情况,因此我们用资本净流动和资本流动总量的比值来考察各经济体资本流入和流出的失衡程度。如表4.8所示,表中各值是相应的地区在对应时间段内资本净流量和资本总流量比值的均值。首先,我们发现虽然西欧和北欧的资本流动总量占全球一半以上,但是作为一个整体,该地区的资本净流量是基本保持平衡的,1980—2007年间,资本净流量和总流量比值的均值维持在-1%到-2%之间,这说明虽然该地区是资本净输出的,但是资本净输出的规模和其资本流动总规模相比非常小。我们可以推测,欧洲的资本流动大部分还是在区域内部进行的,在欧洲,德国、瑞士、比利时—卢森堡、荷兰和法国是资本输出国,而西班牙、葡萄牙、英国、希腊、爱尔兰和意大利则是资本输入国。

虽然北美、大洋洲和中东欧是目前主要的资本净流入地区,但是相比而言,北美和大洋洲的流动失衡情况更为严重,2000—2008年间北美和大洋洲的资本净流量和总流量比值超过30%,也就是说平均每年流入的资本约是流出资本的两倍左右。而中东欧的比值仅为 1.6%，即中东欧虽然是持续的资本净流入，但作为整体，其对外资本依赖情况还不严重。这主要是因为在中东欧，虽然大多数国家一直从外部吸收资本，但是俄罗斯、奥地利和阿塞拜疆等国则是资本输出，并且俄罗斯的资本输出规模较大，这输出的资本，一部分流向中东欧其他国家，还有一部分流向外部。因此，从整体上来说，中东欧的资本流动在 2000—2008 年期间还是比较平衡的。

拉美、亚洲发展中国家（地区）以及中东和非洲经济体的资本净流量/总量的比值在 20 世纪 80、90 年代为正值，说明发展中国家和地区在上世纪 80、90 年代大多吸收外部资本，且从外部吸收的资本要比本地输出的资本大得多。但进入新世纪以后，这些地区开始转为资本净输出。

表 4.8　各地区资本净流量和资本流动总量比值（%）

	1980—1989	1990—1999	2000—2008	1980—2008
北　美	24.4	16.4	26.9	24.0
大洋洲	45.9	44.1	28.6	34.0
拉　美	0.3	36.3	−0.8	13.3
西欧和北欧	−1.9	−1.3	−1.0	−1.2
亚洲—发达国家（地区）	−28.6	−51.7	−27.4	−32.3
亚洲—发展中国家（地区）	63.1	14.4	−32.6	−20.5
中东和非洲	−27.5	92.5	−46.3	−37.1
中东欧	−29.9	3.1	2.9	2.4

注：本表中的比值是使用相应时间段内的资本净流量累计值除以资本总流量累计值，资本总流量是资本流入和流出量的和，其值为正，而资本净流量是资本流入减去流出量，若为正值表示净流入，若为负值表示净流出。因此，资本净流量和资本流动总量比值为正说明是资本净输入，反之则表示资本净输出。

资料来源：IMF 的 BOP/IFS 统计数据库和作者的计算。

3. 经济体层面的资本流动格局分析

有趣的是，当今世界头号资本净输入国和资本净输出国，分别是世界第一大经济体——美国，和世界第二大经济体——中国。2008 年，美国资本净流入为 5 340 亿美元，中国的资本净流出为 4 031 亿美元。不过从累计资本净输出角度来看，日本自 1980 年以来的净资本输出累计额要远远超过中国及其他国家，1980 年至 2008 年，日本累计净资本输出 2.6 万亿美元，其次是中国的 1.4 万亿美元。从绝对数量来说，全球的净资本流动失衡主要发生在少数大国之间。

我们将 1980—2008 年分为三个时间段，计算期间各经济体的资本净流动累加值①，

---

① 这里的资本净输出和净输入累加值，是根据各经济体历年的资本净流动值累加而成，是基于历史成本的简单加总，因此该值和各经济体的国际投资头寸可能会存在比较大的差异。

并用资本净流动和GDP的比值来表示各经济体的资本流动失衡程度。我们发现,从绝对值来讲,全球资本流动的不平衡实际上是少数经济体引起的,即少数几个经济体之间的资本流动不平衡占据了全球资本流动不平衡的主要份额。而从相对值来讲,以各经济体经济规模(GDP)参照的资本流动不平衡呈现加剧的趋势,而且资本流动不平衡的经济体数量也越来越多。

在我们计算的80个经济体中,1980—2008年间累计资本净输出的经济体有34个,其中2000—2008年间,累计资本净输出的经济体有40个,而在20世纪80年代和90年代,累计净输出的经济体则分别为21个和22个。也就是说,在80、90年代,少数经济体对外资本输出,而大多数经济体是资本输入经济体。进入新世纪之后,这一情况发生改变,主要是因为新兴的发展中国家(地区)随着自身贸易条件的改善和贸易盈余的积累,累积了越来越多的资本,因而由早期的从外部借债,转变为向外国贷款。这一现象在亚洲最为明显,韩国、中国、马来西亚、印度尼西亚、菲律宾、泰国等国家,纷纷在亚洲金融危机后降低了对外债的依赖,由资本输入转为资本输出(见表4.9)。

表 4.9　主要的资本输出经济体资本净流动规模(十亿美元)

	1980—1989	1990—1999	2000—2008	1980—2008
日　本	−408.7	−928.8	−1 316.3	−2 653.8
中国内地	18.2	5.0	−1 410.5	−1 387.3
德　国	−220.9	105.1	−1 049.8	−1 165.5
瑞　士	−94.5	−209.4	−367.9	−671.9
俄罗斯	0.0	−86.7	−449.6	−536.3
挪　威	6.1	−25.7	−320.5	−340.2
沙特阿拉伯	−2.1	94.1	−430.1	−338.1
荷　兰	−38.7	−100.5	−192.0	−331.2
新加坡	0.4	−111.7	−215.5	−326.8
科威特	−63.4	29.8	−243.7	−277.2
中国香港	—	−24.2	−244.3	−268.5
比利时—卢森堡	0.1	−105.0	−61.8	−166.7
委内瑞拉	−5.9	−9.4	−132.0	−147.3
利比亚	2.4	−9.3	−121.5	−128.4
瑞　典	−5.3	13.9	−122.6	−113.9
马来西亚	10.8	8.9	−133.3	−113.6
法　国	42.3	−163.8	9.1	−112.4

注:这里的数值是相应时间段内的资本净流动累加值,负值表示资本净输出,正值表示资本净输入,按照1980—2008年累计值排序。

资料来源:IMF的BOP/IFS统计数据库和作者的计算。

表4.9列出了资本净流动累加值最大的资本净输出国家和地区（按1980—2008年间累计输出规模排序）。目前全球资本净输出国家和地区有以下几种特征，第一种是出口型的制造业大国（地区），即日本、中国内地、德国，这些国家（地区）制造业规模庞大，长期贸易顺差，积累了大量的贸易盈余，因此将大量的外汇收入再投资于境外资产（其中很大一部分是储备资产）。马来西亚和瑞典也是属于这样的产业特征，不过规模要比日中德小很多。第二种是资源出口国（地区），如俄罗斯、沙特阿拉伯、挪威、科威特、委内瑞拉和利比亚，这些国家（地区）具有丰富的资源储备，虽然这些国家（地区），除了能源之外的诸多商品严重依赖进口，但是石油、天然气的出口收入远超过对国外商品的进口，特别是在国际油价不断攀升的今天，这些国家（地区）的贸易盈余仍有可能进一步扩大。第三种是金融中心所在地，包括瑞士、卢森堡、新加坡、中国香港，这些国家和地区的规模并不大，但是金融业发达，本地银行数量和规模都比较大，而由于自身实体经济对资金的需求有限，因而境外业务在这些国家和地区的金融机构中占据重要比例。

资本输出国（地区）和输入国（地区）的绝对规模分布都严重不均。资本输出国（地区）方面，日本、中国和德国在1980—2008年间累计净输出资本5.2万亿美元，超过其他31个资本输出国（地区）的累计输出总和（4.2万亿美元）。资本输入国（地区）的分布则更为不均，美国在1980—2008年间累计资本净输入6.9万亿美元，远超过其他45个资本输入国（地区）的累计输入总和（4.3万亿美元）。可以说，美国和中国、日本、德国这4个国家，已经解释了全球资本流动失衡的一大半。

另一个有趣的现象就是，主要的资本输入国（地区）大多为发达国家（地区），尤其是美国，作为全球最发达、规模最大的经济体，同时也是全球最大的资本净输入国。在累计输入资本超过1000亿美元的11个国家中，仅墨西哥、土耳其、巴西和印度为发展中国家，其他均为发达国家（见表4.10）。

表4.10 主要资本输入经济体资本净流动规模（十亿美元）

	1980—1989	1990—1999	2000—2008	1980—2008
美 国	599.6	1 140.6	5 115.1	6 855.4
西班牙	39.2	80.8	602.2	722.2
英 国	24.3	112.8	484.2	621.4
澳大利亚	87.7	143.3	296.6	527.6
意大利	58.5	35.5	197.5	291.5
墨西哥	29.3	150.8	107.7	287.9

（续表）

	1980—1989	1990—1999	2000—2008	1980—2008
希 腊	20.6	31.6	168.8	221.0
土耳其	2.5	10.4	148.7	161.7
葡萄牙	4.9	24.6	123.3	152.8
印 度	38.6	44.5	50.6	133.7
巴 西	—23.6	98.2	52.3	126.9

注：这里的数值是相应时间段内的资本净流动累加值，负值表示资本净输出，正值表示资本净输入。按照 2000—2008 年累计值排序。

资料来源：IMF 的 BOP/IFS 统计数据库和作者的计算。

绝对值的比较反映了全球资本流动的概况，但还不能反映各经济体的资本流动失衡情况，因此，我们使用一个相对指标来衡量一经济体的资本流动失衡——资本净流量和 GDP 的比值。我计算了各经济体每年资本净流动值和 GDP 的比例，并分为 3 个阶段取均值，我们发现相对经济体规模来说，大多数经济体资本流动的规模加大了，正如前文描述的全球资本总流动规模一样。如果用占 GDP 的 5％作为一个资本流动"失衡"的参照标准的话，根据 2000—2008 年的平均数据，在这 80 个经济体中，有 30 个资本净流量超出了 GDP 5％的范围，而这一数量在 1990—1999 年和 1980—1989 年间分别仅为 12 个和 10 个，这说明进入新世纪以来，国际资本流动规模上升，失衡的经济体越来越多。由于日本、德国、美国等自身的经济规模庞大，虽然这些经济体的资本净流出（流入）绝对规模远远超出其他经济体，但是和它们自身的 GDP 相比，这个规模还不算大。因此，从相对规模来讲，资本流动失衡的经济体大多是中小经济体。

相对本国（地区）经济规模来说，资本输出倾向较重的国家和地区主要是资源出口国（特别是中东石油出口国）和金融中心所在地。2000—2008 年间，虽然日本和德国是仅次于中国内地的第三大资本输出国，但是相对经济规模来讲，这两国平均每年流出的资本还不到 GDP 的 5％，中国内地则刚好超过这一标准，年均资本输出占 GDP 的比重为 5.5％，这是值得我们注意的地方。如表 4.11、4.12、4.13 所示，在 15 个资本输出失衡（我们假设以 GDP 的 5％为参照）的地区中，中东和非洲石油出口国有 5 个（科威特、利比亚、沙特阿拉伯、巴林、阿曼），另外挪威、委内瑞拉、俄罗斯也是重要的资源出口国，而新加坡、中国香港、瑞士等则是以金融业为重要支柱产业的地区性金融中心。而相对国家（地区）规模来讲，国际资本在过去十年大规模流入中东欧和大洋洲，在 15 个资本输入失衡的国家（地区）中，除了哈萨克斯坦、巴拿马和西班牙外，其他均为中东欧和大洋洲国家（地区）。特别是东欧国家，对外债依赖程度越来越高。

表 4.11　平均净流量超过 GDP 5％的国家(1980—1989 年)

资本输出国		资本输入国	
荷属安的列斯群岛	−12.6％	新西兰	5.9％
巴　林	−8.3％	塞浦路斯	5.8％
瑞　士	−7.5％	布隆迪	5.7％
波　兰	−6.7％	爱尔兰	5.5％
罗马尼亚	−6.6％	—	—
哥斯达黎加	−5.5％	—	—

注：如我们在数据介绍章节中所提,由于部分中东欧国家20世纪80年代数据缺失,因此实际情况中80年代资本失衡的国家数量可能会比表格中列出的略多。

资料来源：IMF 的 BOP/IFS 统计数据库和作者的计算。

表 4.12　平均净流量超过 GDP 5％的国家(1990—1999 年)

资本输出国		资本输入国	
新加坡	−14.5％	哈萨克斯坦	48.5％
利比亚	−9.5％	阿塞拜疆	19.1％
埃　及	−8.0％	立陶宛	9.1％
瑞　士	−7.8％	科威特	8.7％
—	—	沙特阿拉伯	7.0％
—	—	玻利维亚	6.0％
—	—	阿鲁巴	5.6％
—	—	爱沙尼亚	5.0％

资料来源：IMF 的 BOP/IFS 统计数据库和作者的计算。

表 4.13　平均净流量超过 GDP 5％的国家和地区(2000—2008 年)

资本输出国（地区）		资本输入国（地区）	
科威特	−53.7％	哈萨克斯坦	45.6％
利比亚	−45.5％	保加利亚	16.5％
新加坡	−19.0％	立陶宛	10.7％
中国香港	−14.9％	爱沙尼亚	10.0％
沙特阿拉伯	−14.9％	克罗地亚	8.4％
挪　威	−12.1％	希　腊	7.6％
瑞　士	−11.9％	葡萄牙	7.5％
马来西亚	−10.1％	罗马尼亚	7.5％
委内瑞拉	−9.1％	匈牙利	7.2％
巴　林	−8.7％	塞浦路斯	6.9％
阿　曼	−8.7％	巴拿马	5.6％
俄罗斯	−7.4％	西班牙	5.6％
布隆迪	−6.6％	新西兰	5.2％
摩洛哥	−6.0％	澳大利亚	5.0％
阿根廷	−5.5％	—	—
中国内地	−5.5％	—	—

资料来源：IMF 的 BOP/IFS 统计数据库和作者的计算。

在最近 30 年的全球资本流动趋势的变革中,各国(地区)扮演的角色也发生了变化,有的国家(地区)从资本净输入国(地区)变为资本净输出国(地区),有的相反,有的国家(地区)流动方向则一直没有发生明显变化。表 4.14 列出了 1980—2008 年各国和地区对外资本流动方向的变化。这五种类型的具体解释是:(1)持续输入型,是指这些国家(地区)在这一时间段内几乎所有年份都从国外或地区外净吸收资本;(2)输出转为输入型,这类国家(地区)早期是资本输出,后来转为净资本输入国(地区);(3)持续输出型,是指在这一时间段内,这些国家(地区)的净资本几乎一直为负,长期保持资本净输出;(4)输入转为输出型,是指早期这些国家(地区)从外部吸收资金,后期转为对外资本净输出;(5)波动型,大多数国家(地区)属于这种类型,这些国家(地区)自 1980 年以来,一些年份资本净输入,一些年份资本净输出,没有明显的长期输入或者输出的倾向,而资本账户能够保持平衡。

表 4.14　1980—2008 年间各国和地区角色的转变

持续输入型	澳大利亚,白俄罗斯,捷克,爱沙尼亚,希腊,匈牙利,哈萨克斯坦,拉脱维亚,立陶宛,新西兰,突尼斯,西班牙
输出转为输入型	哥斯达黎加,克罗地亚,巴拿马,波兰,斯洛伐克,罗马尼亚,英国,美国
持续输出型	中国香港,日本,荷兰,挪威,俄罗斯,瑞士
输入转为输出型	阿塞拜疆,比利时—卢森堡,加拿大,中国内地,丹麦,芬兰,法国,印度尼西亚,韩国,利比亚,马来西亚,摩洛哥,新加坡,泰国
波动型	阿根廷,阿鲁巴,奥地利,巴林,孟加拉国,玻利维亚,巴西,保加利亚,布隆迪,柬埔寨,智利,哥伦比亚,塞浦路斯,厄瓜多尔,埃及,萨尔瓦多,德国,印度,爱尔兰,以色列,意大利,约旦,科威特,墨西哥,荷属安的列斯群岛,阿曼,巴基斯坦,秘鲁,菲律宾,葡萄牙,沙特阿拉伯,斯洛文尼亚,南非,瑞典,叙利亚,土耳其,乌克兰,乌拉圭,委内瑞拉

资料来源:IMF 的 BOP/IFS 统计数据库和作者的计算。

二战后,美国作为全球经济龙头,向欧洲、东亚、拉美等地输出大量资本,为这些地区的重建和发展提供了资金支持,随着美国产业向外转移,美国的贸易情况逐渐转为赤字,且贸易赤字不断扩大。一方面美国需要平衡国际收支,另一方面,贸易盈余国家需要购买安全性、流动性好的资产作为储备资产,进而美国金融账户平衡发生了转变。1983 年开始美国金融账户由逆差转为顺差,成为资本净输入国,且金融账户顺差持续扩大。而美国的国际投资净头寸也随着对外净负债的扩大而由净债权国转变为净债务国,1986 年美国国际投资净头寸为负 280 亿美元,标志着美国正式成为净债务国,此后美国对外净负债不断扩大。中国的情况正好与美国相反,1949 年后,中国在经济上基本保持对外封闭的状态。直到 20 世纪 70 年代末，中国政策出现重大转变，各项政策开始围绕经济建设展开，对外实施开放。从贸易到投资，中国不断加快对外开放的步伐，并成功吸引了大批外来资金，中国的廉价劳动力和其他资源，吸引了大量外国企业来华投资。中国经济在较短的时间内迸发出了强大的活力，由于早期我国外汇短缺，国家的政策也倾向于鼓励出口。因而，中国的对外贸易情况很快得到改善，并且随着我国基础制造业优势的逐渐凸显，在纺织、服装、电器等领域，中国对外贸易顺差开始扩大，并且扩大趋势呈现加速上升的态势。随着中国贸易盈余的不断增加，积累的大量外汇储备需要寻求安全的储备资产，因此中国购买了巨额的美国国债——就和日本一样。

4.6 国际投资头寸和资产负债结构的变化

4.6.1 国际投资头寸的变化

不难理解，一国（地区）对外的净资产和其对外资本净流动之间存在很大的相关性。因此，全球资本流动规模的不断扩大，必然会引起各国（地区）外部资产和负债规模的增加。如前文所述，各国（地区）海外总资产的规模和 GDP 总和之比在 2008 年已经达到 1.4 倍（2007 年为 1.7 倍）。但各国（地区）对外资产和负债的头寸，并不是其对外资本流动的简单累加，各种资产的自身价值会因为各种因素而波动，如持有的境外股票价值会随着股票价格的波动而变化，直接投资资产的价值也会因为相关设备的折旧和固定资产价格的波动而变化，即便是价格较为稳定的债券，其市值也会发生小幅的波动。更重要的是，几乎对于所有国家（地区）来说，其境外资产的价值都会不同程度地受到汇率波动的影响。

发达国家（地区）的对外资产和负债规模在较长时间内基本保持平衡，即使是进入本世纪以来发达国家（地区）的净资本流入不断扩大，但对于流动总规模来说，净流入比例仍不算高，因此发达国家（地区）的对外净负债和其总资产负债规模相比差距较小。如 2008 年，发达国家（地区）对外净负债达到 2 万亿美元的历史最大值，占其对外总负债（75 万亿美元）的比重还不到 3%。不过需要注意的是，从 2000 年至 2008 年，发达国家(地区)的累计资本净流入为 3 万亿美元,而对外净负债仅增加了 1.4 万亿美元(从 1999 年的 6 590 亿美元净负债,增加到 2008 年的 20 710 亿美元净负债)。这说明,由于汇率、资产价格变动等原因,2000 年至 2008 年间,外部流向发达国家(地区)的 3 万亿美元净资本,不但没能升值,反而还"亏本"了。虽然相对总规模来讲,发达国家(地区)的整体对外资产负债还是比较平衡的,但我们也应该注意到,2000 年以后,发达国家(地区)的资产负债平衡有被打破的迹象,具体表现就是发达国家(地区)的对外净负债有扩大的趋势(见图 4.9)。

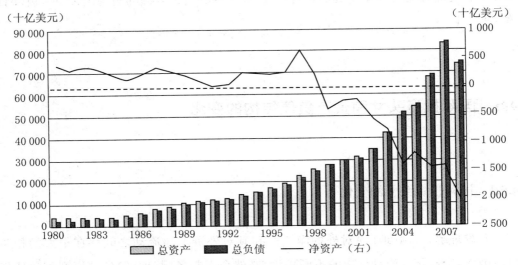

资料来源:IMF 的 BOP/IFS 统计数据库、MSCI 和作者的计算。

图 4.9 发达国家(地区)的资产和负债

与发达国家(地区)相比,发展中国家(地区)的资本流入量和流出量差异较大,资本流动失衡较为严重。因此,发展中国家(地区)对外的资产负债失衡也比发达国家(地区)严重。虽然发展中国家(地区)进入 21 世纪以来资本流出趋势凸显,但是由于早期发展中国家(地区)从发达国家(地区)大量借债,并且发达国家(地区)在发展中国家(地区)持有的资产升值较快,因而发展中国家(地区)长期保持净负债地位,直到 2008 年被首次打破。发展中国家(地区)对外净负债的趋势发生逆转刚好是在 1997 年亚洲金融危机前后。亚洲金融危机发生后,国外投机资本迅速撤离亚洲市场,而后危机时代,发展中国家(地区)也注重对外资过度依赖的风险,改善国际收支,并积极建立储备资产,1997 年以后发展中国家(地区)的净负债头寸不断缩小,并在 2008 年境外资产首次超过负债(见图 4.10)。

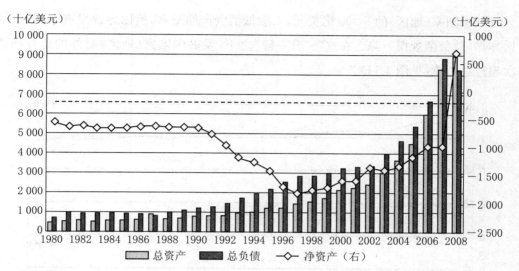

资料来源：IMF 的 BOP/IFS 统计数据库、MSCI 和作者的计算。

图 4.10 发展中国家（地区）的资产和负债

　　我们用资产和负债的比值来分析资产和负债的相对大小，资产负债比大于 1 说明一国（地区）持有的境外资产超过对外负债，是债权国（地区），小于 1 说明一国（地区）对外负债小于境外资产，是债务国（地区）。1999 年以前，发达国家（地区）对外保持净债权地位，资产负债比超过 1。但进入新世纪以后，随着美国、英国等国际金融体系中的核心大国（地区）对外负债不断增加，发达国家（地区）的资产负债比从 1999 年开始下降到 1 以下。不过，从失衡角度来看，20 世纪 90 年代以来，发达国家（地区）的资产负债比基本维持在 0.97—1.13 之间，说明发达国家（地区）作为整体，资产负债失衡并不严重。

　　发展中国家（地区）正在改变对外净负债的境况，2000 年以前，发展中国家（地区）的资产负债比长期低于 0.6，这说明发展中国家（地区）对外负债程度较高，对外负债超过其持有境外资产的 30%。而 2000 年以后，随着发展中国家（地区）外汇储备的不断积累，资产负债比持续上升，到 2008 年，发展中国家（地区）的外部资产首次超过负债。从具体的资产负债和资本流动项目来看，2008 年发展中国家（地区）对外的资本流出和流入规模分别为 1.3 万亿美元和 8 000 亿美元。同期，发展中国家（地区）持有的外部资产比 2007 年上升 7 400 亿美元，而对外负债不增反降，下降了 6 500 亿美元。这并不难理解，由于全球股市、大宗商品价格在 2008 年大幅下降，无论是发达国家（地区）还是发展中国家（地区）的资产价格都大幅缩水。但由于同期发展中国家（地区）流出的资本规模较大，抵消了资产缩水的效应，因而总资产仍然上升。而流入发展中国家(地区)的8 000亿美元,未能抵消资产的缩水,所以导致发展中国家(地区)对外总负债规模下降。在这"一升一降"之下,发展中国家(地区)对外的总资产首次超过总负债(见图4.11)。

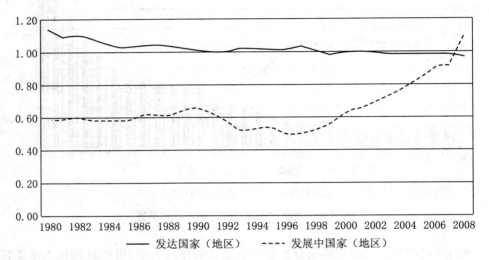

资料来源:IMF的BOP/IFS统计数据库、MSCI和作者的计算。

图4.11 发达国家(地区)和发展中国家(地区)的资产负债比

从区域来看,亚洲发达国家和地区(主要是日本)、中东和非洲长期持有的境外资产超过对外负债,多数年份保持着债权国(地区)地位。而亚洲发展中国家(地区)的对外净负债在1996年达到5 500亿美元的高峰后开始下降,并在2005年成为债权国(地区),这其中主要是由于中国的境外资产不断增长带来的效应。美国则是全球最大的债务国,西欧国家(地区)在20世纪80、90年代曾经对外保持着净债权地位,进入新世纪之后,这一情况发生了转变。尽管西欧和北欧总体来说是资本输出国(地区),但是由于欧元兑美元汇率的持续升值,外国(地区)持有的欧元资产不断升值,超过了欧洲对外的资本输出幅度,因而西欧和北欧从债权国(地区)变成了债务国(地区)。拉美和中东欧长期以来一直对外净负债,特别是中东欧国家(地区),对外净负债规模越来越大。

80个国家和地区中,债权经济体的数量较少,在2008年,仅有24个国家和地区是债权经济体①,其他均为债务经济体。而在1980—2008年期间,一直保持债权

---

① 叙利亚和荷属安的列斯群岛缺少2008年的数据,这两个国家在2007年以前保持多年的债权国地位,因此2008年实际债权国可能为26个。

经济体地位的仅有 9 个经济体[①]，而有 34 个经济体则一直是债务经济体，其他经济体则部分年份是债权经济体，部分年份是债务经济体，其中超过一半年份保持债权经济体地位的仅有 3 个经济体（法国、荷兰和新加坡）[②]，也有一些经济体近年来不断增加对外资本输出，积累境外资产，由早期的债务经济体变为债权经济体，并且净债权规模越来越大，这些经济体包括中国、挪威、叙利亚、塞浦路斯、阿根廷和挪威。债权经济体、债务经济体的分布和资本流动情况类似，但并不完全一致。一个经济体的债权债务地位除了受资本流动影响之外，也受到资产和负债价值波动的影响，而这些价值波动，既受到国（地区）内价格、股市价值、利率的影响，也受到对应的境外国家（地区）价格水平的影响，而且还不同程度地受到汇率的影响。目前主要债权国（地区）是那些持续对外输出资本的国家（地区），包括日本、中国内地、德国这样的贸易出口大国，也包括沙特、科威特、挪威、利比亚、委内瑞拉这样的资源出口国，另外还有一部分就是瑞士、中国香港、新加坡、卢森堡这样的金融中心。而主要债务国（地区）则是那些资本输入国（地区），但也包括一些资本输出国（地区），如韩国、印度尼西亚，这说明这些国家（地区）的资产或者负债的价值波动抵消了资本输出的作用，反而使这些国家（地区）成为债务国（地区）。其中俄罗斯和法国的情况较为特殊，俄罗斯在过去十几年中大多数时候为债权国，但是 2004—2007 年间俄罗斯的对外负债超过境外资产，成为债务国，并且净负债规模不断增加。2008 年金融危机对俄罗斯的资产价格影响极大，同时由于汇率影响，外国（地区）持有的俄罗斯股票价值缩水超过 2 000 亿美元，外国（地区）在俄直接投资企业由于价格缩水和破产等原因，资产总量也缩水 3 500 亿美元。虽然俄罗斯持有的境外资产也明显缩水，不过由于对外负债下降得更快，从而使得 2008 年俄罗斯的境外资产再次超过对外负债，净资产 2 590 亿美元，成为主要债权国。法国的情况则刚好和俄罗斯相反，在 2007 年及以前的十多年中，法国一直是债权国，2008 年金融危机爆发，外国（地区）持有的法国资产缩水近 1 万亿美元，但相比之下，法国持有的境外资产缩水更为严重，达到 1.4 万亿美元，使得法国的境外净资产低于对外净负债，从债权国变为债务国（见表 4.15）。

[①] 这 9 个国家是：比利时—卢森堡、瑞士、德国、日本、巴林、科威特、利比亚、沙特阿拉伯。

[②] 由于部分国家（地区）缺少 20 世纪 80 年代的数据，因此这里的债权经济体期数可能比实际略低，但数据缺失的国家（地区）大多为前苏联和东欧国家，这些国家大多为债务国。不过中国香港的数据自 1997 年开始，1997 年以来中国香港一直是债权经济体地位，因而在早期中国香港也可能对外保持净债权。

表 4.15　主要债权经济体和债务经济体境外净资产规模(十亿美元)

	2007	2008		2007	2008
日　本	2 200	2 493	美　国	−2 211	−3 629
中国内地	1 162	1 519	西班牙	−1 174	−1 203
德　国	933	929	澳大利亚	−577	−502
中国香港	468	610	法　国	101	−424
瑞　士	579	593	意大利	−465	−420
沙特阿拉伯	436	519	墨西哥	−400	−369
俄罗斯	−146	259	巴　西	−549	−276
科威特	236	259	希　腊	−316	−251
挪　威	226	236	波　兰	−242	−241
比利时—卢森堡	225	205	葡萄牙	−219	−225
新加坡	168	191	土耳其	−289	−174
委内瑞拉	89	132	匈牙利	−131	−149
利比亚	82	107	印度尼西亚	−169	−146
荷　兰	50	89	爱尔兰	−50	−140
阿根廷	39	60	韩　国	−227	−108

注：这里列出的是境外净资产超过 500 亿美元和净负债超过 1 000 亿美元的国家(地区)，正值表示该国(地区)为债权国(地区)，负值表示为债务国(地区)。

资料来源：IMF 的 BOP/IFS 数据库、世界银行 WDI 数据库、MSCI、相关国家(地区)官方统计网站和作者的计算。

虽然美国是全球最大的债务国，但是由于其实体经济规模较大，负债规模相对其经济总量来说还属于一个并不太高的水平——尽管其负债总量对全球经济格局有着重要影响。而另外一些国家(地区)虽然净负债规模在全球来看并不大，但是因为经济规模较小，其对外净负债和 GDP 的比重已经达到非常严重的程度。我们用净资产(正值表示债权经济体，负值表示债务经济体)和 GDP 的比值来衡量一国(地区)对外净资产和净负债的相对失衡程度。如表 4.16 所示，债权方面，中国香港、科威特、沙特阿拉伯、利比亚、瑞士和新加坡持有的境外资产净头寸已经接近甚至超过本国(地区)经济总量，这说明这些国家和地区本地的投资机会有限，经济重心很大程度上已经不在国内(本地区内)。而债务国(地区)中，欧洲国家(地区)的债务情况则非常糟糕，不少国家(地区)所欠外部债务已经超过本国(地区)GDP 的一半。其中希腊、西班牙、葡萄牙、爱尔兰在 2009 年已经爆发债务危机或者产生爆发债务危机的隐患。这些欧洲国家(地区)对外部债务的过度依赖所造成的风险值得注意。

表 4.16　净资产和净负债占 GDP 比重较高的国家和地区及其占比(%)

债务国(地区)	2007	2008	债权国(地区)	2007	2008
布隆迪	−147.6	−110.3	中国香港	226.2	283.0
保加利亚	−92.8	−100.0	科威特	205.4	175.3
匈牙利	−94.6	−96.4	利比亚	164.0	145.3
突尼斯	−97.9	−92.8	瑞士	133.3	118.0
约旦	−119.6	−89.9	沙特阿拉伯	113.6	109.2
葡萄牙	−95.0	−89.4	新加坡	94.9	99.0
新西兰	−83.5	−80.4	巴林	71.3	70.1
拉脱维亚	−79.0	−76.5	挪威	58.4	52.4
西班牙	−81.5	−75.5	日本	50.2	51.0
爱沙尼亚	−80.3	−72.5	委内瑞拉	39.3	42.2
克罗地亚	−99.5	−72.3	比利时—卢森堡	44.1	36.4
希腊	−102.1	−71.6	中国内地	33.3	33.6
巴拿马	−72.2	−70.2	阿塞拜疆	1.9	27.2
爱尔兰	−19.3	−52.7	德国	28.0	25.6
斯洛伐克	−47.6	−51.7	阿根廷	15.1	18.3
立陶宛	−60.5	−50.0	马来西亚	−3.0	17.4

注:表格中的数值是各国(地区)的境外净资产(资产减去负债)和本国(地区)GDP 的比值。

资料来源:IMF 的 BOP/IFS 数据库、世界银行 WDI 数据库、MSCI、相关国家(地区)官方统计网站和作者的计算。

4.6.2　境外资产结构和负债结构的变化

在境外资产规模急剧增长的同时,各国(地区)境外资产的结构也在发生显著变化。根据 IMF 的分类原则,我们将境外资产分为 4 类:直接投资、证券投资(含股票和债券)、其他投资(不含储备资产)和储备资产。近 30 年全球各国(地区)境外资产结构变化最显著的特征就是证券投资(直接金融)比重的上升和其他投资(间接金融)比重的下降。

在国际资本流动体系中,传统的投融资方式仍然占据主要地位,其他投资(不含储备资产)在各国(地区)境外资产中的平均比重达到 35%—55% 左右,这其中主要包括银行贷款、企业债务、政府间贷款、应收账款、货币当局的资产等,这些债权债务关系大多是基于实体的经济活动需求而产生的,如国际贸易等。其他投资在各国(地区)境外资产中的比例呈下降趋势,从 20 世纪 80 年代的 55% 下降到近年的 35% 左右。

在其他投资资产比例下降的同时,证券投资资产比例不断上升,证券投资资产比重从 20 世纪 80 年代初的 10.6% 上升到 2008 年的 32.3%,而实际上在 2003 年至 2007

年间证券投资资产的比重一直维持在 37.5％以上，其中 2006 年达到 39.3％的历史最高值。证券投资主要由股票和债券两大类资产构成，股票和债券在总资产中的比重上升都比较快，其中，股票增长速度更快。这反映出全球资产证券化的趋势，直接金融在经济活动中的重要性越来越大，特别是对国际投资者，购买股票和债券要比直接投资、贷款来得更为便捷。

直接投资资产所占比重小幅上升，从 20 世纪 80 年代初的 15％左右上升至近年的 20％左右。储备资产在所有国家（地区）的境外资产中的比重较 80 年代明显下降，这主要是由于黄金储备和 SDR 的下降，外汇储备的比重基本维持稳定。这说明在全球货币膨胀的过程中，黄金的重要性被稀释了。国际货币基金组织（IMF）的基金份额和特别提款权是各国（地区）除了外汇和黄金之外最主要的储备资产，目前这部分储备资产在各国（地区）的境外资产中所占比例不足 0.5％，还不及外汇储备的 1/20，即使比重下降的黄金也比各国（地区）在 IMF 的储备资产规模大（见表 4.17）。

表 4.17　所有国家（地区）境外资产构成（％）

	1980	1985	1990	1995	2000	2005	2008
直接投资	15.1	15.3	16.3	17.6	21.7	19.9	21.4
证券投资	10.6	15.9	20.3	28.3	35.6	38.6	32.3
股票	3.7	5.0	6.9	11.5	17.6	17.3	11.5
债券	6.8	10.8	13.4	16.8	18.0	21.3	20.9
其他投资 （不含储备资产）	56.1	58.5	54.6	45.7	36.5	34.2	37.5
储备资产	18.1	10.4	8.9	8.5	6.2	7.2	8.8
外汇储备	8.9	5.9	6.2	6.6	5.2	6.4	7.9
黄金储备	4.4	2.3	1.3	0.8	0.5	0.5	0.5

资料来源：IMF 的 BOP/IFS 数据库、世界银行 WDI 数据库、MSCI、相关国家（地区）官方统计网站和作者的计算。

由于发达国家（地区）持有的境外资产规模远超过发展中国家（地区），因而表中反映的所有国家（地区）境外资产结构，也基本上反映了发达国家（地区）的境外资产结构特征。不过在发达国家（地区）的境外资产中，储备资产的比例更低，证券投资资产的比例更高。发达国家（地区），特别是美国、欧洲和日本，由于自身货币就是全球性或者地区性国际货币，因而无需储备大量外汇。这些国家（地区）的私人部门经济活跃，在对外投资中私人部门是主要的角色。而发达国家（地区）完善的市场制度和发达的金融体系，为私人部门的跨国投资提供了保障和便利，证券投资成为发达国家（地区）私人部门对外投资的最主要形式（见表 4.18）。

表 4.18　发达国家(地区)的境外资产构成(%)

	1980	1985	1990	1995	2000	2005	2008
直接投资	16.7	16.5	16.9	18.0	22.5	20.6	22.4
证券投资	11.2	17.1	21.2	29.5	37.3	40.8	35.0
股票	4.3	5.5	7.3	12.1	18.5	18.5	12.5
债券	6.9	11.5	13.9	17.4	18.7	22.3	22.5
其他投资 (不含储备资产)	55.3	57.7	54.1	45.9	35.8	34.6	38.8
储备资产	16.9	8.8	7.9	6.5	4.4	4.0	3.8
外汇储备	7.1	4.6	5.4	4.8	3.5	3.3	2.9
黄金储备	4.5	2.2	1.2	0.7	0.5	0.4	0.5

资料来源:IMF 的 BOP/IFS 数据库、世界银行 WDI 数据库、MSCI、相关国家(地区)官方统计网站和作者的计算。

而在发展中国家(地区),储备资产的规模比重却越来越大,从 20 世纪 80 年代的 25%左右上升到目前的近 50%,比重翻了一番。这主要是因为发展中国家(地区)持有的外汇储备规模大幅上升,90 年代末期,发展中国家(地区)由资本流入转变为资本输出,而输出的资本则主要用于购买外汇储备。在发展中国家(地区)的储备资产中,中国的外汇储备所占比例极高,2008 年,发展中国家(地区)的储备资产总量为 4.3 万亿美元,而中国就达到 2 万亿美元,占所有发展中国家(地区)近一半的外汇储备。各国(地区)外汇储备中,美元比例超过 60%。

发展中国家(地区)境外资产中,证券投资资产的比重也有所上升,但绝对比重仍远低于发达国家(地区)。由于外汇储备资产的大规模增长,其他投资的比重在发展中国家(地区)的境外资产中下降明显,从 20 世纪 80 年代初的超过 60%下降至 30%以下(见表 4.19)。

表 4.19　发展中国家(地区)的境外资产构成(%)

	1980	1985	1990	1995	2000	2005	2008
直接投资	5.0	4.9	7.7	10.9	10.1	11.4	13.2
证券投资	6.6	5.4	7.4	9.6	11.8	12.3	10.4
股票	0.3	0.5	1.3	1.9	4.2	3.8	2.7
债券	6.3	4.9	6.2	7.7	8.0	8.8	7.9
其他投资 (不含储备资产)	61.7	65.5	62.0	41.6	46.0	29.7	26.9
储备资产	26.8	24.1	22.8	37.9	32.2	46.6	49.6
外汇储备	20.6	16.9	18.3	33.8	29.7	44.5	48.4
黄金储备	3.9	3.4	3.1	2.3	1.1	0.9	0.8

资料来源:IMF 的 BOP/IFS 数据库、世界银行 WDI 数据库、MSCI、相关国家(地区)官方统计网站和作者的计算。

发展中国家(地区)更倾向于持有安全性和流动性好的资产,其储备资产所占比例接近一半,储备资产中,又基本都是外汇储备。发达国家(地区),由于自身具备发达的金融市场、自身货币就是国际储备货币,因而无需储备大量的其他外汇用于国际支付。发展中国家(地区),由于其自身货币不是国际流通货币,不能用于国际支付,因而需要积累外汇储备。除了国际收支的需求外,20世纪90年代多个发展中国家(地区)发生金融危机,由于官方的外汇储备不足,导致一些国家(地区)的政府或央行应对金融危机时,可支配的资源不足。因此,在发达国家(地区)降低外汇储备比例的情况下,发展中国家(地区)的外汇储备规模却在持续增加(见表4.20)。

表 4.20　全球官方外汇储备构成(%)

	1985	1995	2005	2009
美　　元	64.2	59.0	66.9	62.1
英　　镑	3.1	2.1	3.6	4.3
德国马克	15.2	15.8	—	—
法国法郎	1.3	2.4	—	—
欧　　元	—	—	24.1	27.5
日　　元	7.8	6.8	3.6	3.0
其他货币	8.4	14.0	1.9	3.2

注:这里的外汇储备构成是根据 IMF 的 COFER 数据中可以确认的各国(地区)外汇储备币种计算得来,还有一部分外汇储备的币种没有得到确认,这部分未确认的外汇储备资产中可能包括上述币种。

资料来源:Dooley, Lizondo 和 Mathieson(1989), IMF 的 COFER(currency composition of official foreign exchange reserves)数据库。

需要注意的是,由于储备资产没有明确的资产种类规定,而主要是根据其用途和基本特征确定,因而有些证券类资产,如一些发达国家(地区)的国债等,对于其他国家(地区)来说可能被划分为储备资产,而对于本国(地区)来说可能被划分为债券类的负债。而另一些资产,如货币现金等,对于债权方来说可能划分为储备资产,而对于债务方来说可能划分为其他负债。因此,虽然在全球作为一个封闭的群体内,资产和负债理论上应该是相等的,但是由于债权国(地区)和债务国(地区)对资产负债类别界定的差异,4种资产(直接投资、证券投资、其他投资和储备资产)和3种负债(直接投资、证券投资、其他投资),几乎不可能一一对应。从表4.21中我们就看出,各国(地区)负债中,证券投资比例明显高于资产中证券投资的比例,就是因为一些国家(地区)将持有的某些外国(地区)证券划分为储备资产等类似的原因导致。

在对外负债结构中,发达国家(地区)主要以证券投资为主,这其中很大一部分是作为其他国家(地区)的外汇储备资产的美英等国债券,直接投资和其他投资的比重则有所下降。而发展中国家（地区）的对外负债则是以直接投资为主,由于发展中国家（地区）缺少发达的金融市场,债券发行规模有限,股票市场规模也相对较小,即使是中国这样的市值较大的股票市场,其对外来投资又存在诸多限制,尚未完全开放资本账户,因此证券投资负债比重较小。随着发展中国家（地区）经济基础的改善,特别是进入20世纪90年代以后,发展中国家（地区）对外来直接投资的开放程度越来越高,提供各种各样的优惠政策,而发展中国家（地区）原本廉价的劳动力和市场需求也是跨国公司所关注的。因而,直接投资逐渐代替银行贷款成为发展中国家（地区）对外融资的主要形式。这也反映了经济全球化过程中,越来越多的企业在发展中国家（地区）投资建厂的趋势。

表 4.21　发达国家（地区）和发展中国家（地区）对外负债结构（%）

		1980	1985	1990	1995	2000	2005	2008
发达国家（地区）	直接投资	15.0	15.0	14.4	14.4	18.4	16.9	17.8
	证券投资	18.9	25.5	27.5	36.8	43.8	47.2	43.9
	股票	5.9	7.6	7.8	13.1	22.3	19.8	13.6
	债券	13.0	18.0	19.7	23.8	21.6	27.4	30.2
	其他投资	66.2	59.5	58.1	48.8	37.8	35.9	38.4
发展中国家（地区）	直接投资	30.1	23.6	22.8	28.5	34.2	40.3	44.5
	证券投资	6.2	6.3	8.2	20.5	21.1	25.3	18.8
	股票	0.7	0.5	1.5	8.3	6.5	13.6	9.7
	债券	5.4	5.8	6.7	13.0	14.6	11.7	9.1
	其他投资	63.7	70.1	69.0	51.0	44.7	34.4	36.7

资料来源:IMF 的 BOP/IFS 数据库和作者的计算。

4.7　2008 年全球金融危机对国际资本流动格局的影响

与20世纪90年代发展中国家（地区）频繁发生的金融危机相比,2008年的全球金融危机起源于美国,并迅速在其他发达国家（地区）蔓延,最终发展成为全球性的金融危机。这次金融危机影响范围之大,程度之深,是前期的金融危机所不能相比的。特别是在全球化日益深化的今天,2008 年全球金融危机给全球资本流动造成了极大的打击,对全球资本流动格局产生了极其巨大的影响。

2008 年和 2007 年相比,全球资本流动总量规模下降了近 83%,这主要是发达国家（地区）的资本流动下降。2007 年,发达国家（地区）对外资本输出规模为 9.5 万亿美元,到了 2008 年仅为 6 000 亿美元,由于发达国家(地区)的资本大多还是流向发达国家(地区),因此发达国家(地区)的流入资本从 9.9 万亿美元下降到 1.9 万亿美元。相比之下,发展中国家(地区)的对外资本流动变化要稳定得多,即便如此,发展中国家(地区)的资本输出和输入规模也分别下降了 27.7% 和 41.3%(见表 4.22)。

表 4.22　2007—2008 年全球资本流动规模变化(十亿美元)

		2007	2008	下降幅度
所有国家(地区)	资本总流量	22 654	3 887	82.8%
	资本流出	−11 359	−1 957	82.8%
	资本流入	11 295	1 929	82.9%
发达国家(地区)	资本总流量	19 406	1 728	91.1%
	资本流出	−9 508	−619	93.5%
	资本流入	9 898	1 109	88.8%
发展中国家(地区)	资本总流量	3 248	2 159	33.5%
	资本流出	−1 851	−1 339	27.7%
	资本流入	1 397	820	41.3%

资料来源:IMF 的 BOP/IFS 数据库和作者的计算。

在 2008 年,全球资本流动体系中的主要参与者的对外资本流动规模大幅缩水。从资本输出项看,英国、韩国、瑞士、意大利和荷兰,2008 年不但没有资本输出,还撤回了投向境外的资本,其中尤以英国的变化最为强烈,2007 年英国输出资本 1.9 万亿美元,而 2008 年英国不但没有新增资本投向境外,反而还撤回了在境外的资本,高达 1 万亿美元。同样,英国的负债项也发生了反转,2007 年,外国(地区)流向英国的资本达到 2 万亿美元,而 2008 年,外国(地区)投资者撤出资本将近 1 万亿美元。美国的对外资本输出也在 2008 年几乎完全中断,2008 年美国对外投资资本不到 1 亿美元,而在 2007 年的规模还是 1.5 万亿美元。但外国(地区)对美国的投资下降幅度相对略低,美国仍保持了 5 000 亿美元的资本输入(见表 4.23)。

表 4.23　资本输入和输出下降幅度较大的国家和地区(十亿美元)

	资　本　输　出			资　本　输　入		
	2007	2008	下降幅度	2007	2008	下降幅度
英　国	−1 942	1 040	153.5%	2 044	−956	146.8%
韩　国	−104	53	151.4%	93	−34	136.1%
瑞　士	−375	186	149.6%	349	−211	160.3%
意大利	−175	15	108.5%	210	48	77.0%
荷　兰	−334	24	107.1%	286	−12	104.1%

	资　本　输　出			资　本　输　入		
	2007	2008	下降幅度	2007	2008	下降幅度
美　国	−1 472	−0.10	100.0%	2 129	534	74.9%
卢森堡	−682	−32	95.3%	663	49	92.5%
比利时	−348	−41	88.1%	339	54	84.0%
中国香港	−317	−64	79.9%	277	24	91.4%
法　国	−718	−255	64.5%	704	368	47.7%
爱尔兰	−450	−160	64.4%	483	194	59.9%
德　国	−830	−347	58.2%	623	85	86.4%
日　本	−494	−212	57.1%	268	−16	106.1%

注:资本输出项为负值表示资本输出,境外资产增加,正值表示撤回境外资本,境外资产减少;资本输入项为正值表示资本输入,对外负债增加,为负值表示境外资本撤出,对外负债减少。之所以出现下降幅度超过100%的情况,是由于相应国家(地区)的资本撤回所导致的。如2008年英国资本输出幅度较2007年下降153.5%是因为2008年英国不但没有新增对外资本输出,反而还撤回了原先在境外的投资。

资料来源:IMF 的 BOP/IFS 数据库和作者的计算。

　　从资产类别来讲,股票投资无疑是受金融危机影响最大的品种,从全球角度来看,2008 年各国(地区)对外投资中,股票投资的减少最为严重,2007 年各国(地区)对外股票投资为 7 900 亿美元,各国(地区)对外股票投资规模大幅缩减,有的甚至撤回在境外的股票投资,从而使得所有国家(地区)对外股票累计投资为撤回 2 000 亿美元。其次是银行贷款等其他类型的投资,下降幅度也极大。而直接投资的变化却相对比较稳定,2007 年各国(地区)合计对外直接投资 2.4 万亿美元,2008 年为 2 万亿美元,下降幅度还不到 14%。可见在金融危机中,实体经济的投资需求所受影响较小,虚拟经济的投资受到极大打击(见表 4.24)。

表 4.24　各类资本输出规模变化(十亿美元)

	2007	2008	下降幅度
资本流出	−11 359	−1 957	82.8%
对外直接投资流量	−2 387	−2 063	13.6%
对外证券投资流量	−2 356	−23	99.0%
股票	−785	228	129.0%
债券	−1 571	−250	84.1%
对外其他投资流量	−6 615	129	101.9%
储备资产	−1 080	−661	38.8%

注:这里的资本输出是金融账户的借方,不是净输出。负号表示对外投资,境外资产增加,正号表示撤回对外投资,境外资产减少。

资料来源:IMF 的 BOP/IFS 数据库和作者的计算。

附表 4.1　本章的样本国家(地区)及代码

国家(地区)名称	英文名	代码	国家(地区)名称	英文名	代码
阿根廷	Argentina	ARG	哈萨克斯坦	Kazakhstan	KAZ
阿鲁巴	Aruba	ABW	韩国	Korea, Rep.	KOR
澳大利亚	Australia	AUS	科威特	Kuwait	KWT
奥地利	Austria	AUT	拉脱维亚	Latvia	LVA
阿塞拜疆	Azerbaijan	AZE	利比亚	Libya	LBY
巴林	Bahrain	BHR	立陶宛	Lithuania	LTU
孟加拉国	Bangladesh	BGD	卢森堡	Luxembourg	LUX
白俄罗斯	Belarus	BLR	马来西亚	Malaysia	MYS
比利时	Belgium	BEL	墨西哥	Mexico	MEX
玻利维亚	Bolivia	BOL	摩洛哥	Morocco	MAR
巴西	Brazil	BRA	荷兰	Netherlands	NLD
保加利亚	Bulgaria	BGR	荷属安的列斯群岛	Netherlands Antilles	ANT
布隆迪	Burundi	BDI	新西兰	New Zealand	NZL
柬埔寨	Cambodia	KHM	挪威	Norway	NOR
加拿大	Canada	CAN	阿曼	Oman	OMN
智利	Chile	CHL	巴基斯坦	Pakistan	PAK
中国内地	China, Mainland	CHN	巴拿马	Panama	PAN
哥伦比亚	Colombia	COL	秘鲁	Peru	PER
哥斯达黎加	Costa Rica	CRI	菲律宾	Philippines	PHL
克罗地亚	Croatia	HRV	波兰	Poland	POL
塞浦路斯	Cyprus	CYP	葡萄牙	Portugal	PRT
捷克	Czech Republic	CZE	罗马尼亚	Romania	ROM
丹麦	Denmark	DNK	俄罗斯	Russia	RUS
厄瓜多尔	Ecuador	ECU	沙特阿拉伯	Saudi Arabia	SAU
埃及	Egypt	EGY	新加坡	Singapore	SGP
萨尔瓦多	El Salvador	SLV	斯洛伐克	Slovak Republic	SVK
爱沙尼亚	Estonia	EST	斯洛文尼亚	Slovenia	SVN
芬兰	Finland	FIN	南非	South Africa	ZAF
法国	France	FRA	西班牙	Spain	ESP
德国	Germany	DEU	瑞典	Sweden	SWE
希腊	Greece	GRC	瑞士	Switzerland	CHE
中国香港	Hong Kong SAR, China	HKG	叙利亚	Syrian Arab Republic	SYR
匈牙利	Hungary	HUN	泰国	Thailand	THA
印度	India	IND	突尼斯	Tunisia	TUN
印度尼西亚	Indonesia	IDN	土耳其	Turkey	TUR
爱尔兰	Ireland	IRL	乌克兰	Ukraine	UKR
以色列	Israel	ISR	英国	United Kingdom	GBR
意大利	Italy	ITA	美国	United States	USA
日本	Japan	JPN	乌拉圭	Uruguay	URY
约旦	Jordan	JOR	委内瑞拉	Venezuela	VEN

资料来源:表中的国家(地区)代码来自世界银行。

附表 4.2 地域分类

北　美	加拿大、美国
大洋洲	澳大利亚、新西兰
拉　美	阿根廷、阿鲁巴、玻利维亚、巴西、智利、哥伦比亚、哥斯达黎加、厄瓜多尔、萨尔瓦多、墨西哥、荷属安的列斯群岛、巴拿马、秘鲁、乌拉圭、委内瑞拉
西欧和北欧	比利时、法国、德国、希腊、爱尔兰、意大利、卢森堡、荷兰、葡萄牙、西班牙、瑞士、英国、丹麦、芬兰、挪威、瑞典
中东欧	奥地利、阿塞拜疆、白俄罗斯、保加利亚、克罗地亚、塞浦路斯、捷克、爱沙尼亚、匈牙利、拉脱维亚、立陶宛、波兰、罗马尼亚、俄罗斯、斯洛伐克、斯洛文尼亚、土耳其、乌克兰
亚　洲	发达国家(地区):中国香港、以色列、日本、韩国、新加坡 发展中国家(地区):孟加拉国、柬埔寨、中国内地、印度、印度尼西亚、哈萨克斯坦、马来西亚、巴基斯坦、菲律宾、泰国
中东和非洲	巴林、布隆迪、埃及、约旦、科威特、利比亚、摩洛哥、阿曼、沙特阿拉伯、南非、叙利亚、突尼斯

资料来源:根据各种材料整理。

附表 4.3　样本国家(地区)1980—2008 年间资本流出情况(十亿美元)

	1980	1981	1982	1983	1984	1985	1986	1987	1988	1989
所有样本国家(地区)	−488	−473	−339	−252	−331	−348	−647	−772	−665	−1 021
发达国家(地区)	−413	−402	−315	−253	−313	−354	−652	−761	−664	−994
发展中国家(地区)	−75	−71	−24	1	−18	6	5	−11	−1	−27

	1990	1991	1992	1993	1994	1995	1996	1997	1998	1999
所有样本国家(地区)	−948	−520	−796	−1 230	−886	−1 537	−1 886	−2 515	−1 998	−3 021
发达国家(地区)	−893	−520	−747	−1 172	−778	−1 416	−1 730	−2 328	−1 870	−2 838
发展中国家(地区)	−55	−1	−49	−59	−108	−121	−157	−188	−128	−182

	2000	2001	2002	2003	2004	2005	2006	2007	2008
所有样本国家(地区)	−3 892	−2 644	−2 163	−3 511	−5 593	−6 862	−8 318	−11 360	−1 956
发达国家(地区)	−3 672	−2 491	−1 983	−3 090	−4 979	−6 020	−7 028	−9 509	−618
发展中国家(地区)	−219	−153	−179	−422	−614	−841	−1 290	−1 851	−1 339

资料来源:IMF 的 BOP/IFS 数据库和作者的计算。

附表 4.4 样本国家(地区)1980—2008 年间资本流入情况(十亿美元)

	1980	1981	1982	1983	1984	1985	1986	1987	1988	1989
所有样本国家(地区)	501	510	357	262	350	408	663	843	703	1 047
发达国家(地区)	447	419	301	257	333	394	650	839	712	1 031
发展中国家(地区)	54	91	57	5	18	14	12	4	−9	16

	1990	1991	1992	1993	1994	1995	1996	1997	1998	1999
所有样本国家(地区)	1 017	660	916	1 342	957	1 574	1 999	2 595	1 953	3 057
发达国家(地区)	989	589	796	1 150	800	1 387	1 752	2 307	1 756	2 874
发展中国家(地区)	27	71	120	191	157	187	247	288	196	183

	2000	2001	2002	2003	2004	2005	2006	2007	2008	
所有样本国家(地区)	4 207	2 835	2 390	3 618	5 489	6 950	8 227	11 295	1 929	
发达国家(地区)	4 033	2 710	2 299	3 382	5 099	6 362	7 413	9 898	1 109	
发展中国家(地区)	174	125	91	236	390	588	814	1 397	820	

资料来源:IMF 的 BOP/IFS 数据库和作者的计算。

附表 4.5 所有样本国家(地区)持有的境外总资产(十亿美元)

	1980	1981	1982	1983	1984	1985	1986	1987	1988	1989
所有国家(地区)	3 632	3 946	4 367	4 582	4 753	5 476	6 780	8 367	9 220	10 722
发达国家(地区)	3 161	3 398	3 799	4 020	4 179	4 896	6 183	7 735	8 596	9 994
发展中国家(地区)	471	548	568	563	574	580	597	632	623	728

	1990	1991	1992	1993	1994	1995	1996	1997	1998	1999
所有国家(地区)	12 089	12 755	13 140	14 716	16 212	18 622	20 461	24 013	27 111	29 917
发达国家(地区)	11 302	11 954	12 302	13 784	15 175	17 440	19 171	22 571	25 561	28 182
发展中国家(地区)	788	801	838	932	1 037	1 182	1 290	1 443	1 550	1 734

	2000	2001	2002	2003	2004	2005	2006	2007	2008	
所有国家(地区)	32 509	33 402	36 812	45 209	54 158	59 140	73 904	91 645	82 040	
发达国家(地区)	30 411	31 201	34 394	42 252	50 521	54 639	67 890	83 406	73 063	
发展中国家(地区)	2 098	2 201	2 419	2 956	3 638	4 501	6 014	8 238	8 977	

资料来源:IMF 的 BOP/IFS 统计数据库、世界银行 WDI 数据库、相关国家(地区)官方统计网站、MSCI 和作者的计算。

附表 4.6　所有样本国家(地区)对外总负债(十亿美元)

	1980	1981	1982	1983	1984	1985	1986	1987	1988	1989
所有国家(地区)	3 599	4 060	4 424	4 678	4 947	5 755	6 964	8 443	9 347	10 921
发达国家(地区)	2 800	3 126	3 474	3 715	3 974	4 762	5 980	7 423	8 328	9 795
发展中国家(地区)	799	934	949	963	973	993	984	1 020	1 019	1 126

	1990	1991	1992	1993	1994	1995	1996	1997	1998	1999
所有国家(地区)	12 406	13 246	13 759	15 360	16 920	19 443	21 514	24 818	28 260	31 670
发达国家(地区)	11 210	11 955	12 265	13 567	14 949	17 227	18 918	21 972	25 351	28 603
发展中国家(地区)	1 196	1 290	1 494	1 793	1 971	2 215	2 596	2 847	2 908	3 067

	2000	2001	2002	2003	2004	2005	2006	2007	2008	
所有国家(地区)	33 987	34 817	38 365	47 012	56 557	61 189	76 042	93 740	83 357	
发达国家(地区)	30 680	31 453	34 935	43 015	51 910	55 834	69 336	84 822	75 093	
发展中国家(地区)	3 306	3 364	3 430	3 996	4 647	5 355	6 706	8 918	8 265	

资料来源:IMF 的 BOP/IFS 统计数据库、世界银行 WDI 数据库、相关国家(地区)官方统计网站、MSCI 和作者的计算。

附表 4.7　各地区资本净流动情况(十亿美元)

	1980	1981	1982	1983	1984	1985	1986	1987	1988	1989
北　美	−20	−12	−30	30	85	110	127	180	149	66
大洋洲	5	9	10	6	9	12	13	11	11	17
拉　美	28	51	35	−20	−21	−12	−4	−19	−11	−26
西欧和北欧	27	16	11	−15	−40	−29	−49	−25	−12	3
亚洲—发达国家(地区)	21	2	−4	−17	−35	−53	−94	−89	−101	−50
亚洲—发展中国家(地区)	7	13	12	9	10	21	17	9	17	20
中东和非洲	−61	−42	−8	20	18	12	5	5	−1	−1
中东欧	7	−0.2	−7	−4	−7	−0.3	−0.2	−2	−15	−4

	1990	1991	1992	1993	1994	1995	1996	1997	1998	1999
北　美	74	61	105	98	130	79	120	225	67	226
大洋洲	15	11	12	12	18	22	15	19	20	21
拉　美	−19	6	25	51	51	11	49	75	84	51
西欧和北欧	25	49	29	6	−11	−26	−77	−136	−35	−68
亚洲—发达国家(地区)	−19	−51	−98	−138	−119	−110	−48	−138	−175	−154
亚洲—发展中国家(地区)	13	13	19	41	23	64	62	12	−47	−38
中东和非洲	−15	57	25	21	17	4	−13	−5	20	−11
中东欧	−7	−7	1	22	−38	−6	4	28	20	10

（续表）

	2000	2001	2002	2003	2004	2005	2006	2007	2008
北　美	459	386	486	518	504	676	756	636	521
大洋洲	18	7	17	31	45	49	46	79	51
拉　美	49	45	−0.3	−27	−25	−10	−46	−16	17
西欧和北欧	24	−66	−38	−70	−210	−174	−207	−3	191
亚洲—发达国家（地区）	−150	−117	−154	−193	−230	−217	−216	−321	−277
亚洲—发展中国家（地区）	−30	−29	−71	−100	−115	−139	−256	−419	−400
中东和非洲	−38	−30	−28	−65	−78	−105	−163	−102	−187
中东欧	−17	−6	15	12	5	9	−5	81	58

资料来源：IMF 的 BOP/IFS 统计数据库和作者的计算。

附表 4.8　各地区的对外净资产（十亿美元）

	1980	1981	1982	1983	1984	1985	1986	1987	1988	1989
北　美	162	122	226	192	55	−60	−164	−228	−342	−440
大洋洲	−45	−54	−59	−64	−72	−79	−100	−120	−149	−164
拉　美	−304	−369	−353	−349	−330	−316	−301	−297	−292	−254
西欧和北欧	261	234	181	194	234	245	373	485	511	548
亚洲—发达国家（地区）	−10	−21	−19	−18	−6	31	97	180	254	260
亚洲—发展中国家（地区）	−53	−64	−75	−76	−85	−110	−117	−132	−152	−185
中东和非洲	116	149	149	130	116	119	136	144	140	134
中东欧	−95	−111	−108	−104	−105	−108	−108	−108	−97	−99

	1990	1991	1992	1993	1994	1995	1996	1997	1998	1999
北　美	−441	−516	−639	−522	−529	−660	−684	−983	−1 047	−893
大洋洲	−175	−183	−168	−195	−229	−248	−275	−231	−241	−262
拉　美	−236	−236	−291	−370	−423	−457	−642	−793	−753	−724
西欧和北欧	416	361	369	361	325	347	378	390	−29	−220
亚洲—发达国家（地区）	300	351	480	582	673	800	865	1 463	1 581	1 004
亚洲—发展中国家（地区）	−206	−229	−309	−402	−402	−455	−533	−478	−433	−408
中东和非洲	131	63	39	16	−6	−6	10	25	20	2
中东欧	−105	−101	−100	−114	−117	−141	−173	−198	−246	−252

	2000	2001	2002	2003	2004	2005	2006	2007	2008
北　美	−1 470	−1 997	−2 169	−2 246	−2 404	−2 125	−2 317	−2 339	−3 623
大洋洲	−238	−215	−276	−389	−462	−477	−574	−693	−597
拉　美	−716	−707	−625	−691	−726	−745	−792	−942	−620
西欧和北欧	144	451	180	−50	−608	−394	−720	−782	−787
亚洲—发达国家（地区）	1 350	1 577	1 787	1 994	2 203	1 919	2 325	2 598	3 190
亚洲—发展中国家（地区）	−380	−359	−269	−192	−57	72	273	711	1 155
中东和非洲	46	73	98	173	224	352	521	635	790
中东欧	−213	−238	−279	−403	−569	−651	−855	−1 283	−825

注：正值表示债权国（地区），负值表示债务国（地区）。

资料来源：IMF 的 BOP/IFS 统计数据库、世界银行 WDI 数据库、相关国家（地区）官方统计网站、MSCI 和作者的计算。

第 5 章　国际资本流动中的收益和成本分析

　　根据第 3 章的介绍,境外投资的收益分为两种,一种是要素收入,另一种是账面收入,前者是后者的一部分,后者包含了因资产价值波动造成的资产账面收益(损失)。要素收入是一国(地区)因其持有的境外资产获得的红利、利息收入,即国际收支平衡表中经常账户项下的投资收入。资产升值收益是当前投资收益中的重要组成部分,本文在计算了各国(地区)国际投资头寸的基础上,结合资本流动数据,计算了各国(地区)对外资产(负债)的升值。账面收入则是要素收入和资产升值两个部分的累加结果。要素收入反映了一国(地区)从境外投资获得的已经实现了的收入,而账面收入则反映了一国(地区)对境外投资的全部收益,反映投资者对外投资的账面收益和损失。要素收入和账面收入对应一国(地区)持有的境外资产,相应地,我们将一国(地区)因对外负债而支付的红利和利息定义为要素支付,即国际收支平衡表中经常账户项下的投资支付。账面支付是本国(地区)负债的价值变化和要素支付的累加效果,要素支付是账面支付的一部分,要素支付和账面支付反映了一国(地区)对外融资的成本。

　　一国(地区)收益和支付规模的大小,由两个因素决定:资产(负债)的规模和收益率(支付率)。资产和负债的规模是决定一国(地区)收益和支付规模的基础,而在确定的资产负债规模基础上,收益率和支付率直接影响收益和支付的具体规模。

　　本章我们详细分析了各国(地区)的投资收益和支付、各国(地区)的收益率和支付率,通过收益和支付来看各国(地区)是否从对外资本循环中获利,而通过对收益率和支付率的分析则进一步分析各国(地区)在对外资本循环中的盈利能力和融资成本。

5.1 收益率和支付率的计算方法

我们在计算数据的过程中发现,各国(地区)公布的国际收支数据中,不少国家(地区)投资收入(支付)项下的数据并不完整,存在着部分年份、部分收入(支付)项目统计数据缺失的情况,针对这种情况,我们参考与本地区经济发展程度类似国家(地区)的相关资产要素收益率(支付率),结合相关资产头寸数据估算该国(地区)在这些年份的相关项目的收入(支付)金额。

根据 BOP 统计手册的定义,投资收入(即我们所指的要素收入)是指已经实现的,来自红利、利息等方面的收入,但不包括境外资产由于自身价格变动而给居民带来的账面的增值或损失。因此,我们引入账面收入的概念,即无论是因为资产价格波动,还是来自分红利息,只要在一定时间区间内使居民因持有境外资产而得到的所有账面和实际的收益或损失,称为账面收入。也就是说,账面收入是包含了因资产价格波动、汇率因素等导致的增值(负值表示贬值)在内的所有收益,如下式表示:

$$账面收入 = 要素收入 + 资产升值 \tag{5.1}$$

我们用 DA_t 表示要素收入,DL_t 表示要素支付,RA_t 表示账面收入,RL_t 表示账面支付,A_t、L_t 分别表示持有的境外资产存量和对外负债存量,ΔA_t、ΔL_t 分别表示 t 期新增对外投资和外来新增投资。

$A_t - A_{t-1} - \Delta A_t$ 表示境外资产增值,$L_t - L_{t-1} - \Delta L_t$ 则表示对外负债的增值。因此有:

$$RA_t = (A_t - A_{t-1} - \Delta A_t) + DA_t \tag{5.2}$$

$$RL_t = (L_t - L_{t-1} - \Delta L_t) + DL_t \tag{5.3}$$

一般来说收益率就是用收益除以成本,在本文中计算收益率的分子即我们计算得出的每年的要素收入和账面收入。由于跨国投资行为是在一年中连续进行的,该年获得的投资收入,既有基于上年年末的存量资产获得的,也有基于今年新增投资获得的。因此,我们用上年末的资产存量和本年全年新增投资的一半之和表示本年获得投资收益的成本。而我们计算了要素和账面两种收益(支付),因此存在两种收益率和两种支付率。

$$要素收益率 = \frac{DA_t}{A_{t-1} + \Delta A_t/2} \tag{5.4}$$

$$账面收益率 = \frac{RA_t}{A_{t-1} + \Delta A_t/2} \tag{5.5}$$

DA_t 表示 t 期获得的要素收入，RA_t 表示 t 期获得的账面收入，$A_{t-1} + \Delta A_t/2$ 表示 t 期境外资产的平均成本。对应境外资产的收益率，对外负债的支付率用下式计算：

$$要素支付率 = \frac{DL_t}{L_{t-1} + \Delta L_t/2} \tag{5.6}$$

$$账面支付率 = \frac{RL_t}{L_{t-1} + \Delta L_t/2} \tag{5.7}$$

DL_t 表示 t 期的要素支付，RL_t 表示 t 期的账面支付，$L_{t-1} + \Delta L_t/2$ 表示 t 期外国投资者在本国获得收益的平均成本。

5.2 要素收入和要素支付

5.2.1 要素收入(支付)规模的增长

随着各国(地区)境外资产规模的迅速增长，从境外投资获得的收入也不断上升。我们计算的各国(地区)的要素收入和要素支付规模如图 5.1 所示。在全球范围内来说，要素收入和要素支付也应该是平衡的，而本章的 80 个经济体之间的要素收入和支付也基本平衡，这也说明主要的收入和支付也是发生在这些主要经济体之间①。需要注意的是，投资支付的总规模在 2004 年之后增速加快，这主要是由各国(地区)境外资产规模的上升所引起的。以要素收入额为例，20 世纪 80 年代初，各国(地区)境外投资获得的要素收入总额仅为 3 000 亿美元，而到了 2008 年各国(地区)的

---

① 即便是以全球所有经济体为样本，投资收入和投资支付也很难完全相等，这是由于各经济体的统计误差等因素导致。而本章通过模型估算的所有样本经济体的投资收入和投资支付差异较小，这也说明我们的估算是比较准确的。

收益总额达到 3.8 万亿美元,增长了十多倍,各国(地区)的支付总额和收益总额规模基本相同。

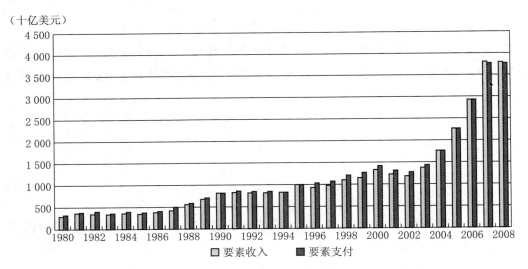

（十亿美元）

资料来源:IMF 的 BOP/IFS 统计数据库,世界银行 WDI 数据库和作者的计算。

图 5.1　各国(地区)的要素收入和要素支付总额

由于经济规模的增长、境外投资规模的增长,投资投入(支付)的绝对规模上升也是必然的。那么,要素收入(支付)规模的相对增速如何? 是否在各国(地区)的国际收支地位愈发重要? 由于所有国家(地区)要素收入和投资支付理论上是平衡的,并且我们计算的 80 个样本作为一个整体也是基本平衡的,因此,我们只需用要素收入和投资支付中的一个数据,就可以说明其规模的变化。我们用要素收入和各国(地区)的商品服务出口额比值、要素收入和资本流出量比值,这两个指标来衡量要素收入的相对增长。要素收入显示的是一国(地区)就其持有的境外资产而获得的收入,而商品和服务出口也是一国(地区)从外部获得资金的主要渠道,商品和服务出口、工人报酬和投资收入(即本文的要素收入)是一国(地区)经常账户贷方(credit)中的主要组成部分。因此,我们用要素收入与商品贸易出口额的比值,来衡量实际投资收益是否在各国(地区)的境外资金收入中的重要性有所上升。在过去 30 年中,要素收入和商品贸易出口额的比值虽然没有表现出长期的上涨或者下降趋势,但是我们这注意到,在 2002—2007 年间,这一比值是持续上升的,并且已经明显高于 20 世纪 90 年代的水平。如果不是 2008 年金融危机的影响,可能这一比值还是会上升,这说明在近阶段,投资收入在各国(地区)经常账户贷方中的重要性还是有上升趋势的(见图 5.2)。

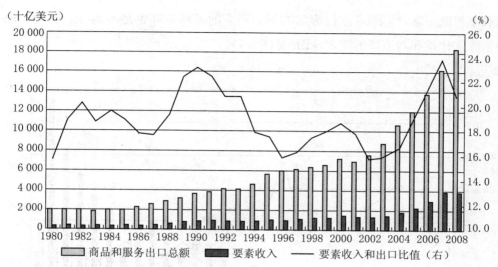

资料来源：IMF 的 BOP 统计数据库和作者的计算。

图 5.2　要素收入总额及与商品服务出口的比值

　　流出的资本是从外部获得投资收入的基础，投资者可以将从境外投资获得的要素收入用于继续在境外进行投资，也可以使用其他来源的资金进行境外投资。大多数年份中，各国（地区）的境外投资要素收入低于新增对外资本流出，并且 1991 年以后，要素收入和资本流出的比值开始不断下降，除 2008 年外，近年各国（地区）新增对外投资资金是从外部获得的要素收入的 3 倍左右。这就意味着新增对外投资资金，仅有一小部分来自投资收益，更多地来自投资者新投入的资本，这反映了资本全球化的趋势越来越呈现出一种内生的、不断深入的趋势。原本在国（地区）内进行投资和生产的资金，不断开拓边界、流向国（地区）外。

　　进入 20 世纪 90 年代以后，收入投资比的持续下降，反映了国际投资结构和全球利率的变化，在上世纪 90 年代以前，直接投资、银行信贷、债券等传统投资方式是主要的对外投资形式，这些类型的投资主要收益来自从在境外直接投资的企业经营中获得的利润、债务人支付的利息等。而随着全球资本市场的加速发展，股票投资、金融市场交易、外汇交易等在各国（地区）对外资金流动中的比例加大，而这些类型的投资收益很大程度上来自这些资产的价值变动，债务人为此支付的红利和利息相对较少，传统的红利和利息收入已经不再是境外投资的全部收益来源。而全球利率水平自 80 年代以来总体呈下降趋势，80 年代初，美国联邦基金利率一度高达 16.38%[①]（1981 年），此

----

① 　数据来源：IFS。

后利率不断下降,到 2008 年仅为 1.93%。利率的不断下降也是各国(地区)境外投资要素收入比重相对下降的重要原因(见图 5.3)。

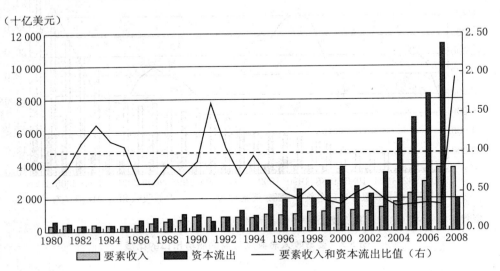

资料来源:IMF 的 BOP 统计数据库和作者的计算。

图 5.3　要素收入和资本流出规模的比较

5.2.2　发达国家(地区)和发展中国家(地区)要素收入和支付的比较

　　由于发展中国家(地区)和发达国家(地区)无论在投资规模的流量上还是存量上,都存在着巨大差距,因此,两类国家(地区)对外要素收入和支付的规模也必然差距显著。图 5.4 中我们计算了发达国家(地区)和发展中国家(地区)对外要素收入和支付的规模,虽然发展中国家(地区)近年来外部的资本流动规模越来越大,但是两类国家(地区)对外要素收入和支付的规模差异却有扩大趋势。1980 年,发达国家(地区)的要素收入 2 680 亿美元,是发展中国家(地区)的 8 倍多,支付规模为 2 370 亿美元,是发展中国家(地区)的 4 倍。到了 2008 年,发达国家(地区)的要素收入为 3.5 万亿美元,是发展中国家(地区)的 11 倍,而当年发达国家(地区)要素支付规模还不到发展中国家(地区)的 6 倍,前者为 3.2 万亿美元,后者为 5 800 亿美元。

　　在大多数时间内,发展中国家(地区)整体来说仍然是债务国(地区)。因此,从常理上说,发展中国家(地区)的对外支付也应该大于从外部获得的要素收入。从投资净收入(国际收支中的投资收入减去投资支付)来看,发达国家(地区)投资净收入为正,发展中国家(地区)的投资净收入为负(见图 5.5)。

（十亿美元）

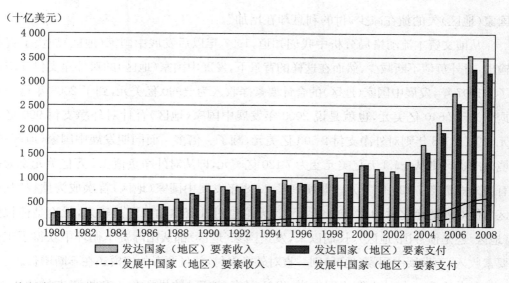

资料来源：IMF 的 BOP 统计数据库和作者的计算。

图 5.4　发达国家（地区）和发展中国家（地区）要素收入和要素支付的比较

（十亿美元）

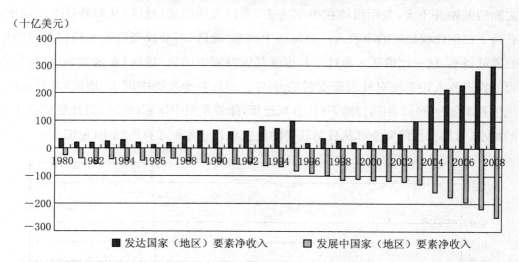

注：这里的要素净收入加总并不平衡，两个原因：(1)早期少数国家（地区）的收益数据缺失；(2)样本国家（地区）之外的其他地区，如加勒比，未统计汇报相关数据，所以难以获得相关数据。

资料来源：IMF 的 BOP 统计数据库和作者的计算。

图 5.5　发达国家（地区）和发展中国家（地区）要素净收入比较

　　与两类国家（地区）之间的债权债务地位趋于平衡的趋势不同的是，两类国家（地区）之间的投资净收入失衡却越来越大。也就是说，在发达国家（地区）对外净资产和发展中国家（地区）对外净负债减少的趋势下，发达国家（地区）获得的投资净收益却增加了，而发展中国家（地区）的投资净支付也增加了。或者可以形象地描述为"发展中国家(地区)欠的债在减少,付的利息却在增加"。

从前文资本流动格局分析中我们知道,1997 年以后发展中国家(地区)加快了资本输出,对外负债不断减少,然而在这样的背景下,发展中国家(地区)的对外净支付却增加了。1997 年,发展中国家(地区)的合计要素净收入为−990 亿美元,到了 2008 年这一数据变为−2 640 亿美元,也就是说 2000 年发展中国家(地区)合计对外净支付 990 亿美元,到了 2008 年则对外净支付 2 500 亿美元,翻了一倍多。而同期发展中国家(地区)的境外净资产则从−1.4 万亿美元变为 7 120 亿美元,即从对外净负债 1.4 万亿美元变为持有境外净资产 7 120 亿美元。即便到了 2008 年发展中国家(地区)首次成为债权国(地区),但对外的净支付却比以前更大了。无论是对外资本输出还是输入,无论是债权国(地区)还是债务国(地区),长期以来,发达国家(地区)都从国际资本循环中获得了正的要素收入,而发展中国家(地区)则一直对外净支付,并且两者的规模还在不断增长。

从收入和支付的失衡比例来讲,发达国家(地区)的投资收入和投资支付的比例,基本维持在 1.1 左右,这说明发达国家(地区)每年获得的收入比支付要高,但是两者之间的差距并不大,差距维持在 10% 左右,所以发达国家(地区)从对外资本流动中,获得了比例比较稳定的净收入。而发展中国家(地区)对外投资收入和投资支付的比值要低得多,这一比值从未超过 0.6,也就是说发展中国家(地区)在过去 30 年每年获得的投资收入还不足对外投资支付的 60%。而且对于发展中国家(地区)来说,这一比值在 1982—2002 年间持续下降,直到近年,随着发展中国家(地区)对外负债净头寸的缩小,对外支付的资金和从外部获得的投资收入的差距才有所减小(见图 5.6)。

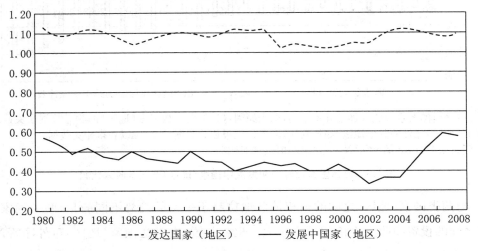

资料来源:IMF 的 BOP 统计数据库和作者的计算。

图 5.6　发达国家(地区)和发展中国家(地区)要素收入和要素支付的比值

5.2.3 要素收入和支付的构成

从资产类别要素收入和要素支付的结果来看，随着证券投资比例的提高，证券投资收入在各国（地区）境外资产要素收入中的比重越来越高，虽然直接投资的比重上升幅度低于证券投资，但是直接投资提供了比证券投资更多的收入，这说明直接投资给投资国（地区）提供的回报率相对提高了。无论是在发达国家（地区）还是在发展中国家（地区），其他投资提供的收益所占比重越来越低。

由于投资结构、盈利能力和利率水平的差异，发达国家（地区）和发展中国家（地区）的要素收入构成也存在较大差异。发达国家（地区）的要素收入以直接投资和证券投资为主，其他投资较少。在发达国家（地区）的境外资产结构中，直接投资所占比例约在20%左右，但是直接投资提供的收益却超过30%，这就意味着相对于其他资产，发达国家（地区）对外直接投资能够获得更高的收益率。证券投资为发达国家（地区）提供的要素收入和其资产比重接近，由于证券投资中债券所占比例略高，其收益也相对稳定，反映出一个平均的收益率水平。其他投资中，由于较多是银行贷款、企业债务、政府贷款等，这类资产较多是短期资产，利率低，也有不少因为政策上的考虑而保持较低利率，如政府贷款、援助贷款等，因而其他投资资产（包括储备资产）虽然占发达国家（地区）境外资产的40%以上，但是贡献的利润却不到30%。

由于其他投资（含储备资产）在发展中国家（地区）境外资产中比例超过75%，因而其他投资也是发展中国家（地区）境外投资收入的主要来源，这其中很大一部分是来自储备资产的收益，如美国国债的利息等，不过近年来，我们也看到随着发展中国家（地区）直接投资和证券投资比例的提高，发展中国家（地区）的直接投资和证券投资收入所占比重也越来越高（见表5.1）。

表5.1 各国（地区）境外要素收入的构成（%）

		1980	1985	1990	1995	2000	2005	2008
所有国家（地区）	直接投资	22.0	16.2	16.4	21.6	29.3	41.7	33.9
	证券投资	8.7	13.7	17.4	25.2	29.6	33.0	34.9
	其他投资	69.2	70.1	66.3	53.1	41.1	25.2	31.2
发达国家（地区）	直接投资	24.2	17.6	17.1	22.6	30.9	43.2	34.6
	证券投资	9.2	14.5	18.0	26.2	30.6	33.9	36.5
	其他投资	66.6	68.0	64.9	51.3	38.4	22.9	28.9

（续表）

		1980	1985	1990	1995	2000	2005	2008
发展中国家（地区）	直接投资	4.9	4.4	4.5	8.8	6.4	18.7	26.1
	证券投资	4.9	7.4	8.2	12.4	15.2	19.6	18.3
	其他投资	90.2	88.3	87.2	78.8	78.4	61.7	55.6

资料来源：IMF 的 BOP 统计数据库和作者的计算。

　　由于发达国家（地区）的资产证券化程度较高，对外融资更多地通过股票和债券等证券形式，因而通过证券投资方式支付给外国（地区）投资者的利息在发达国家（地区）对外支付中所占比例最高。如 2008 年，发达国家（地区）对外负债中，证券资产所占比例 43.9%，证券投资对外支付所占比例为 45%，两者比例基本持平，这说明证券投资的平均支付率水平和所有资产平均水平相当。不过直接投资和其他投资的支付率水平却有所差异，发达国家（地区）的直接投资支付所占比重略高于直接投资负债在总负债中的比重，说明直接投资的支付率要略高于总负债支付率水平，其他投资的支付率水平则略低于平均水平。

　　在 20 世纪 80 年代，对发展中国家（地区）的私人投资活动比例要低于当前水平，发展中国家（地区）更多地通过银行贷款、政府贷款等方式从外部获得资本，而 80 年代全球利率水平又比较高，因而 80 年代发展中国家（地区）的对外支付中，其他投资所占比例最高。进入 90 年代以后，随着全球化的深入，发展中国家（地区）获取的直接投资资本越来越多，在发展中国家（地区）的对外负债中直接投资所占比例不断上升，同时大型跨国企业在发展中国家（地区）的直接投资往往具备很强的盈利能力，因而发展中国家（地区）的对外要素支付中，直接投资支付所占比例不断提高，2005 年以后直接投资支付占发展中国家（地区）对外支付的 50% 以上，而直接投资负债仅占发展中国家（地区）对外总负债的 40% 左右，这说明直接投资的平均支付率要高出其他资产 20% 以上。其他资产的支付比例下降，除了直接投资比重上升外，另一个主要原因是全球利率水平的不断下降，导致银行贷款、债券利息等资产的支付率不断降低（见表 5.2）。

表 5.2　各国（地区）对外要素支付的构成（%）

		1980	1985	1990	1995	2000	2005	2008
所有国家（地区）	直接投资	20.3	14.3	9.9	17.2	25.2	34.6	28.4
	证券投资	9.2	13.5	22.8	33.8	34.0	38.6	40.5
	其他投资	70.4	72.1	67.3	48.9	40.9	26.8	31.1

		1980	1985	1990	1995	2000	2005	2008
发达国家(地区)	直接投资	18.4	14.1	9.1	15.9	23.5	31.3	22.4
	证券投资	10.1	15.5	24.9	36.6	36.3	41.7	45.0
	其他投资	71.5	70.4	66.0	47.5	40.1	27.0	32.6
发展中国家(地区)	直接投资	28.3	15.3	15.9	24.9	34.8	54.9	61.0
	证券投资	5.8	5.7	7.1	18.2	19.6	19.1	16.3
	其他投资	65.9	79.0	77.1	56.9	45.6	26.0	22.7

资料来源:IMF 的 BOP 统计数据库和作者的计算。

根据要素收入和要素支付的结构来看,随着各国(地区)境外资产和负债结构的变化,同时又受到全球利率水平的影响,各国(地区)要素收入和支付的结构也在发生变化。发达国家(地区)对外投资结构中,从直接投资和证券投资中获得的要素收入越来越高,其他投资资产的重要性不断下降。对外负债结构中,发达国家(地区)更倾向于通过证券投资进行融资,因而证券投资支付所占的比重越来越高。发展中国家(地区)对外投资的资产较为保守,主要是储备资产,由于风险较低,其收益也较低。但发展中国家(地区)的对外支付中,直接投资支付所占比例越来越高,这说明外国(地区)在发展中国家(地区)的直接投资能够获得高于其他资产的回报率。

5.2.4　各区域和各国的要素净收入

由于不同国家(地区)对外的资本流入流出规模和结构存在差异,因而各国(地区)的境外资产和负债规模结构也不同,同时利率、跨国公司盈利能力、投资水平、汇率等诸多因素都会影响到一国(地区)对外投资的要素收入和对外要素支付。我们已经分析了在国际资本循环中,发达国家(地区)获得了正的要素净收入,而发展中国家(地区)的要素净收入为负值,也就是说发达国家(地区)从外部获得的要素收入超过对外支付,而发展中国家(地区)则刚好相反。从区域来讲,要素净收入的分布也证实了这一点。我们将 1980—2008 年分为三个时间段,累加了各个地区和国家在相关时间段的要素净收入(即本国或地区的要素收入减去要素支付)。由于大洋洲的澳大利亚和新西兰都是资本输入国,这两国长期以来一直是债务国,因而其对外支付超过从外部获得的要素收入。除了大洋洲外,其他要素净收入为负的地区都是以发展中国家(地区)为主,包括拉美、亚洲发展中国家(地区)和中东欧,其中拉美和亚洲发展中国家(地区)都已经由资本净输入地转变为资本净输出地,然而这两个地区对外净支付规模却越来越大,这说明拉美和亚洲发展中国家(地区)不仅没有通过减少负债增加资产降低净支付,反而为外部投资者贡献了越来越多的利润。获得要素净收入最多的地区是亚洲发达国家(地区),这主要是日本作为全球最大的资本输出国和最大的债权国,从外部获得了高额的投资收益。而美国在对外净负债不断扩大的情况下,从外部获得的净收入也在不断扩大。中东欧国家在净负债不断增加的情况下,对外净支付也在增加。中东和非洲主要国家都是资源出口国,这些国家持续对外资本输出,多为债权国,然而这一地区的要素净收入却在不断下降。西欧和北欧的净资产不断在变化,不过2003年以来作为净负债的地区,西欧和北欧却获得了越来越高的要素净收入(见表5.3)。

表 5.3　各地区的累计要素净收入(十亿美元)

	1980—1989	1990—1999	2000—2008	1980—2008
北　美	159	29	457	645
大洋洲	−67	−152	−252	−470
拉　美	−334	−396	−670	−1 399
西欧和北欧	83	−86	516	513
亚洲—发达国家(地区)	150	802	844	1 797
亚洲—发展中国家(地区)	−95	−294	−364	−752
中东和非洲	90	18	−4.3	104
中东欧	−75	−151	−553	−778

资料来源:IMF 的 BOP 统计数据库和作者的计算。

从区域板块概括的情形就是,除了亚洲发达国家或地区(主要是日本)的要素净收入随着对外净资产的增加而增加、大洋洲和中东欧的净支付随着净负债的增加而增加外,其他地区的净资产和净收入的增长都呈负相关关系。拉美、亚洲发展中国家或地区、中东和非洲都在不断减少对外负债,增加境外资产,然而这三个地区的净收入却在下降,净支付不断增加。相反,北美、西欧和北欧地区的净资产下降,净负债增加,但从外部获得的净收入却在大幅增加。

从国家(地区)角度来看,我们发现,80 个经济体中,能够实现要素净收入为正的国家和地区只有 15 个,也就是说在过去近 30 年中,只有不到 1/5 的国家(地区)能够从对外资本流动中获得正的要素净收入。一国(地区)的要素净收入是基于其对外投资资产和负债的,而资产和负债的规模和结构又由其对外的资本流动所引起,结合前文对国际资本流动格局的分析,在 80 个国家和地区中,1980—2008 年间累计资本净输出的国家(地区)有 34 个,到了 2008 年仅有 24 个是债权国(地区),能够获得累计净收益的国家(地区)则只有 15 个。这初步说明,在全球资本流动体系中,"赚钱"并不容易,大多数国家(地区)要为其负债支付的利息超过其从外部获得的利息收入——即使其中一些国家(地区)是债权国(地区)。

从能够获得累计要素净收入的国家(地区)来看,大多数国家(地区)都是债权国(地区),如日本、德国、中国香港、瑞士、法国、科威特、沙特、比利时—卢森堡等,前文已经分析过,这些国家和地区,要么是从商品或者资源出口中获得大量贸易顺差的国家(地区),要么就是向外部提供金融资本的金融中心。那么,这些国家(地区)持有的境外资产远超过对外负债,作为债权国(地区),这些国家(地区)获得持续的正的要素净收入也是符合常理的。但是,在这些获得要素净收入的国家(地区)中,美国和英国长期以来却是债务国。这就意味着,这两个国家在对外负债的同时,从外部获得的要素收入却高于对外部的要素支付。美国自 1986 年开始从债权国变为债务国,并很快在 1988 年成为全球第一大债务国,而英国自 1995 年之后便一直是债务国,从规模上来说,英国对外净负债规模也在持续增加,并在 2006 年达到历史高点,对外净负债近 7 000 亿美元,成为当时仅次于美国和西班牙的世界第三大债务国。但这两个国家对外投资获得的净收入却又远远超过德国、中国香港、瑞士、法国和中东石油输出国,美国的要素净收入仅次于日本从外部获得的投资净收入,英国也仅比瑞士和比利时—卢森堡略低(见表 5.4)。

表 5.4　要素净收入为正的国家和地区及其要素净收入值(十亿美元)

	1980—1989	1990—1999	2000—2008	1980—2008
日　本	179	827	865	1 871
美　国	301	231	619	1 151
瑞　士	88	164	194	446
比利时—卢森堡	43	86	284	413
英　国	26	26	318	371
德　国	40	44	205	289
科威特	62	53	65	180
法　国	19	−30	140	129
沙特阿拉伯	78	31	17	125
荷　兰	9.3	25.3	34.5	69.0
中国香港	n.a.	6.4	33.2	39.7
挪　威	−16.9	−12.7	44.3	14.7
利比亚	−1.0	4.0	1.8	4.8
荷属安的列斯群岛	−0.2	0.6	0.2	0.6

注:(1)本表的数值为对应的国家(地区)在对应的时间段内的要素净收入累加值,按 1980—2008 年累计值排序;(2)由于早期比利时和卢森堡的国际收支合并统计,因此我们将两国合并计算,实际上,2000 年以后,比利时的累计要素净收入为正,而卢森堡的累计要素净收入为负。

资料来源:IMF 的 BOP 统计数据库和作者的计算。

80个样本国家(地区)中,65个是要素净支付国(地区),其中支付规模较大的国家(地区)大多为发展中国家(地区),累计投资支付超过1 000亿美元的国家(地区)有15个,其中加拿大、澳大利亚、新西兰、意大利、西班牙为发达国家,这几个国家都是负债规模较大的债务国。虽然这些净支付国(地区)中的发展中国家(地区)大多也是净负债国(地区),但不少国家(地区)的净负债规模并不大。例如近10年来墨西哥对外净负债规模远低于西班牙,但是对外支付却超过西班牙。阿根廷和俄罗斯甚至在不少年份还是债权国,马来西亚和泰国平均每年对外净负债规模也仅为几百亿美元。这些国家中,除了西班牙,其他的国家对外净负债都远小于美国和英国,而后两者在对外投融资中获得了净收入,并且净收入绝对规模较大。从国家(地区)特征来看,对外净支付的国家(地区),一部分是净负债规模较大的发达国家(地区),如加拿大、澳大利亚等,这些国家(地区)对外净负债较多,因而支付较多的利息。另外则是一些主要的新兴经济体,如墨西哥、印度尼西亚、俄罗斯、波兰和土耳其等,这些国家(地区)有的对外净负债规模并不大,不过由于这些新兴市场成长迅速,外国(地区)投资者在这些国家(地区)的经济增长中获得了好处,而这些国家(地区)投资的收益有限,因而这些国家(地区)对外净支付规模较大(见表5.5)。

表 5.5　要素净支付规模较大的国家要素净支付(十亿美元)

	1980—1989	1990—1999	2000—2008	1980—2008
加拿大	−142	−202	−162	−506
巴　西	−112	−120	−201	−433
墨西哥	−95	−129	−166	−391
澳大利亚	−49	−123	−203	−375
爱尔兰	−21	−81	−241	−343
意大利	−34	−85	−175	−294
西班牙	−16	−64	−197	−277
印度尼西亚	−35	−69	−100	−204
俄罗斯	n.a.	−38	−145	−183
阿根廷	−45	−46	−67	−157
泰　国	−14	−45	−73	−132
智　利	−18	−22	−82	−122
波　兰	−29	−22	−71	−121
马来西亚	−18	−37	−53	−108
土耳其	−17	−29	−54	−100

注:表格中的数值是对应时间段内每年要素净支付的累计值。
资料来源:IMF 的 BOP 统计数据库和作者的计算。

需要注意的是,作为全球第二大资本输出国和第二大债权国,中国在 1980—2008 年间,累计输入资本 1.37 万亿美元,累计输出资本 2.76 万亿美元,即累计资本净输出 1.39 万亿美元,仅次于日本(累计净输出 2.65 万亿美元),到 2008 年中国持有的境外资产总额为 2.92 万亿美元,对外总负债 1.37 万亿美元,即对外持有净资产 1.52 万亿美元。然而,在 1980—2008 年间,中国的累计投资要素收入(即经常账户项下的投资收入)为 3 830 亿美元,而累计要素支付(即经常账户项下的投资支付)为 4 260 亿美元,即对外净支付 430 亿美元。作为资产如此庞大的债权国,中国在对外资本循环中获得的要素净收入竟然是负值。

前面我们提到,1980 年以来,有 34 个国家或地区是累计净资本输出国(地区),有 24 个在 2008 年是债权国(地区),而累计要素净收入为正的国家(地区)则仅有 15 个,这 15 个国家(地区)中美国和英国是资本净输入国,同时也是债务国。也就是说有 19 个国家(地区)虽然对外资本净输出,但对外的投资支付却超过本国(地区)在国(地区)外获得的投资收入。除了中国之外,资本净输出规模较大却对外净支付的国家(地区)包括俄罗斯、新加坡、委内瑞拉、瑞典、马来西亚等,这些国家(地区)累计净输出资本均超过 1 000 亿美元,其中俄罗斯的资本净输出规模最大,累计达到 5 360 亿美元,其投资净支付规模也在这类国家(地区)中最大,达到 1 830 亿美元。其次是新加坡,累计资本净输出 3 270 亿美元,对外净支付 310 亿美元,马来西亚的资本净输出和净支付规模也都超过了 1 000 亿美元。

一国(地区)的要素收入(要素支付)规模,受到两个因素影响:资产(负债)规模和要素收益率(支付率),一国(地区)的要素净收入则由资产和负债的规模、要素收益率和支付率 4 个因素共同决定。在收益率和支付率接近的情况下,债权国(地区)获得的要素收入超过要素支付、债务国(地区)获得的要素收入低于要素支付都是符合常理的。但是通过数据分析我们发现,要素净收入为正的国家(地区),虽然大多数是债权国或地区(资本输出国或地区),但却又包括美国和英国这两个世界第一和第三的资本净输入国,并且美英两国的累计要素净收入规模非常大,累计要素净收入总额分别位居世界第二和第五。同样,在累计要素净收入为负的国家(地区)中,除了那些债务国(地区)之外,也包括一些对外资本输出规模较大的债权国(地区),其中中国、俄罗斯、新加坡、委内瑞拉、瑞典和马来西亚的累计资本净输出均超过 1 000 亿美元,这就是说这些国家(地区)在"借钱给他国(地区)的同时还向他国(地区)支付利息",特别是中国,作为世界第二大资本输出国和第二大债权国,对外累计要素收入竟低于要素支付。

5.3 资产和负债的升值

5.3.1 样本国家(地区)境外资产和负债的升值

账面收入由要素收入和资产升值两个部分组成,和要素收入不同,资产升值可能为正,也可能为负(即贬值),因此账面收入可能大于要素收入,也可能低于要素收入。不过从长期来说,全球的资产价格是呈上升趋势的,因此,理论上讲境外资产的账面收入总体上大于要素收入,两者之间的差额就是境外资产的升值。资产升值为负值的年份较少,但大多是和金融危机相关,这说明金融危机期间各国(地区)境外资产缩水,造成损失。从规模来看,由于各国(地区)境外资产规模的不断增长和全球资产价格、汇率波动的加剧,各国(地区)境外资产的升值(贬值)幅度越来越大。20 世纪 80 年代所有国家(地区)的境外资产价值平均每年波动不超过 5 000 亿美元,而到了 2000 年以后,每年资产升值或贬值的幅度平均超过 4 万亿美元。各国(地区)的境外资产升值或贬值受到多个因素的影响,首先是境外资产的头寸,这是资产升贬值的规模的决定基础,由于各国(地区)境外资产上升较快,境外资产规模从 80 年代初的不到 4 万亿美元,增长到 2008 年的 82 万亿美元,因而资产升值和贬值的基数也被放大。影响升贬值规模的另一个因素就是资产的价格,不同类型的资产其价格变化也不同,如证券资产的价格直接反映在其市场交易价格上,直接投资资产的价格又受到通胀、折旧的影响,由于资产最终以美元标价,因而所有非美元资产的美元价格又受到本币兑美元汇率的影响。相对于直接投资和其他投资资产(包括储备资产),证券资产——特别是股票——的价格波动幅度要大得多,而在全球各国(地区)境外资产中,证券资产的比重越来越高。因此,在规模、结构和价格变化的影响下,各国(地区)境外资产和对外负债的升贬值幅度也加大了。

由于各国(地区)的资产和负债头寸是我们基于相关模型计算得到,资产和负债的升值也是我们基于计算的头寸得到,并非各国(地区)统计机构的统计数据,因此该结果不可避免地存在误差,不过通过比较所有样本国家(地区)的资产和负债的升值我们发现,资产和负债的升值基本保持一致,这也说明我们的计算得到了比较不错的结果(见图 5.7)。

虽然全球资产整体呈升值趋势,但仍有一些年份,各国(地区)资产和负债发生了比较严重的贬值。根据我们的计算,20 世纪 80 年代前期、1992 年、1996—1997 年、

（十亿美元）

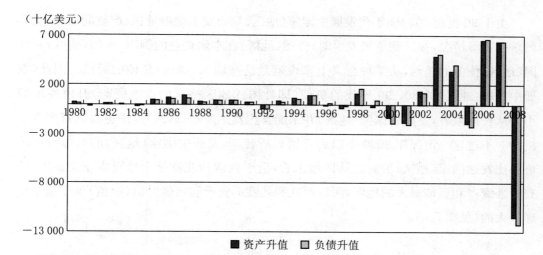

■ 资产升值　　■ 负债升值

资料来源：IMF 的 BOP/IFS 数据库、世界银行 WDI 数据库、MSCI 各国（地区）指数、Bloomberg、相关国家（地区）官方统计网站和作者的计算。

图 5.7　样本国家（地区）的资产和负债升值

1999—2001 年、2005 年和 2008 年，各国（地区）境外资产发生了贬值，而这些年份大多是发生了地区性或者全球性的政治或金融危机，如 90 年代初爆发了海湾战争以及东欧和前苏联国家的经济动荡，1997 年的亚洲金融危机，2001 年网络泡沫经济破裂，2008 年全球金融危机。其中，2008 年全球金融危机对各国（地区）境外资产和负债价值产生的影响超过以往任何一次危机，2008 年，样本国家（地区）的境外资产（负债）缩水 12 万亿美元，资产贬值超过 12%（见图 5.8）。

（%）

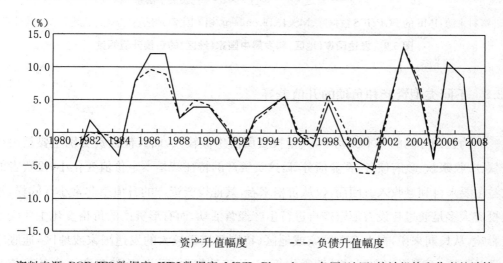

——资产升值幅度　　- - - 负债升值幅度

资料来源：BOP/IFS 数据库、WDI 数据库、MSCI、Bloomberg、各国（地区）统计机构和作者的计算。

图 5.8　样本国家（地区）的资产和负债升值幅度

由于 20 世纪 80、90 年代发展中国家(地区)频频发生金融危机、严重的通胀、货币严重贬值等情况,在这些危机发生时,外国(地区)在本地企业的倒闭、本国(地区)对外国(地区)债务的违约,从某种意义上来说就是这些国家(地区)负债的贬值。因此,发展中国家(地区)的 80、90 年代的负债(即外国或地区持有的本地资产)升值幅度较小。从长期来看,发展中国家(地区)并未能够比发达国家(地区)提供更高的资产升值机会。不过这一情况在 2000 年以后开始有所转变,发展中国家(地区)的对外负债增值要比发达国家(地区)更高。从区域来看,由于西欧和北欧是全球资本流动最大、持有境外资产和负债最大的地区,所以西欧和北欧的资产和负债升值(贬值)规模也是全球最大的(见图 5.9)。

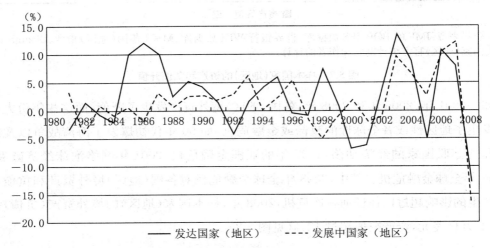

资料来源:IMF 的 BOP/IFS 数据库、MSCI、Bloomberg、相关国家(地区)官方统计机构和作者的计算。

图 5.9　发达国家(地区)和发展中国家(地区)的负债升值幅度

5.3.2　不同类型资产和负债的升值差异

因为在国际间的资本流动中,其他投资所占份额较大,而其他投资类别主要是银行贷款、应收账款、政府债务、企业债务等,这类资产的特征就是本金价值变化小,投资者的收益主要来自利息收入。因而,仅从价格来看,其他投资资产的升值率非常小。同样,直接投资大多是通过建设有形资产再进行生产经营活动,而有形资产的价格变化主要受通胀影响,从长期来说,在大多数国家或地区(特别是权重较大的发达国家或地区)通胀率水平并不高,而有形资产同时还要承担折旧、故障等损失,因此,直接投资资产的价值升值率也比较小。各国(地区)对外资产和负债的价值升值则主要来自证券投资资产,特别是股票,债券的价值变动也比较小。但由于股票在各国(地区)的境外资产中所占比例还比较小,长期低于10%,20世纪90年代中期以后也仅在15%—25%之间徘徊,因此,即便是全球股票价格保持较高的升值,但稀释到总资产中,带来的升值幅度也比较小。

我们计算了所有国家(地区)的加权资产(分类)升值率,正如刚刚分析的那样,直接投资和其他投资的资产升值率都比较小,直接投资的年均资产升值率仅为1.43%,而其他投资仅为1.58%,各国(地区)储备资产的加权升值率则更小,仅为0.69%。这说明这些资产的投资收益主要来自分红和利息。相比之下,证券投资的年均资产升值率要高出很多,特别是股票资产,其年均升值率达到10%,远远高于其他资产,债券资产的升值率也比其他资产高(见表5.6)。

表5.6 不同类型资产的平均升值率(1981—2008年)(%)

	均 值	标准差
总资产	2.30	6.16
直接投资	1.43	7.35
证券	4.93	9.87
股票	10.09	19.29
债券	2.51	6.45
其他(含储备资产)	1.58	5.12
储备资产	0.69	7.15

注:这里的升值率是1981—2008年间每年各类资产升值率的均值,均以美元计价。
资料来源:IMF的BOP/IFS数据库、MSCI、Bloomberg、相关国家(地区)官方统计机构和作者的计算。

由于各国(地区)统计部门在统计国际投资头寸时,是在相关的时间点上统计当时持有的境外资产和对外负债,因而这些头寸信息并不包含分红和利息。在第3章我们已经提到,我们在估计各国(地区)股票投资头寸时,使用的是去除了分红因素的价格指数,而不是包含了分红因素在内的股票指数(即使用的是price index,而不是total return index)。我们通过MSCI全球股票指数[1](以美元计价),将1980年作为基期,并且设置成相同的100,经过20多年的增长,price index仅为total return index的一半,也就是说去除了分红因素之后的股票价值增长并不像常见的股指显示的那么高(见图5.10)。

除了证券资产以外的其他资产升值幅度都比较小,这就说明境外投资收益主要还是依赖分红和利息,基于资产升值的账面收益还比较低,不过随着证券投资资产在全球各国(地区)境外资产结构中的比重不断上升,资产升值收益在境外投资中的比重也将会越来越高。

---

① 这里我们重新调整了基期,将1980年设置为100,因此图中的指数值和MSCI原指数不同,但所表达的增长率是一样的。

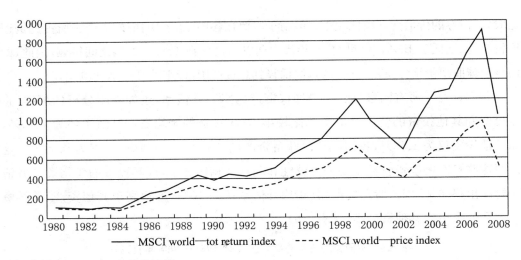

资料来源：MSCI 和作者计算。

图 5.10　MSCI 全球股票价格指数

5.3.3　美元汇率对资产负债价值的影响

由于各国（地区）的国际收支统计、国际投资头寸以及我们的所有计算结果都是以美元计价的，因此，非美元资产的价值受到兑美元汇率的影响，资产升值的幅度和美元指数的变化趋势几乎完全相反，这就说明，当美元贬值时，以美元计价的全球资产升值了，当美元升值时，以美元计价的全球资产就贬值。

20 世纪 80 年代前半期，全球资本市场并未发生严重的金融危机，但是各国（地区）境外资产持续贬值，这是因为 80 年代前半期美元大幅升值，美元指数从 1980 年末的 90 上升到 1984 年末的 149，美元兑其他主要货币升值超过 50%，因而非美元资产，主要是欧洲资产的美元价值就发生了严重的贬值。2005 年的情况与此类似，美元指数从 2004 年末的 82 上升至 2005 年末的 92。但 2008 年的情况则有所不同，2008 年各国（地区）境外资产贬值严重既受到金融危机自身的影响，又受到美元升值的影响。2008 年末，基于本币计价的 MSCI 全球指数（MSCI ac world—tot return index，MSACWFL）为 396，比 2007 年末的 651 下降了近 40%。同时美元指数又从 2007 年末的 76.15 上涨 13.6% 至 2008 年末的 86.52。虽然直接投资、其他投资的头寸变化相对较小，但是在本地资产价格和汇率因素的双重影响下，2008 年全球资产（以美元计价）发生了大幅贬值（见图 5.11）。

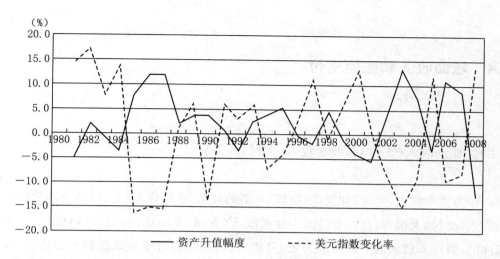

资料来源：IMF 的 BOP/IFS 数据库、世界银行 WDI 数据库、MSCI 各国（地区）指数、Bloomberg、相关国家（地区）官方统计机构和作者的计算。

图 5.11　各国（地区）境外资产升值幅度和美元指数变化率

而当美元贬值时，各国（地区）境外资产的升值幅度往往会较高，在过去 30 年中，美元有过两次大规模的贬值，一次是在 1985—1987 年间，美元指数从 1984 年底的 149.21 一路下跌至 1987 年底的 89.32，另一次是在 2001—2004 年，美元指数从 116.13 下跌至 81.82。由于美元指数主要是由美元兑欧元（早期的德国马克、法国法郎等）、日元、英镑、加元、瑞士法郎等主要货币的汇率构成，因此美元指数的下跌，意味着这些主要货币的升值（见图 5.12）。

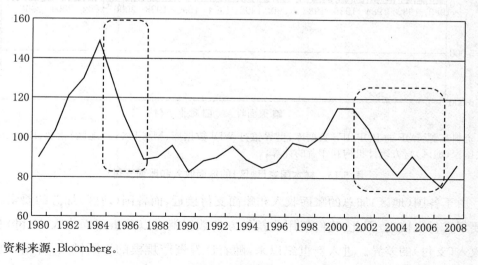

资料来源：Bloomberg。

图 5.12　美元指数

5.4 账面收入和账面支付

5.4.1 账面收入(支付)和要素收入(支付)的差异

　　作为要素收入(支付)和资产(负债)升值的加总,账面收入(支付)的波动性要比要素收入(支付)大很多,这主要是因为要素收入(支付)是单向的,资产(负债)的升值是双向的,资产和负债的升值可能为正,可能为负,并且在近年全球低利率的情况下,要素收入往往还不到总资产的5%,但资产升值和贬值的幅度则经常超过5%。因而,资产和负债的升值给账面收入带来的影响,越来越比要素收入大。不过过去近30年中,全球各国(地区)的境外资产(负债)长期还是呈升值趋势的,因此各国(地区)账面收入总的来说还是明显超过要素收入(见图5.13)。

（十亿美元）

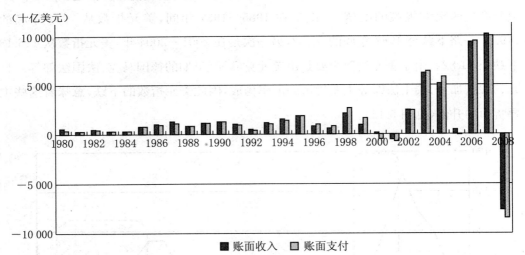

资料来源:IMF 的 BOP/IFS 数据库、世界银行 WDI 数据库、MSCI 各国(地区)指数、Bloomberg、相关国家(地区)官方统计机构和作者的计算。

图5.13　样本国家(地区)的账面收入和账面支付

　　由于各国(地区)加总的账面收入和账面支付接近,而各国(地区)加总的要素收入和要素支付也接近,因此,我们仅用收益一方的数据就可以分析账面收入(支付)和要素收入(支付)的差异。进入新世纪以来,随着证券资产规模的不断扩大,各国(地区)境外资产升值规模已经超出了要素收入总额,这也显示出近年来,投资者的境外投资收益,越来越倾向于资产升值,在 2003、2004、2006、2007 这些年份,要素收入占账面收入的 40% 还不到。不过,资产升值收益比重的提高,也给投资者带来更大的风险,要素收入往往和资产规模存在一个比较稳定的比例关系,但账面收入的波动性则大很多。这一特征在 2000 年以后愈加明显,在 2000—2008 年期间,各国(地区)加总要素收入从 1.3 万亿美元稳步增长到 3.8 万亿美元,而各国(地区)的加总账面收入则在 2001 年和 2008 年为负值,2005 年也仅有 4 000 亿美元,不到当年要素收入的 1/5(见图 5.14)。

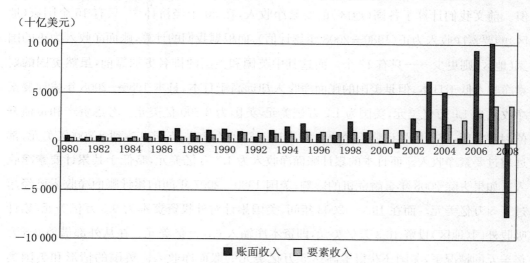

资料来源:IMF 的 BOP/IFS 数据库、世界银行 WDI 数据库、MSCI 各国(地区)指数、Bloomberg、相关国家(地区)官方统计机构和作者的计算。

图 5.14 样本国家(地区)的账面收入和要素收入

资产和负债的升值对账面收入的影响,在 2008 年全球金融危机爆发期间表现得最为突出。2008 年,各国(地区)股市、大宗商品价格甚至房地产价格大幅下滑,导致各国(地区)的境外资产严重缩水,各国(地区)境外资产贬值总额 11.5 万亿美元。虽然我们计算的各国(地区)在 2008 年从境外资产获得的要素收入总和达到 3.8 万亿美元,但是由于资产缩水造成的损失,各国(地区)的账面收入为 −7.7 万亿美元。也就是说,2008 年各国(地区)从境外资产获得的利息收入远远低于资产贬值造成的损失。在 80 个经济体中,2008 年仅有 25 个经济体的账面收入为正(2007 年时这一数字为 75),其中,除了日本和斯洛伐克外,其余均为发展中国家(地区)。这也反映了发展中国家(地区)和发达国家(地区)由于境外资产结构方面的差异而对金融危机的不同反应,发展中国家(地区)对股票等高风险资产的投资规模相对较小,大多为安全性较高的储备资产,因而在 2008 年的金融海啸中,受到的冲击相对较小。

5.4.2 账面净收入

账面净收入即账面收入减去账面支付,账面净收入为正说明一国(地区)对外投资的账面收入超过了对外账面支付,反之为负。账面收入超过账面支付,可能是一国(地区)的要素收入大于要素支付,或者境外资产升值超过对外负债的升值,或者两者皆俱。前文我们计算了各国(地区)的要素净收入,在80个经济体中,只有15个国家(地区)的要素净收入为正(1980—2008年累计值),而根据我们的计算,账面净收入为正的国家(地区)则更少——只有12个。而这其中英国和美国的排名更加靠前,虽然美国的要素净收入低于日本,但是美国的账面净收入却远高于日本,日本1980—2008年累计要素净收入为1.9万亿美元,美国为1.2万亿美元,英国为3 800亿美元。考虑资产和负债升值因素之后,美国的累计账面净收入竟高达4.3万亿美元,英国也达到8 800亿美元,都远超过要素净收入。而日本的累计账面净收入为1.7万亿美元,略低于其累计要素净收入。如果去除2008年金融危机的影响,美国1980—2007年间的累计账面净收入已经超过了5万亿美元。而在1980—2008年间,美国累计对外投资资本为9.5万亿美元,累计吸收外国(地区)投资16.3万亿美元,即资本净输入6.8万亿美元。在从外部借债6.8万亿美元的情况下,美国还获得了高达5万亿美元的账面净收入。英国的情形和美国类似,同样作为资本输入国,英国在累计对外借债6 200亿美元的情况下,还从对外资本循环中获得了累计8 760亿美元的账面净收入,其中3 700亿美元是要素净收入。

累计账面净收入为正的其他国家(地区)都为债权国(地区),这些国家(地区)除了塞浦路斯,其他国家(地区)在过去30年中均为累计资本净输出国(地区)。正如我们前文提到的,资本输出国(地区)的数量远超过表5.7中列出的9个(美国、英国和塞浦路斯为资本输入国),但是能够获得正的账面净收入的国家(地区)却非常少。

表 5.7　累计账面净收入为正的国家(地区)及其净收入值(十亿美元)

	1980—1989	1990—1999	2000—2008	1980—2007	1980—2008
美　国	573.1	887.2	2 830.0	5 014.5	4 290.3
日　本	36.7	431.7	1 214.4	1 465.2	1 682.8
英　国	104.9	−249.5	1 020.5	236.3	875.9
比利时—卢森堡	143.3	230.0	3.2	291.6	376.5
瑞　士	119.9	103.7	100.4	358.0	323.9
沙特阿拉伯	115.4	58.8	78.7	262.9	252.8
科威特	51.2	38.5	11.1	125.7	100.8

	1980—1989	1990—1999	2000—2008	1980—2007	1980—2008
中国内地	−4.8	−60.9	148.5	82.8	93.8
塞浦路斯	−0.4	−1.0	10.0	7.5	8.6
德 国	38.0	−28.5	−5.7	206.0	3.9
荷属安的列斯群岛	0.0	1.6	0.5	2.1	2.1

资料来源：BOP/IFS 数据库、MSCI、WDI 数据库、Bloomberg、各国（地区）统计机构和作者的计算。

在 80 个经济体中，累计账面净收入为正的国家（地区）仅有 12 个，绝大多数国家和地区在国际资本流动体系中是"不赚钱"的——无论这些国家（地区）是债权国（地区）还是债务国（地区），是资本输入国（地区）还是资本输出国（地区）。其中累计账面净支付超过 2 000 亿美元的国家（地区）有 12 个，累计账面净支付在 1 000 亿至 2 000 亿美元之间的国家（地区）也有 12 个。账面净支付较大的国家（地区），大多是对外负债较多的国家（地区），如西班牙、加拿大、意大利、澳大利亚、爱尔兰、韩国、巴西、墨西哥和印度尼西亚等，但也包括一些资本输出国（地区），甚至是债权国（地区），如俄罗斯和中国香港。西班牙的累计账面净支付最高，1998 年以后，西班牙成为资本净输入国，资本净输入规模不断增长，1998—2008 年间累计净输入资本 6 180 亿美元，对外净负债也从 1998 年的 1 300 亿美元增长到 2008 年的 1.2 万亿美元，成为仅次于美国的世界第二大债务国。不过，西班牙并没有像美国那样，借债的同时还能获得更多的要素净收入和账面净收入，2000—2008 年间，虽然西班牙的要素净支付仅为 2 000 亿美元，但是由于欧元的大幅升值，2000—2008 年间西班牙对外负债累计升值 4 780 亿美元，而西班牙持有的境外资产累计增值仅为 950 亿美元。因此，虽然实际只净支付了 2 000 亿美元的利息，但是因资产价值的变化，西班牙 2000 年以来的累计净支付高达 5 800 亿美元。俄罗斯作为资本输出国，不仅没有能够获得要素收入，其对外负债的升值也比境外资产的升值高出很多，因此，俄罗斯的账面净支付比要素净支付更多。中国香港主要是因为 20 世纪 90 年代亚洲金融危机的影响，使得其金融危机期间年境外投资账面收入为负，而到了 1999 年中国香港对外负债又大幅升值，远超过其境外资产的升值，从而使得中国香港在 90 年代的账面净收入为 −3 100 亿美元[1]（见表 5.8）。

---

① 我们在前文数据说明中已经注明，中国香港的相关统计数据计算开始于 1997 年，因此这里的中国香港 1990—1999 年累计账面收入实际上不包含 1997 年及以前的数据，仅为 1998 年和 1999 年的数据。

表 5.8　账面净支付规模较大的国家和地区及其净支付值(十亿美元)

	1980—1989	1990—1999	2000—2008	1980—2008
西班牙	6.2	−165.0	−579.9	−812.9
巴西	−158.1	−238.7	−136.4	−786.3
俄罗斯	n.a.	−138.0	−339.8	−758.4
加拿大	−168.7	−126.9	−160.2	−561.2
意大利	−52.8	−155.4	−246.0	−519.1
墨西哥	−73.2	−123.4	−215.4	−434.3
澳大利亚	−59.6	−72.0	−191.7	−404.9
韩国	−15.8	−98.6	−94.4	−352.2
爱尔兰	−38.7	−79.6	−323.7	−346.9
印度尼西亚	−26.0	−78.6	−182.8	−295.5
中国香港	n.a.	−309.6	149.1	−272.5
波兰	−54.1	−27.0	−137.5	−239.7
荷兰	4.0	−176.0	−27.3	−238.4

资料来源:BOP/IFS 数据库、MSCI、WDI 数据库、Bloomberg 和作者的计算。

　　通过本节的分析,我们可以看到,如果考虑到资产价值变化引起的收益和损失,那么在全球资本流动体系中,能够获得净收益的国家(地区)更少,在我们的 80 个样本中,仅有 12 个能够获得账面净收入。净收入的多少受到多方面因素的影响,包括资产和负债规模、要素收益率(支付率)、资产负债结构、汇率等。获得净收入的国家(地区),大多为债权国(地区),但有两个特别的国家——美国和英国,这两个国家是全球主要的债务国,但是它们不仅获得了要素净收入,而且还获得了更高的账面净收入。而在净支付的国家(地区)中,有不少还是资本净输出的债权国(地区),这些国家(地区)在对外输出资本的同时,还对外支付更多的利息,以及为外国(地区)投资者提供更多的资产升值。这说明在全球资本流动体系中,各国(地区)的投资收益率和融资成本存在巨大差异,各国(地区)资产的升值幅度也各不相同,从而导致各国(地区)的收益和支付与其资产负债的地位不相称。因此,下一节我们将进一步分析各国(地区)在全球资本流动体系中的投资收益率和融资成本。

5.5　收益率分析

　　要素收入主要来自被投资方的红利和利息,如直接投资企业分配给股东的利润、债券的票息、股票的分红、贷款的利息等，这属于经营性的收益。而资产升值则由多方面的因素引起，其中资产价格变化和汇率波动是主要因素。总收益或者投资收入的多少以及正负，反映的是一国（地区）对外投资收益绝对值的大小，并不能完全反映其投资水平。因此，我们具体计算了各国（地区）对外投资的收益率以及外国（地区）对本国（地区）投资的收益率（称为支付率），从收益率差异角度来分析各国（地区）从国际资本流动循环中的直接收益。

根据两种投资收益和投资支付，我们计算了两种收益率和两种支付率：

$$r_A = \frac{DA_t}{A_{t-1} + \Delta A_t / 2} \tag{5.8}$$

$$\hat{r}_A = \frac{RA_t}{A_{t-1} + \Delta A_t / 2} \tag{5.9}$$

r_A 表示要素收益率，DA_t 表示 t 期获得的要素收入，$\hat{r}_A$ 表示账面收益率，RA_t 表示 t 期获得的账面收入，$A_{t-1} + \Delta A_t / 2$ 表示 t 期对外投资的平均成本。对外负债的支付率用下式计算：

$$r_L = \frac{DL_t}{L_{t-1} + \Delta L_t / 2} \tag{5.10}$$

$$\hat{r}_L = \frac{RL_t}{L_{t-1} + \Delta L_t / 2} \tag{5.11}$$

r_L 表示要素支付率，DL_t 表示 t 期的要素支付，$\hat{r}_L$ 表示账面支付率，RL_t 表示 t 期的账面支付，$L_{t-1} + \Delta L_t / 2$ 表示 t 期外国投资者在本国获得收益的平均成本。

如前文所述，要素收入相对稳定，由于其来自红利和利息，如直接投资股东获得的分红、持有股票获得的分红、债券利息、银行贷款利息等，因而要素收益率波动较小，比较稳定。由于资产价值波动较大，账面收入的波动也较大，有时甚至是负收入。图 5.15 是我们计算的各国（地区）持有的境外资产加权要素收益率、加权账面收益率，并用美国中期国债收益率作为参照。

从长期来看，虽然各国（地区）资产收益率差异显著，但是所有国家（地区）的收益加权均值和美国中期国债的收益率水平接近，并且变化趋势一致。要素收益率的值较为稳定，但和早年相比，要素收益率有下降的趋势，这反映了全球利率下降的长期趋势。较低的利率一方面会直接降低贷款利息的收入，另一方面，资金成本的降低，也会引起其他金融资产收益率的下降。换个角度来说，在全球各国（地区）宽松的货币政策下,资金的成本在下降。不过,即便如此,过去 30 年所有国家(地区)的实际境外投资要素收益率均值达到 5.87%(标准差为 1.82%)。账面收益率的波动较大,并在近十年有扩大的趋势,如在 2001 年互联网经济泡沫破裂带来的股市下跌,导致各国(地区)持有的境外资产市值损失超过 5%,同时当年的要素收益率也较低,仅为 3.7%,因而 2001 年所有国家(地区)对外投资的账面收益率为－1.5%,即净损失。而 2008 年全球金融危机带来的损失则更为惨重,对于各国(地区)境外投资而言,2008 年金融危机带来的最大冲击就是各国(地区)持有的境外股票。2008 年摩根士丹利 MSCI 全球指数下跌了近 40%,其中新兴市场股市下跌尤为惨烈,以 26 个新兴国家(地区)为基础的新兴市场股指下跌 55%,摩根士丹利 MSCI 金砖四国指数下跌近六成。尽管如此,账面收益率仍然明显高于要素收益率,1980—2008 年要素收益率的均值为 5.88%(标准差 1.85%),账面收益率的均值为 8.21%(标准差 6.22%),而美国中期国债的平均收益率为 6.76%(标准差 3.2%)。美国中期国债收益率略高于全球境外资产加权要素收益率,主要是因为 20 世纪 80 年代前半期美国国债的收益率非常高。80 年代中期以后,美国国债收益率和全球境外资产加权收益率差距较小,但均比账面收益率低。

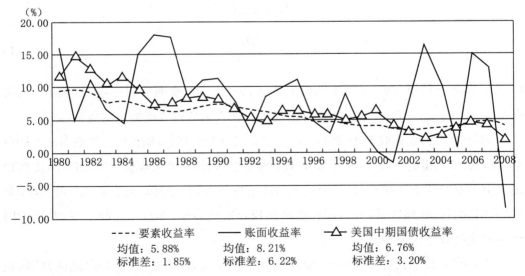

注:这里的要素收益率和账面收益率是所有样本国家(地区)的境外资产加权收益率。
资料来源:IMF 的 BOP/IFS 数据库、MSCI、Bloomberg、各国(地区)统计机构和作者的计算。

图 5.15 样本国家(地区)境外资产加权收益率

由于在全球范围内,资产和负债、收益和支付理论上是均衡的,因此,各国(地区)

对外负债的加权支付率和收益率基本一致,如图 5.16 所示。

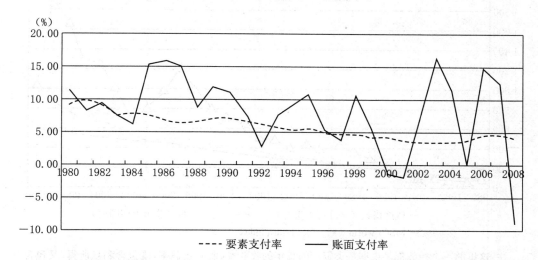

资料来源:IMF 的 BOP/IFS 数据库、MSCI、世界银行 WDI 数据库、各国(地区)统计机构和作者的计算。

图 5.16　各国(地区)对外负债加权支付率

1985 年以前,美元处于一个非常强势的升值周期,美元指数从 1980 年的 90 持续上升至 149,因此这对以美元计价的其他国家(地区)资产回报率产生了很大的负面影响。而 1985 年之后,随着美元汇率的走软并趋于相对稳定,作为外国(地区)投资者在美国投资的最主要资产,美国国债收益率和全球境外资产收益率的差异开始逐步拉大。我们以全球境外资产账面收益率和美国中期国债收益率计算了相应的资产指数,并和 MSCI 全球回报率指数进行比较,三种资产指数都以 1980 年为基期。美国中期国债的资产指数是三类资产中增长最慢的,也就意味着外国(地区)投资者投资美国国债最终获得的累计收益是最低的,而 MSCI 全球回报率指数是增长最快的。以 1980 年为基期(初始值 100)计算,投资者始终投资美国中期国债至 2008 年的最终资产指数为 590.23,而投资全球境外资产获得的最终资产指数为 805.23,投资全球股市虽然在大多数年份内的资产指数都比其他两类资产高,但由于 2008 年金融危机,全球股市暴跌,最终获得的资产指数为 1 038.23。这说明投资美国国债的收益率是最低的,投资全球股票市场虽然能够获得较高的收益率,但是风险也较大。投资全球境外资产①则能够获得高于美国国债的收益,且收益增长比较稳定,风险远低于全球股票资产(见图 5.17)。

---

① 实际上全球境外资产中也包括美国国债和全球股票资产。

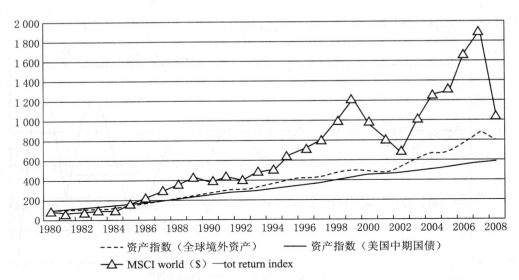

注：这里的三个指数都是根据每类资产的每年的收益率（账面收益率，既包含利息所得，又包含升值所得）复合计算得到，1980 年全部设置为 100，作为基期。

资料来源：IMF 的 BOP/IFS 数据库、MSCI、Bloomberg、各国（地区）统计机构和作者的计算。

图 5.17　基于不同收益率的资产指数

进入新世纪以后，美国的宽松货币政策，以及美元的持续走软，使得美国国债收益率和全球境外资产的收益差异愈加明显。无论是对于美国投资者还是对他国（地区）投资者，购买全球其他可投资资产要比投资美国国债划算得多。我们用同样的方法，将 2001 年设为基期（100），如果投资者一直投资美国中期国债，到了 2008 年的资产总额为 125.67，即 7 年收益 25.67%，而投资全球境外资产，到 2008 年的资产总额为 164.86，7 年间的总收益是投资美国中期国债的 2 倍多，由于全球境外资产中也包括美国国债，如果去除这部分资产的话，得到的收益将更高。虽然投资股票得到的收益更高，在 2007 年总资产能够达到 231.93，比基期资产翻了一倍多，但是其风险也非常大，2008 年损失了近 50%，不过即便如此，其总收益也还是高于投资美国中期国债的收益（见表 5.9）。

表 5.9　基于不同收益率的资产指数（2001—2008 年）

	2001	2002	2003	2004	2005	2006	2007	2008
全球境外资产	100.00	107.06	124.45	137.75	138.74	159.38	179.85	164.86
美国中期国债	100.00	103.10	105.27	108.20	112.45	117.81	122.92	125.67
MSCI world 回报率指数	100.00	83.22	123.16	151.88	157.89	202.38	231.93	125.94

资料来源：IMF 的 BOP/IFS 数据库、MSCI、Bloomberg、各国（地区）统计机构和作者的计算。

由于发达国家(地区)在全球资本流动体系中的权重非常高,因此全球的加权收益率(支付率)基本反映了发达国家(地区)的境外资产收益率以及对外负债收益率。在全球利率降低的趋势下,发达国家(地区)对外投资的收益率和支付率均在逐步下降,除了 20 世纪 80 年代的账面支付率之外,从均值来看发展中国家(地区)的支付率都要略高于发达国家(地区)的支付率,而收益率则低于后者。也就是说在全球资本流动体系中,发展中国家(地区)融资的成本比发达国家(地区)更高,而发展中国家(地区)投资的收益率却又比发达国家(地区)更低(见表 5.10)。

表 5.10　发达国家(地区)和发展中国家(地区)的收益率和支付率(%)

		1980—1989	1990—1999	2000—2008	1980—2008
发达国家(地区)	要素收益率	7.88	5.65	4.07	5.93
		1.25	1.18	0.48	1.87
	账面收益率	11.87	7.26	5.91	8.43
		5.55	3.41	8.97	6.59
	要素支付率	7.72	5.30	3.70	5.64
		1.39	0.97	0.41	1.94
	账面支付率	10.54	7.19	5.25	7.74
		4.32	3.32	9.21	6.22
发展中国家(地区)	要素收益率	6.81	5.42	3.57	5.33
		0.89	0.59	0.76	1.52
	账面收益率	6.88	4.63	5.44	5.66
		1.79	2.19	4.62	3.10
	要素支付率	8.19	6.94	6.17	7.13
		0.68	0.80	0.56	1.07
	账面支付率	9.24	8.35	8.59	8.73
		3.37	3.58	8.40	5.30

注:单元格中的数字表示相应指标的对应时间段的均值,下方下划线标出的数字是对应指标的标准差。

资料来源:IMF 的 BOP/IFS 数据库、MSCI、Bloomberg、各国(地区)统计机构和作者的计算。

为了进一步从统计上说明发达国家(地区)和发展中国家(地区)收益率和支付率之间的差异,我们用统计软件对 1980—2008 年间的各组收益率和支付率数据进行了均值比较,并在 5% 的显著性水平上分析哪些指标之间存在明显差异。根据表 5.11 以及相关的详细数据,我们可以分析得出以下几点结论:

表 5.11 收益率和支付率的均值比较(1980—2008 年)

	发达国家(地区)		发展中国家(地区)	
	差额均值 (%)	(成对样本 检验 t 值)	差额均值 (%)	(成对样本 检验 t 值)
要素收益率—账面收益率	−2.51	−2.176*	−0.33	−0.581
要素支付率—账面支付率	−2.10	−1.896	−1.60	−1.676
要素收益率—要素支付率	0.31	7.495*	−1.81	−13.742*
账面收益率—账面支付率	0.70	1.954	−3.07	−3.863*

注:表中的数值是对应的两个指标每期差值的均值比较(配对样本 t 检验),我们用 PASW(即 SPSS)软件进行分析,用星号标出的指标表示两组指标在 5% 的显著水平上存在明显差异。如左上角的 −2.51% 表示发达国家(地区)的要素收益率均值比账面收益率的均值低 2.51%,t 值为 −2.176 表明在 29 年的样本中发达国家(地区)的要素收益率低于账面收益率是统计显著的,而发展中国家(地区)的要素收益率均值略低于账面收益率均值(差额 0.33%),成对样本检验 t 值为 −0.581,表明发展中国家(地区)的要素收益率虽然均值低于账面收益率,但是两者之间的差异统计并不显著。

资料来源:IMF 的 BOP/IFS 数据库、MSCI、Bloomberg、各国(地区)统计机构和作者的计算。

(1) 发达国家(地区)的要素收益率均值为 5.93%,而账面收益率均值为 8.43%,并且前者在统计上也显著低于后者,这说明在发达国家(地区)对外投资中,资产升值也是收益的重要组成部分,要素收益率与账面收益率 2.51% 的均值差额就是发达国家(地区)的境外资产升值。虽然发展中国家(地区)的境外投资要素收益率均值也低于账面收益率,但是两者的差异在统计上并不显著,这说明在发展中国家(地区)的对外投资中,资产升值带来的收益并不明显,发展中国家(地区)的对外投资收益仍旧依赖利息收入。收益率的差异显示了发达国家(地区)和发展中国家(地区)对外投资结构的差异,发达国家(地区)越来越多地投资于境外证券资产,证券资产在发达国家(地区)的境外资产中的比例已经接近 40%,而在发展中国家(地区)境外资产的比例中仅为 10% 左右。而其他类型的资产价值变化比较稳定,能够给投资者带来的升值收益较小(如果汇率发生明显波动,则这些资产的价值可能会发生较大变化)。

(2) 两类国家(地区)的要素支付率和账面支付率的差值样本检验 t 值分别为 −1.896 和 −1.676,虽然在 5% 的水平上不显著,t 值仍比较高,在 10% 的水平上显著。这说明发达国家(地区)和发展中国家(地区)的要素支付率还是低于账面支付率的,发达国家(地区)的要素支付率和账面支付率均值分别为 5.64% 和 7.74%,而发展中国家(地区)的要素支付率和账面支付率均值分别为 7.13% 和 8.73%。无论是发达国家(地区)还是发展中国家(地区),作为被投资方,对外负债除了支付利息之外,本地的资产升值也能给外国(地区)投资者带来更高的收益。

（3）无论是实际还是名义，发达国家（地区）的收益率均值都大于支付率均值，而发展中国家（地区）的收益率都明显低于支付率。这说明发达国家（地区）对外投资中，对外投资的回报率要高于其对外融资的成本，而发展中国家（地区）则是融资成本超过投资回报率。在全球资本流动循环中，发达国家（地区）更具备投资和融资优势。

表 5.12 列出的是发达国家（地区）和发展中国家（地区）内部的收益和支付比较，从发达国家（地区）和发展中国家（地区）的横向比较来看，发达国家（地区）的要素收益率水平和账面收益率水平均明显高于发展中国家（地区）。发展中国家（地区）的要素支付率明显高于发达国家（地区），但发展中国家（地区）的账面支付率在统计上的差别并不显著。这就意味着，从投资者角度来说，发达国家（地区）的盈利能力明显高于发展中国家（地区）。而作为融资者来说，发展中国家（地区）支付的利息更高，如果考虑资产升值因素，那么发展中国家（地区）和发达国家（地区）为投资者提供的资产回报率不存在明显差异。

表 5.12　发达国家（地区）和发展中国家（地区）各指标均值比较（1980—2008 年）

指　　标	发达国家（地区）与发展中国家（地区）差值	
	均值（%）	成对样本检验 t 值
要素收益率	0.62	4.414*
账面收益率	2.80	2.870*
要素支付率	−1.49	−7.896*
账面支付率	−0.97	−0.936

注：本表针对 4 个指标，比较发达国家（地区）和发展中国家（地区）之间的差异，如第一个指标 4.414，表示发达国家（地区）的要素收益率和发展中国家（地区）的要素收益率这两组变量之间的比较，前者显著大于后者。

资料来源：IMF 的 BOP/IFS 数据库、MSCI、Bloomberg、各国（地区）统计机构和作者的计算。

发达国家（地区）的投资者，如跨国公司、证券投资者、银行等，在全球范围内具备较强的竞争优势，如发达国家（地区）的跨国公司具备信息、技术和管理优势，能够在境外市场获得较高盈利。发达国家（地区）的金融机构——无论是投资银行、各种基金还是商业银行——则是全球金融市场的主导者，这些金融机构主导着全球的金融市场，能够在全球范围内获得高水平的投资回报。而这些跨国公司和金融机构则是绝大多数发展中国家（地区）所欠缺的，因而发展中国家（地区）的投资者在境外无法获得高水平的投资回报。

当对外融资时，由于发展中国家（地区）的融资方式主要是直接投资和其他投资，所以对于投资者来说，直接投资的收益主要来自直接投资企业的利润分配，而不是直接投资企业的资产增值，跨国公司利用发展中国家（地区）廉价的资源、劳动力以及其他优惠政策,往往能够获得较高的利润率,因此在发展中国家(地区)的直接投资就给投资者提供了较高的要素支付,其他投资的利润来源也主要来自利息支付而不是资产升值,发展中国家(地区)的融资者往往由于信誉评级相对较低而需要支付更高的利息,投资结构和自身特征决定了发展中国家(地区)更高的要素支付率。

发达国家(地区)的融资方式更倾向于证券投资,即使是债券投资,也有相当比例的债券是通过低于票面的价格发行来支付融资成本——而不是通过支付票息,股票投资则更是通过资产增值给投资者提供回报。在发达国家(地区)的融资结构中,直接投资和其他投资的比例较低,因此,在发达国家(地区)的负债结构中利息支付的比例比发展中国家(地区)更低。

虽然发展中国家(地区)的要素支付率高于发达国家(地区),但是发展中国家(地区)的账面支付率和发达国家(地区)相差不多,这就意味着发达国家(地区)对外负债的增值要比发展中国家(地区)更高。这主要由两方面因素引起:(1)发展中国家(地区)的负债结构中,证券资产比例较低,而直接投资和其他投资的资产增值幅度较低;(2)发展中国家(地区)在 20 世纪 80、90 年代多次发生金融危机,一些外债不仅无法支付利息,甚至本金也无法偿还,同时发生金融危机的国家往往本币大幅贬值,这就使得外国(地区)投资者持有的本币资产缩水(见表 5.13)。

表 5.13　不同类型资产的平均收益率(%)

		1980—1989	1990—1999	2000—2008	1980—2008
要素收益率	直接投资	8.45	6.62	6.84	7.28
	股票投资	4.09	2.60	2.41	3.02
	债券投资	7.59	6.74	4.63	6.34
	其他投资	7.62	5.46	2.92	5.34
账面收益率	直接投资	11.27	6.95	7.88	8.64
	股票投资	20.55	12.96	4.02	12.52
	债券投资	10.29	7.69	8.10	8.66
	其他投资	10.26	5.46	4.92	6.83

资料来源:IMF 的 BOP/IFS 数据库、MSCI、Bloomberg、各国(地区)统计机构和作者的计算。

各国(地区)在境外的不同类型资产收益率特征也不相同,无论是要素收益率还是账面收益率,其他投资的收益率都是最低的。股票投资的要素收益率最低,即股息率要低于其他资产的利息率,但是股票投资的账面收益率却是最高的,这说明股票投资的资产升值幅度最大,我们在前文已经有所介绍,各国(地区)境外资产中,股票投资年均资产增值 10％，远远超过其他类型的资产。在全球利率下降的背景下，其他投资和债券投资的收益率水平也在不断下降，但直接投资的收益率并没有表现出明显的下降趋势，这说明各国（地区）在境外的直接投资回报率还是比较稳定的。

5.5.1　各国（地区）对外支付率

1. 要素支付率

要素支付是各国（地区）对外的投资支付，对于外国（地区）投资者来说，其获得的投资收入，主要来自直接投资公司的利润分配、股票分红、债券利息、银行贷款利息、其他债务利息等。其中直接投资企业的利润分配，则主要取决于直接投资公司的经营表现，而其他利息则很大程度上由本国（地区）和国际利率水平决定。除此之外，汇率的影响也是不可小视的。

表 5.14 列出了对外要素支付率均值最高的国家，这些国家大多是发展中国家，主要分布于亚洲和拉美。这些大多是资源丰富型国家，包括阿曼、阿塞拜疆、叙利亚、哥伦比亚、南非、哈萨克斯坦、挪威、巴西、沙特阿拉伯和委内瑞拉，其他国家主要是一些外向型经济的发展中国家，包括马来西亚、菲律宾和泰国。阿曼、叙利亚、沙特阿拉伯等国家位于中东地区，石油资源丰富，其中沙特阿拉伯是全球第二大石油生产国和全球第一大石油出口国。而哈萨克斯坦多种金属的储量位居亚洲甚至世界第一位，并有丰富的石油和煤炭资源，目前是全球第 10 大石油出口国。南非则是世界五大矿产国之一，包括黄金在内的多种稀有金属储量位居世界前列，其黄金探明储量占世界的40％。哥伦比亚则是多种矿产资源丰富，这个国家蕴藏丰富的煤炭、石油、贵金属、宝石等，煤炭储量位居拉美首位，绿宝石储量世界第一。阿塞拜疆则是石油和天然气资源丰富，石油产业是该国支柱产业，阿塞拜疆目前是全球前 20 大石油出口国之一。挪威是工业高度发达的国家，其人均 GDP 位居世界前列，另一方面，挪威又是一个资源极其丰富的国家，挪威是欧洲最大的铝生产国和出口国，镁的产量居世界前列，20 世纪 70 年代兴起的近海石油工业已成为国民经济重要支柱，为欧洲最大产油国，根据美国能源信息署的数据，挪威目前是世界第 8 大石油出口国，而早期挪威石油出口规模更高。巴西的铁矿产量和出口量居世界第二位，铀矿、铝矾土、锰矿储量居世界前列。秘鲁矿业资源丰富，是世界 12 大矿产国之一，主要有铜、铅、锌、银、铁和石油等，铋、钒储量居世界首位，铜占第三位，银、锌占第四位。委内瑞拉也是全球主要产油国之一，石油开采及相关产业是其支柱产业。

表 5.14 要素支付率较高的国家及其支付率(%)

	1980—1989	1990—1999	2000—2008	1980—2008
哥斯达黎加	11.22	14.77	9.73	11.99
马来西亚	12.12	12.40	8.38	11.06
阿曼	9.61	9.61	13.05	10.68
阿塞拜疆	n.a.	2.85	14.75	10.50
菲律宾	15.45	7.35	5.86	9.68
叙利亚	5.57	8.54	14.75	9.25
哥伦比亚	11.26	7.97	8.27	9.20
南非	11.94	9.13	6.22	9.19
沙特阿拉伯	8.56	7.92	11.11	9.13
爱尔兰	8.80	11.40	5.43	8.65
泰国	9.44	6.73	8.34	8.16
匈牙利	8.68	8.34	7.32	8.10
哈萨克斯坦	n.a.	3.03	10.86	8.06
挪威	9.95	8.29	5.70	8.06
巴西	10.92	7.29	5.63	8.03
阿根廷	8.24	8.01	7.50	7.93
秘鲁	7.43	6.36	10.03	7.87
委内瑞拉	8.90	7.18	7.44	7.85

注:本表中的数据是各时间段中每年要素支付率的均值。
资料来源:IMF 的 BOP/IFS 数据库、MSCI、Bloomberg、各国(地区)统计机构和作者的计算。

我们进一步分析了这些国家对外负债的结构,发现外来直接投资在这些国家对外负债中的比重较高,大多数在 40% 以上,远超过 20% 左右的世界平均水平。不难推断,由于这些国家并不具备人力成本和技术优势,所以外国(地区)投资者对这些国家的投资主要还是集中于资源产业,外国(地区)能源巨头在这些国家的投资中具有较高的话语权。在石油和其他矿产资源产品价格不断上升的背景下,外国(地区)能源巨头们在这些国家的投资,获得了非常丰厚的利润,外国(地区)股东也从这些国家中获得了非常丰富的回报,能够保持长年的高收益率。

要素支付率较高的另几个国家如马来西亚、菲律宾和泰国,这些国家一方面自然资源丰富,另一方面劳动力丰富,人力成本较低,依靠本国的廉价劳动力和丰富的自然资源,有效降低了外国(地区)企业的生产成本,为外国(地区)直接投资企业提供了丰厚的利润。这些国家的对外负债中,直接投资和证券投资所占比例较高,这两项资产占对外总负债的 70% 以上。这说明外国(地区)投资者在这几国的直接投资企业和证券投资中获得了较为丰厚的分红。

资源出口国给投资者带来高回报的趋势在最近十年愈加突出,在 2000—2008 年间,要素支付率最高的前 8 个国家依次是阿塞拜疆、叙利亚、俄罗斯、阿曼、哈萨克斯坦、沙特阿拉伯、秘鲁和智利。这些国家 2000—2008 年对外要素支付率在 9.88%—14.75% 之间,明显高于全球平均水平。除了智利,其他 7 个国家均是前文介绍的 1980—2008 年支付率较高的资源出口国,实际上,智利也是全球主要的矿产出口国,智利有"铜矿之国"之称,铜的产量和出口量位居世界第一,在智利的对外负债结构中,直接投资比例超过 50%。很显然,在全球大宗商品价格飞涨的背景下,外国投资者通过直接投资在资源型国家获得了非常丰厚的利润。

对外要素支付率最低的国家,其分布不具备明显特征,既有发展中国家,又有发达国家。不过这些国家中,多数国家的对外负债结构里,直接投资比重较低,其他投资所占比重较高,如埃及、孟加拉国的其他投资负债占总负债平均超过 70%,而布隆迪对外负债几乎全部为其他投资资产。我们知道,其他投资资产包括政府、央行、银行和其他私人部门的债务,而这些债务的利息往往较低,特别是对一些贫穷国家的低息贷款,如布隆迪、孟加拉国、柬埔寨等低收入国家(见表 5.15)。

表 5.15 要素支付率最低的国家及其要素支付率(%)

	1980—1989	1990—1999	2000—2008	1980—2008
荷属安的列斯群岛	1.73	1.49	1.49	1.58
布隆迪	3.57	2.95	1.66	2.60
孟加拉国	3.90	1.57	2.86	2.77
白俄罗斯	n.a.	2.45	3.34	2.95
瑞　士	4.62	2.99	3.49	3.71
日　本	6.84	3.12	1.67	3.95
突尼斯	3.69	3.70	4.54	3.96
乌克兰	n.a.	5.70	3.88	4.61
拉脱维亚	n.a.	4.60	4.66	4.64
埃　及	7.39	4.46	2.14	4.75
土耳其	4.79	5.17	4.27	4.76
比利时—卢森堡	6.25	5.58	2.54	4.87
阿鲁巴	3.65	3.16	7.33	4.88
柬埔寨	n.a.	4.64	5.20	4.94

注:本表中的数据是各时间段中每年要素支付率的均值。
资料来源:IMF 的 BOP/IFS 数据库、MSCI、Bloomberg、各国(地区)统计机构和作者的计算。

2. 账面支付率

在过去 30 年中的大多数时间里,各国(地区)的资产价格还是在不断上升的,因此大多数国家(地区)的账面支付率是高于要素支付率的。由于要素收入在总收益中的比重仍然较高,所以账面支付率较高的国家(地区)当中,大多数仍然是那些要素支付率也非常高的国家(地区)(见表 5.16)。

表 5.16　账面支付率较高的国家和地区及其支付率(%)

	1980—1989	1990—1999	2000—2008	1980—2008
爱尔兰	14.17	15.61	9.51	13.22
巴 西	16.26	15.93	6.82	13.22
马来西亚	12.46	11.74	13.91	12.66
埃 及	17.35	13.58	4.78	12.15
南 非	14.88	13.27	7.72	12.10
叙利亚	8.35	11.13	17.48	11.95
哈萨克斯坦	n.a.	9.81	12.70	11.67
阿 曼	10.75	8.87	14.73	11.34
厄瓜多尔	11.88	11.97	8.38	10.82
哥斯达黎加	10.11	12.30	9.98	10.82
约 旦	10.47	11.13	10.61	10.74
荷 兰	14.65	10.19	6.96	10.73
爱沙尼亚	n.a.	6.68	14.07	10.60
瑞 典	15.29	8.02	8.18	10.58
中国香港	n.a.	19.47	8.48	10.48
日 本	23.21	5.97	1.16	10.42
秘 鲁	12.72	7.14	11.14	10.31
巴基斯坦	11.31	9.04	10.40	10.24
摩洛哥	8.99	8.11	13.64	10.13
匈牙利	6.74	8.13	15.03	10.02

注:本表中的数据是各时间段中每年账面支付率的均值。
资料来源:IMF 的 BOP/IFS 数据库、MSCI、Bloomberg、各国(地区)统计机构和作者的计算。

有趣的是,日本的要素支付率均值虽然比较低,但是日本的账面支付率均值却高达 10.42%,远高于 3.95% 的要素支付率均值。日本的账面支付率比要素支付率高出如此之多,说明日本对外负债的增值幅度较大。日元在 20 世纪 80 年代的大幅升值,以及日本国内资产价格在 80 年代的大幅升值,确实使得外国投资者持有的日本资产升值幅度较大,整个80年代,外国投资者持有的日本资产年均增值接近20%。从更长的时间角度来看,日元从1979年的1美元兑239日元,持续升值到2008年的1美元兑91日元,这就意味着即使某项日元资产自身的日元价格不变动,以美元表示的该资产的价值年复合增长率也达到3%。

汇率若要产生比较大的影响,需要具备的另一个条件就是这些国家的对外负债中,本币形式或者非美元货币的负债比重较大。一般来说,外国投资者在本地的直接投资、证券投资大多是本地货币资产。因而,直接投资和证券投资负债比重较高的国家,其对外负债的价值受到汇率的影响也比较大。对于欧洲国家和日本,由于其本币也是国际本货币,因此在这些国家的其他投资负债(如银行贷款、企业账款等)也有相当高的比例是使用本币计价的。所以日本的对外负债中,本币资产的比例非常高,而日元的汇率就会对日本负债的价值(美元计价)产生较大影响(见图5.18)。

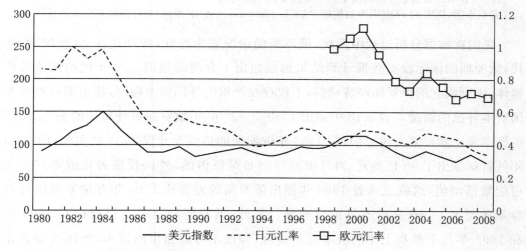

资料来源:IFS数据库、Bloomberg。

图5.18　美元指数、日元汇率和欧元汇率

而账面支付率最低的国家仍旧是那些要素支付率最低的国家,这些国家一部分为相对落后的发展中国家,这些国家的对外负债中,相当一部分是来自外国(地区)政府或者国际机构的援助贷款,甚至还能享受一定的债务减免。所以这些国家的对外负债,还不是国外债权人真正意义上的投资行为。另一些国家则是因为在20世纪80、90年代发生过严重的经济危机,如80年代的智利、90年代前期的白俄罗斯,本币都发生过严重的贬值,经济恶化,外国投资者在本地的投资也因此造成损失,所以这些国家的账面支付率较低(见表 5.17)。

表 5.17　账面支付率较低的国家及其支付率(%)

	1980—1989	1990—1999	2000—2008	1980—2008
荷属安的列斯群岛	1.68	−0.15	0.88	0.80
白俄罗斯	n.a.	−3.32	4.54	1.10
柬埔寨	n.a.	1.31	5.18	3.36
孟加拉国	6.71	2.77	5.10	4.85
布隆迪	3.54	4.94	6.07	5.08
阿鲁巴	3.65	1.81	10.17	5.40
突尼斯	6.81	1.56	8.98	5.67
保加利亚	8.26	4.86	3.96	5.75
智　利	2.51	6.33	9.25	5.92

注:本表中的数据是各时间段中每年账面支付率的均值。
资料来源:IMF 的 BOP/IFS 数据库、MSCI、Bloomberg、各国(地区)统计机构和作者的计算。

　　我们在数据分析过程中发现,俄罗斯的情况较为特殊,特别是在 20 世纪 90 年代,俄罗斯的国际收支数据计算结果远远超出了合理的范围。90 年代初正值苏联解体,刚刚成立的俄罗斯经济动荡,不仅存在严重的外国资本撤回,还可能存在着本国资本外逃的情况。表 5.18 中列出了 1993—2000 年俄罗斯对外负债的头寸、每年的资本流入和要素支付总额,在 1993 年俄罗斯的负债头寸仅为 55 亿美元,而 1994 年外资却撤出了 96 亿美元,当时俄罗斯卢布是贬值的,外国投资者在俄资产不大可能数倍增值,这就意味着 1994 年撤出俄罗斯的外资比 1993 年在俄罗斯的外资存量还要多——这显然不是正常现象。另外,俄罗斯的要素支付规模在 1994 年和 1995 年几乎都和上年的资本存量接近,即使不考虑撤出的资本,外国投资者在俄罗斯的投资收益率也接近 100%,整个 90 年代,俄罗斯平均每年的要素支付率超过 50%。

　　之所以会出现这样的情况,和当时俄罗斯的经济状况有关。1991 年苏联解体,俄罗斯联邦成立,俄罗斯继承了苏联的主要经济部门,当时的俄罗斯处于政治动荡和严重的经济衰退中。同时,以私有化为主要特征的经济改革也在进行,在物价放开、统一货币市场的同时,俄罗斯发生严重的通胀,利率高企,金融动荡。1995 年政府短期债券回报率高达 168%,1996 年为 86.1%(从实际价值看分别为 37% 和 64%),到了 1997 年金融市场全面崩溃,人们抛售卢布资产,外汇储备锐减,到 1998 年 5 月底,再贴现率达到 150％,直到 1999 年俄罗斯的经济才开始企稳①。因此,我们认为 20 世纪 90 年代俄罗斯的国际收支数据异常,既有外国投资者获得高额利润的因素,又可能有严重的资本外逃因素,即通过外资的撤离、本国对外投资收益的支付将大量资金汇向国外(见表 5.18)。

表 5.18　俄罗斯 20 世纪 90 年代的对外资产和负债(百万美元)

	1993	1994	1995	1996	1997	1998	1999	2000
总资产	23 408	22 245	28 645	29 041	33 440	25 557	28 392	248 752
资本流出	—	−18 243	−13 302	−26 374	−25 933	−11 139	−17 022	−37 122
要素收入	—	3 392	4 112	4 232	4 140	4 000	3 456	4 253
总负债	5 519	7 380	15 492	22 162	32 829	29 925	24 087	184 207
资本流入	—	−9 616	−3 370	8 870	27 142	4 581	−2 262	−13 182
要素支付	—	−5 118	−7 181	−9 260	−12 490	−15 626	−11 393	−11 257

资料来源:IMF 的 IFS/BOP 数据库。

5.5.2　各国(地区)对外投资收益率

在分析各国(地区)对外支付率时,通过分析本国(地区)的经济特征能够在一定程度上解释本国(地区)对外支付率高低的原因,如本国(地区)的负债结构、经济发展情况、生产要素禀赋、汇率变动,本国(地区)政府和企业的信用评级也会影响本国(地区)的融资成本。而分析各国(地区)对外投资收益率时,由于各国(地区)对外投资较为分散,且难以深入追踪,因此,对各国(地区)对外投资行为进行深入详细的分析存在较大困难。投资收益率是度量一国(地区)在外投资行为的重要指标,一国(地区)对外投资的收益率反映了本国(地区)企业和投资者在境外的竞争力。不过决定境外投资收益率的因素不仅仅局限于本国(地区)企业和投资者的经营和投资水平,国际货币体系、汇率因素等非个别企业和投资者能主导的因素,对一国(地区)的境外投资收益率也有着结构性的影响。

要素收益率的分布要比要素支付率更为集中,样本国家(地区)的要素收益率均值最高为 8.71％,远低于 11.99％ 的要素支付率最高值。前文我们计算得到全球境外资产加权要素收益率的均值为 5.88％,均值高于这个全球平均水平的国家(地区)有 20

① 陈新明:《俄罗斯经济转轨与国际货币基金组织》,《当代世界与社会主义》2002 年第 2 期。

个,要素收益率较高的国家(地区)当中,既有发达国家(地区)又有发展中国家(地区),分布没有明显的规律可循。美国和英国的境外资产要素收益率在全球属于比较高的水平,由于美国和英国的境外资产在全球的权重比较大,因此,美国和英国的境外资产收益率较高,意味着更多的国家(地区)有着低于平均水平的境外资产要素收益率。虽然印度尼西亚、沙特阿拉伯、马来西亚、南非等新兴国家的要素收益率均值也高于全球平均水平,但这主要是因为这些国家在20世纪80年代的收益率较高,而2000—2008年的平均收益率不到4%(见表5.19)。

表5.19　要素收益率较高的国家及其要素收益率(%)

	1980—1989	1990—1999	2000—2008	1980—2008		1980—1989	1990—1999	2000—2008	1980—2008
挪　威	8.61	7.09	5.50	7.12	以色列	8.57	6.07	4.13	6.33
新西兰	8.72	5.42	6.55	6.91	阿　曼	8.25	5.59	4.60	6.20
巴拿马	9.55	5.97	4.92	6.88	南　非	9.47	5.08	3.80	6.19
俄罗斯	n.a.	10.84	4.16	6.83	菲律宾	7.22	7.46	3.36	6.11
美　国	9.03	6.13	5.17	6.83	奥地利	7.64	6.19	4.11	6.05
英　国	9.54	6.05	4.34	6.72	加拿大	7.83	5.50	4.55	6.01
瑞　典	7.64	6.69	5.71	6.71	法　国	8.63	5.87	3.23	6.00
塞浦路斯	8.42	6.79	4.67	6.69	荷　兰	7.74	5.61	4.02	5.85
科威特	6.95	7.48	5.07	6.55	日　本	7.91	5.91	3.40	5.82
马来西亚	8.11	6.98	3.93	6.42	丹　麦	6.95	5.54	4.43	5.68
新加坡	7.10	7.01	4.87	6.38	匈牙利	5.04	6.13	5.66	5.65

资料来源:IMF 的 BOP/IFS 数据库、MSCI、Bloomberg、各国(地区)统计机构和作者的计算。

　　账面收益率高的国家(地区)则几乎都是发达国家(地区),其中美国的年均账面收益率最高,年均达到9.97%,美国对外投资能够长期保持较高的收益率。在20世纪80年代后半期,在美元大幅贬值的背景下,美国的境外资产持续升值,特别是美国投资者在日本的投资,回报率极高。因为我们的计算结果使用美元表示,而欧洲货币和日元的升值,使得多数发达国家(地区)在80年代的账面收益率都比较高,其中也包括日本,不过日本随后对外投资的账面收益率大幅下降,在2000—2008年仅有年均3.8%的账面收益率,这主要是因为2000—2001年日本在互联网经济泡沫破裂时遭受了巨大损失,连续两年对外投资出现亏损(见表5.20)。

表 5.20　账面收益率较高的国家及其账面收益率(%)

	1980—1989	1990—1999	2000—2008	1980—2008
美　国	12.78	9.43	7.46	9.97
新西兰	9.19	7.57	13.16	9.86
塞浦路斯	5.34	5.12	19.98	9.81
日　本	17.48	6.36	3.80	9.40
希　腊	10.86	5.85	10.20	8.93
法　国	10.85	10.45	4.81	8.84
南　非	6.07	10.11	9.51	8.53
荷　兰	11.45	6.83	6.84	8.42
奥地利	10.85	5.61	8.72	8.38
瑞　士	11.31	6.33	7.22	8.33
挪　威	7.57	9.58	7.38	8.21
瑞　典	11.22	5.49	7.66	8.14
英　国	11.24	7.16	5.45	8.03

资料来源：IMF 的 BOP/IFS 数据库、MSCI、Bloomberg、各国(地区)统计机构和作者的计算。

5.5.3　各国(地区)收益率和支付率的比较

1. 要素收益率和要素支付率的比较

我们将一国(地区)对外投资的收益率和支付率之差定义为净收益率。根据前面的定义,净收益率也分为要素净收益率和账面净收益率。要素净收益率即要素收益率减去要素支付率,账面净收益率即账面收益率减去账面支付率。净收益率为正,说明一国(地区)对外投资的收益率大于对外支付率,即本国(地区)的投资盈利水平超过融资成本。净收益率为负,说明一国(地区)对外投资的收益率小于对外支付率,即本国(地区)的投资盈利水平低于对外的融资成本。

我们通过配对样本 t 检验的方法对每个国家(地区)的收益率和支付率两组变量进行了均值比较。如果计算结果显示两组数据显著存在均值差异,说明一国(地区)的收益率很明显地超过或低于支付率。如果计算结果不显著,说明一国(地区)的收益率和支付率在统计角度上没有明显差别——尽管收益率和支付率均值并不相等。

在 80 个国家或地区中,有 23 个国家或地区的要素收益率和要素支付率配对样本 t 检验不显著(5％的显著性水平),也就是说在 1980—2008 年间,这些国家(地区)的要素收益率和要素支付率差别不大。有 7 个国家(地区)的要素收益率显著大于要素支付率,50 个国家(地区)的要素收益率小于要素支付率。为了进一步把握要素净收益率的变化趋势,我们还分别计算了 1980—1989、1990—1999、2000—2008 三个时间段内各国(地区)的要素收益率和要素支付率的差异。我们发现要素收益率和要素支付率的差异呈扩大趋势。

在 20 世纪 80、90 年代,约有 30 个国家(地区),要素收益率和要素支付率之间不存在显著差别,但到了 2000—2008 年间,仅有 19 个国家(地区)能保持要素收益率和支付率的平衡。在要素收益率和支付率出现差异的国家(地区)中,大多数情况是要素收益率低于要素支付率。这说明在全球资本流动体系中,投资的收益率和支付率不平衡在加剧,大多数国家(地区)对境外的投资收益率都低于本国(地区)的融资成本(见表 5.21)。

表 5.21　要素收益率和要素支付率差异显著的国家(地区)数量

	1980—1989	1990—1999	2000—2008	1980—2008
要素收益率大于要素支付率	9	9	11	7
要素收益率小于要素支付率	37	42	50	50
要素收益率和要素支付率差异不显著	34	29	19	23

注:20 世纪 80 年代部分中东欧国家的数据不足,我们将这些国家统计为差异不显著,因此 80 年代实际差异不显著的国家(地区)可能比 34 个略少。

资料来源:IMF 的 BOP/IFS 数据库、MSCI、Bloomberg、各国(地区)统计机构和作者的计算。

在 57 个要素收益率和要素支付率差异显著的国家(地区)当中,要素收益率大于要素支付率的只有 7 个国家(地区),其余 50 个国家(地区)则是要素收益率显著地低于要素支付率。能够在 29 年的跨度中获得正的要素净收入的国家为布隆迪、日本、美国、瑞士、孟加拉国、土耳其和以色列。一国(地区)能够获得正的要素净收入,说明其要么对外投资的要素收益率较高,要么其对外要素支付率较低。布隆迪和孟加拉国都是全球最不发达的国家,这两个国家之所以能够获得正的要素净收益率,并不是因为这两个国家在外投资的盈利能力强,实际上,这两个国家对外投资的要素收益率均都低于 5%,低于全球平均水平。之所以要素净收入较高,是因为这两个国家对外支付率极低,1980—2008 年间这两个国家对外要素支付率均值分别为 2.6% 和 2.77%,这是因为作为全球最不发达的国家,这两个国家从外部获得的资金,大多是援助性的贷款,利率极低,甚至还可能获得免除利息和本金的优惠。

其他几个国家中,美国、以色列的对外投资要素收益率明显高于全球水平,特别是美国,年均要素收益率高达 7%,而这两个国家对外要素支付率水平却相对较低。日本、瑞士和土耳其,虽然对外投资的要素收益率水平并不算高,但是由于其要素支付率也较低,因此要素收益率在统计上仍旧明显高于要素支付率。较低的要素支付率,和本国(地区)的融资结构、本地企业的竞争力、利率水平都有较大关系,如日本,由于日本本土企业竞争力较强,外国在日本的投资中,直接投资所占比例较低,能够获得的利润也有限,并且日本长期保持极低的利率,因此利息支付率也非常低。瑞士的情况也类似,其对外负债中,直接投资比例较低,股票投资比例较高,而通过股票融资的支付,很大程度上是通过股票价格的上涨,股息支付水平较低。这些国家的要素收益率在统计上能够显著地高于要素支付率,说明这些国家能够长期保持收益率比支付率略高的优势(见表5.22)。

表 5.22　要素净收益率均值为正的国家及其要素净收益率(1980—2008 年)

	要素净收益率 (均值)(%)	要素净收益率 (标准差)(%)	成对样本 检验 t 值
布隆迪	2.11*	2.18	4.73
日　本	1.86*	1.44	6.97
美　国	1.56*	0.30	27.92
瑞　士	1.26*	0.88	7.74
孟加拉国	1.24*	1.70	3.92
土耳其	0.84*	1.92	2.36
以色列	0.72*	1.63	2.39
埃　及	0.64	2.25	1.52
塞浦路斯	0.48	2.22	1.15
科威特	0.39	1.30	1.61
荷属安的列斯群岛	0.33	1.69	1.04
印度尼西亚	0.20	3.86	0.28
希　腊	0.18	2.72	0.35
英　国	0.07	0.54	0.74

注:成对样本检验 t 值是各国(地区)的要素收益率和要素支付率通过配对样本 t 检验的方法进行均值比较的结果,星号表示在 5% 的水平上显著。

资料来源:IMF 的 BOP/IFS 数据库、MSCI、Bloomberg、各国(地区)统计机构和作者的计算。

虽然从长期来看,能够保持要素净收益率显著为正值的国家(地区)较少,但近年来却显现出发达国家(地区)收益水平高于支付水平的趋势,在 2000—2008 年间,有 11 个国家的要素收益率明显高于要素支付率,这些国家除了布隆迪和埃及之外,其他全是发达国家。美国和英国作为债务国,由于其对外要素收益率超过本国的要素支付率,因此获得的要素收入超过要素支付。20 世纪 80 年代,英国的要素收益率一直低于要素支付率,不过由于当时英国还是债权国,平均每年持有的净资产规模超过 800 亿美元,因此英国的要素收入高于实际收入。90 年代,在英国的对外负债逐渐超过境外资产的同时,英国的要素收益率也开始超过支付率,2000 年后,英国的对外净负债进一步增加,但英国的要素净收益率也进一步上升,从而使得在 1980 年至今的每个阶段,英国的要素净收益率总是为正,在对外负债增加的情况下,要素净收入进一步增加。埃及、瑞典、芬兰和韩国,与英国类似,都是债务国,其中埃及和瑞典由于要素收益率比要素支付率高出较多,因而在 2000—2008 年间,埃及和瑞典作为债务国却是要素净收入国,即本国较高的收益率抵消了净负债的利息支付,不过由于 80、90 年代这两国的累计对外净支付规模较大,因此从整个样本时间段来说这两个国家仍旧是净支付国。芬兰和韩国虽然较高的要素收益率未能完全弥补净债务导致的利息支付,但是在 2000—2008 年间,这两个国家的要素净支付都大幅减小,韩国在 1990—1999 年间平均每年净负债不超过 300 亿美元,累计要素净支付 240 亿美元,在 2000—2008 年间平均每年净负债超过 1 000 亿美元,累计要素净支付却仅有 20 亿美元。芬兰的平均净负债水平没有明显增加,但是累计对外净支付却下降了 20%。法国和比利时—卢森堡都是债权国,实际上法国的总资产和总负债规模相当,其净资产和总资产相比规模极小,由于要素收益率大于要素支付率,法国和比利时—卢森堡都能够获得较为明显的要素净收入(见表 5.23)。

表 5.23　要素净收益率均值为正的国家及其要素净收益率(2000—2008 年)

	要素净收益率 (均值)(%)	要素净收益率 (标准差)(%)	成对样本 检验 t 值
布隆迪	3.12*	2.23	4.2
日　本	1.73*	0.25	21.11
美　国	1.54*	0.24	19.04
埃　及	1.37*	1.39	2.96
瑞　典	0.84*	0.50	5.08
芬　兰	0.81*	1.02	2.38
英　国	0.67*	0.15	13.35
韩　国	0.60*	0.65	2.77
瑞　士	0.53	0.96	1.66
法　国	0.32*	0.22	4.43
比利时—卢森堡	0.32*	0.40	2.39

资料来源:IMF 的 BOP/IFS 数据库、MSCI、Bloomberg、各国(地区)统计机构和作者的计算。

除了这些少数国家（地区）之外，大多数国家（地区）在对外的资本流动中，难以获取比本国（地区）要素支付率更高的要素收益率，这也解释了为什么有的国家（地区）是资本输出国（地区）甚至是债权国（地区），但是仍旧对外净支付。在1980—2008年间，要素净收益率显著低于要素净支付率的国家（地区）有50个，其中大多数为发展中国家（地区）。要素净收益率最低的10个国家，大多因为要素支付率比较高，而他们对外投资的要素收益率却仅和国际平均水平相当，因此这些国家的要素净收益率均为负值。虽然俄罗斯的要素收益率与要素支付率在统计上的差异并不显著，但是俄罗斯的要素收益率均值远远低于要素支付率均值，即使不考虑20世纪90年代俄罗斯政治变革和经济连续动荡的特殊情况，在2001—2008年间，俄罗斯对外投资要素收益率均值为3.55%，要素支付率均值为7.25%，要素净收益率均值为−3.7%（见表5.24）。

表5.24　要素净收益率最低的10个国家及其要素净收益率(2001—2008年)

	要素净收益率 （均值）(%)	要素净收益率 （标准差）(%)	成对样本 检验 t 值
哥斯达黎加	−8.05*	5.62	−7.72
叙利亚	−7.31*	4.53	−8.53
阿塞拜疆	−7.07*	12.34	−2.14
哈萨克斯坦	−4.88*	4.54	−4.03
厄瓜多尔	−4.66*	2.40	−10.45
马来西亚	−4.64*	1.67	−14.94
哥伦比亚	−4.61*	2.37	−10.48
阿根廷	−4.43*	2.43	−9.83
智利	−4.14*	3.27	−6.8
秘鲁	−3.80*	3.37	−6.07
菲律宾	−3.57*	4.45	−4.32

资料来源：IMF的BOP/IFS数据库、MSCI、Bloomberg、各国（地区）统计机构和作者的计算。

2. 账面收益率和账面支付率的比较

由于资产和负债的价值波动大，各国（地区）的账面收益率和支付率的波动也比较大，虽然各国（地区）的账面收益率和账面支付率的均值不等，但是在统计角度上，大多数国家（地区）的账面收益率和账面支付率均值差异不显著。在80个样本国家（地区）中，仅有29个国家（地区）的账面收益率和账面支付率的均值比较差异是显著的。而这其中，仅有一个国家是账面收益率大于账面支付率——美国，其他 28 个国家（地区）则是账面收益率显著地小于账面支付率。将时间区间划分为 3 个阶段后，虽然也有个别国家（地区）能够在某个时间段内实现账面收益率大于账面支付率，但能够长期维持账面收益率大于账面支付率的国家却仅有美国（见图 5.19）。

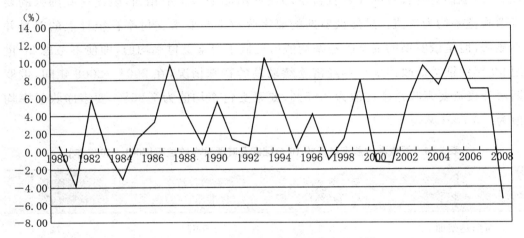

资料来源：IMF 的 BOP/IFS 数据库、BEA、美国财政部和作者的计算。

图 5.19　美国的账面净收益率

美国的账面净收益率均值为 3.24％，远高于要素净收益率均值（1.56％），在过去 29 年中，美国只有 6 年的账面净收益率是小于 0 的，并且这些年份的净收益率绝对值也比较小，2008 年美国的账面净收益率创历史新低，也仅为 −5.42％。

其他国家（地区）当中，虽然也有一些国家（地区）的账面净收益率均值大于 0，但是在统计上并不显著，即账面收益率和账面支付率之间的分布差异不明显。绝大多数国家（地区）的账面收益率都低于账面支付率，这其中不少国家（地区）是因为其账面收益率水平比较低，甚至出现在外投资资产连续贬值的情况，账面收益率为负。如孟加拉国、乌克兰和厄瓜多尔，这 3 个国家的境外投资账面收益率均值为负，也就是说不考虑本国对外的支付，这 3 个国家对外投资中的收益也是负的，如果再考虑到本国对外的支付，那么这些国家的账面净收益率则非常低。账面净收益率最低的国家（地区），除了中国香港和斯洛伐克外，其他都是发展中国家（地区）。中国香港的账面净收益率之所以如此之低，主要还是因为亚洲金融危机的影响，给中国香港的境外投资造成巨大损失（见表 5.25）。

表 5.25　账面净收益率最低的国家(地区)及其账面净收益率(1980—2008 年)

	账面净收益率 (均值)(%)	账面净收益率 (标准差)(%)	成对样本 检验 t 值
孟加拉国	−14.25	10.57	−7.26
乌克兰	−12.28	6.43	−7.40
厄瓜多尔	−11.34	13.85	−4.41
阿塞拜疆	−10.70	22.92	−1.75
突尼斯	−10.29	6.40	−8.66
哈萨克斯坦	−8.32	28.63	−1.09
埃　及	−8.03	19.68	−2.20
叙利亚	−7.46	5.60	−7.05
摩洛哥	−7.25	5.93	−6.58
约　旦	−7.24	12.38	−3.15
巴　西	−7.17	16.27	−2.37
巴基斯坦	−7.06	9.30	−4.09
阿　曼	−6.52	23.50	−1.49
哥伦比亚	−5.47	13.46	−2.19
爱尔兰	−5.43	4.02	−7.27
马来西亚	−5.36	13.61	−2.12
秘　鲁	−5.35	9.03	−3.19
中国香港	−5.29	11.89	−1.48
哥斯达黎加	−5.26	12.41	−2.28
泰　国	−5.21	9.68	−2.90
斯洛伐克	−5.02	9.33	−2.15

资料来源:IMF 的 BOP/IFS 数据库、MSCI、Bloomberg、各国(地区)统计机构和作者的计算。

附表 5.1　样本国家(地区)每年的要素收入和要素支付额(十亿美元)

	1980	1981	1982	1983	1984	1985	1986	1987	1988	1989
要素收入	300	371	376	339	374	367	386	452	567	703
要素支付	294	381	393	345	386	385	408	469	569	693

	1990	1991	1992	1993	1994	1995	1996	1997	1998	1999
要素收入	843	843	850	851	839	989	939	1 005	1 107	1 175
要素支付	823	836	839	831	831	974	1 013	1 067	1 192	1 263

	2000	2001	2002	2003	2004	2005	2006	2007	2008	
要素收入	1 342	1 242	1 187	1 399	1 775	2 296	2 970	3 839	3 821	
要素支付	1 427	1 307	1 258	1 431	1 749	2 253	2 933	3 769	3 769	

　　注:这里的要素收入就是 80 个样本国家(地区)每年 BOP 经常项目下的投资收入项,要素支付即 BOP 经常项目下的投资支付项。

　　资料来源:IMF 的 BOP 统计数据库和作者的计算。

附表 5.2　样本国家(地区)每年的账面收入和账面支付额(十亿美元)

	1980	1981	1982	1983	1984	1985	1986	1987	1988	1989
账面收入	520	197	455	300	216	741	1 043	1 267	754	1 074
账面支付	360	315	399	337	304	785	955	1 105	757	1 157

	1990	1991	1992	1993	1994	1995	1996	1997	1998	1999
账面收入	1 261	979	410	1 169	1 446	1 858	891	619	2 207	959
账面支付	1 281	1 007	376	1 077	1 421	1 915	1 075	877	2 678	1 611

	2000	2001	2002	2003	2004	2005	2006	2007	2008	
账面收入	44	−508	2 435	6 263	5 132	416	9 416	10 220	−7 722	
账面支付	−471	−699	2 416	6 459	5 806	−66	9 559	10 172	−8 529	

资料来源:IMF 的 BOP/IFS 数据库、MSCI、WDI 数据库、Bloomberg、各国(地区)统计机构和作者的计算。

附表 5.3　各地区境外资产累计升值(十亿美元)

	1980—1989	1990—1999	2000—2008	1980—2008
北　美	629	1 187	1 302	3 118
大洋洲	13	46	11	70
拉　美	19	−4	47	62
西欧和北欧	875	1 443	3 527	5 845
亚洲—发达国家(地区)	775	−180	450	1 045
亚洲—发展中国家(地区)	0	−28	169	141
中东和非洲	−4	31	41	68
中东欧	24	−136	278	166

资料来源:IMF 的 BOP/IFS 数据库、MSCI、WDI 数据库、Bloomberg、各国(地区)统计机构和作者的计算。

附表 5.4　各地区对外负债累计升值(十亿美元)

	1980—1989	1990—1999	2000—2008	1980—2008
北　美	384	456	−911	−71
大洋洲	23	−21	1	3
拉　美	31	83	−45	69
西欧和北欧	699	2 418	4 648	7 765
亚洲—发达国家(地区)	946	667	139	1 752
亚洲—发展中国家(地区)	8	−10	158	156
中东和非洲	−1	60	63	122
中东欧	59	−4	700	754

资料来源:IMF 的 BOP/IFS 数据库、MSCI、WDI 数据库、Bloomberg、各国(地区)统计机构和作者的计算。

附表 5.5　所有样本国家(地区)的累计要素净收入(十亿美元)

	1980—1989	1990—1999	2000—2008	1980—2008		1980—1989	1990—1999	2000—2008	1980—2008
日　本	179	827	865	1 871	摩洛哥	−8	−11	−6	−25
美　国	301	231	619	1 151	新加坡	1	9	−40	−31
瑞　士	88	164	194	446	厄瓜多尔	−9	−11	−15	−34
比利时—卢森堡	43	86	284	413	罗马尼亚	−6	−2	−29	−36
英　国	26	26	318	371	韩　国	−14	−24	−2	−40
德　国	40	44	205	289	丹　麦	−20	−22	1	−41
科威特	62	53	65	180	中国内地	4	−66	19	−43
法　国	19	−30	140	129	以色列	−16	−16	−12	−44
沙特阿拉伯	78	31	17	125	委内瑞拉	−16	−17	−12	−45
荷　兰	9	25	34	69	巴基斯坦	−6	−18	−25	−49
中国香港	n.a.	6	33	40	哈萨克斯坦	n.a.	−1	−51	−52
挪　威	−17	−13	44	15	瑞　典	−19	−72	34	−56
利比亚	−1	4	2	5	芬　兰	−11	−38	−11	−59
安的列斯群岛	−0	1	0	1	捷　克	n.a.	−3	−56	−59
布隆迪	−0	−0	−0	−0	菲律宾	−18	−14	−28	−60
阿鲁巴	0	0	−1	−1	奥地利	−12	−25	−25	−62
柬埔寨	n.a.	−0	−2	−2	葡萄牙	−6	−9	−48	−63
白俄罗斯	n.a.	−0	−2	−3	秘　鲁	−12	−16	−40	−69
巴　林	1	−0	−4	−4	哥伦比亚	−14	−19	−45	−77
拉脱维亚	n.a.	−0	−5	−5	匈牙利	−8	−19	−58	−86
埃　及	−6	−4	4	−6	印　度	−7	−41	−42	−90
塞浦路斯	−0	−1	−5	−7	南　非	−27	−29	−39	−94
孟加拉国	−1	−1	−5	−7	希　腊	−9	−18	−67	−95
萨尔瓦多	−1	−1	−5	−7	新西兰	−18	−29	−49	−95
玻利维亚	−3	−2	−2	−7	土耳其	−17	−29	−54	−100
斯洛文尼亚	n.a.	−1	−7	−7	马来西亚	−18	−37	−53	−108
立陶宛	n.a.	−1	−7	−8	波　兰	−29	−22	−71	−121
爱沙尼亚	n.a.	−1	−8	−8	智　利	−18	−22	−82	−122
乌拉圭	−3	−2	−3	−8	泰　国	−14	−45	−73	−132
哥斯达黎加	−3	−4	−5	−12	阿根廷	−45	−46	−67	−157
约　旦	−2	−5	−8	−15	俄罗斯	n.a.	−38	−145	−183
克罗地亚	n.a.	−2	−13	−15	印度尼西亚	−35	−69	−100	−204
阿　曼	−2	−4	−9	−15	西班牙	−16	−64	−197	−277
阿塞拜疆	n.a.	−0	−16	−16	意大利	−34	−85	−175	−294
叙利亚	−2	−9	−7	−18	爱尔兰	−21	−81	−241	−343
巴拿马	−3	−7	−9	−19	澳大利亚	−49	−123	−203	−375
保加利亚	−3	−3	−13	−19	墨西哥	−95	−129	−166	−391
乌克兰	n.a.	−4	−16	−20	巴　西	−112	−120	−201	−433
斯洛伐克	n.a.	−1	−20	−21	加拿大	−142	−202	−162	−506
突尼斯	−3	−7	−13	−24					

注:按照 1980—2008 年累计值排序。

资料来源:IMF 的 BOP/IFS 数据库、MSCI、Bloomberg 和作者的计算。

附表 5.6　所有样本国家(地区)的累计账面净收入(十亿美元)

	1980—1989	1990—1999	2000—2008	1980—2008		1980—1989	1990—1999	2000—2008	1980—2008
美　国	573	887	2 830	4 290	厄瓜多尔	—14	—22	—16	—52
日　本	37	432	1 214	1 683	乌克兰	n.a.	—9	—44	—53
英　国	105	—249	1 021	876	哈萨克斯坦	n.a.	—2	—52	—54
比利时—卢森堡	143	230	3	377	以色列	—43	—20	3	—61
瑞　士	120	104	100	324	阿根廷	—30	—15	—18	—63
沙特阿拉伯	119	52	76	246	摩洛哥	—11	—18	—37	—65
科威特	51	38	11	101	挪　威	—12	2	—60	—70
中国内地	—5	—61	149	83	埃　及	—18	—29	—27	—74
塞浦路斯	—0	—1	10	9	秘　鲁	—21	—13	—41	—75
德　国	38	—28	—6	4	哥伦比亚	—15	—11	—50	—77
安的列斯群岛	0	2	1	2	巴基斯坦	—9	—28	—43	—80
柬埔寨	n.a.	0	—1	—1	新西兰	—18	—12	—50	—80
阿鲁巴	0	0	—2	—1	土耳其	—35	—53	—0	—88
布隆迪	—0	—1	—1	—1	希　腊	—3	19	—106	—89
乌拉圭	—2	1	—0	—2	捷　克	n.a.	—1	—93	—94
白俄罗斯	n.a.	0	—2	—2	智　利	—3	—19	—85	—107
巴　林	2	1	—5	—3	芬　兰	—16	—231	139	—107
玻利维亚	—4	—2	1	—6	奥地利	—6	—26	—84	—116
利比亚	9	—4	—12	—7	丹　麦	—38	—5	—83	—127
立陶宛	n.a.	—0	—8	—9	葡萄牙	—2	—16	—113	—132
哥斯达黎加	—3	—4	—1	—9	匈牙利	—6	—20	—110	—137
拉脱维亚	0	—0	—9	—9	泰　国	—19	—59	—72	—151
萨尔瓦多	—1	—2	—5	—9	中国香港	n.a.	—310	149	—161
爱沙尼亚	n.a.	—1	—9	—10	新加坡	1	—47	—116	—163
保加利亚	—3	—3	—9	—15	马来西亚	—14	—45	—108	—167
巴拿马	—2	—6	—8	—16	瑞　典	—44	—95	—45	—184
斯洛文尼亚	n.a.	—3	—14	—17	荷　兰	4	—176	—27	—199
叙利亚	—3	—8	—8	—20	韩　国	—16	—99	—94	—209
阿塞拜疆	n.a.	1	—21	—21	波　兰	—54	—27	—137	—219
克罗地亚	n.a.	3	—25	—22	印度尼西亚	—26	—79	—183	—287
孟加拉国	—3	—6	—18	—27	澳大利亚	—60	—72	—192	—323
阿　曼	—4	—1	—22	—27	墨西哥	—73	—123	—215	—412
南　非	—45	—27	43	—28	爱尔兰	—39	—80	—324	—442
约　旦	—4	—9	—18	—31	意大利	—53	—155	—246	—454
印　度	—9	—28	2	—34	法　国	40	—215	—280	—455
突尼斯	—8	—5	—28	—41	加拿大	—169	—127	—160	—456
斯洛伐克	n.a.	—0	—42	—42	俄罗斯	n.a.	—138	—340	—478
罗马尼亚	—5	—3	—36	—44	巴　西	—158	—239	—136	—533
菲律宾	—17	—2	—25	—44	西班牙	6	—165	—580	—739
委内瑞拉	—18	—27	—1	—47					

注:按照 1980—2008 年累计值排序。

资料来源:IMF 的 BOP/IFS 数据库、MSCI、Bloomberg 和作者的计算。

附表 5.7　样本国家(地区)要素净收益率(1980—2008 年)

	均值(%)	标准差(%)	t		均值(%)	标准差(%)	t
布隆迪	2.11	2.18	4.727	沙特阿拉伯	−1.67	6.06	−1.485
日　本	1.86	1.44	6.965	澳大利亚	−1.74	0.80	−11.674
美　国	1.56	0.30	27.922	波　兰	−1.76	2.38	−3.995
瑞　士	1.26	0.88	7.744	玻利维亚	−1.91	4.00	−2.573
孟加拉国	1.24	1.70	3.922	阿　曼	−1.97	5.59	−1.895
土耳其	0.84	1.92	2.361	印　度	−2.07	2.28	−4.903
以色列	0.72	1.63	2.388	柬埔寨	−2.12	1.55	−5.629
埃　及	0.64	2.25	1.524	克罗地亚	−2.14	1.41	−6.093
塞浦路斯	0.48	2.22	1.154	摩洛哥	−2.22	1.83	−6.520
科威特	0.39	1.30	1.612	斯洛文尼亚	−2.24	1.14	−8.112
荷属安的列斯群岛	0.33	1.69	1.035	爱沙尼亚	−2.40	1.59	−6.224
印度尼西亚	0.20	3.86	0.277	委内瑞拉	−2.44	2.60	−5.048
希　腊	0.18	2.72	0.351	匈牙利	−2.45	1.64	−7.759
英　国	0.07	0.54	0.740	约　旦	−2.47	2.30	−5.801
巴拿马	−0.06	1.50	−0.206	斯洛伐克	−2.57	1.97	−5.216
比利时—卢森堡	−0.07	0.40	−0.903	乌克兰	−2.74	0.88	−12.109
丹　麦	−0.15	0.74	−1.130	保加利亚	−2.80	2.15	−7.005
瑞　典	−0.21	1.22	−0.935	墨西哥	−2.86	1.33	−11.535
德　国	−0.26	0.47	−2.940	罗马尼亚	−2.96	2.08	−7.674
法　国	−0.28	0.61	−2.416	南　非	−3.00	1.66	−9.760
西班牙	−0.32	0.75	−2.266	巴基斯坦	−3.10	1.03	−16.267
新加坡	−0.34	1.93	−0.941	萨尔瓦多	−3.16	1.47	−11.609
新西兰	−0.39	2.29	−0.929	巴　西	−3.17	2.19	−7.823
荷　兰	−0.56	1.08	−2.762	捷　克	−3.18	1.70	−7.481
韩　国	−0.59	1.76	−1.801	爱尔兰	−3.25	2.54	−6.889
拉脱维亚	−0.64	1.57	−1.695	利比亚	−3.34	2.58	−6.990
突尼斯	−0.75	2.03	−1.982	泰　国	−3.35	1.78	−10.130
芬　兰	−0.80	1.78	−2.423	菲律宾	−3.57	4.45	−4.324
中国内地	−0.85	2.78	−1.582	秘　鲁	−3.80	3.37	−6.073
阿鲁巴	−0.88	4.62	−0.910	智　利	−4.14	3.27	−6.802
奥地利	−0.88	0.81	−5.851	阿根廷	−4.43	2.43	−9.831
挪　威	−0.94	1.15	−4.374	哥伦比亚	−4.61	2.37	−10.479
葡萄牙	−0.96	1.82	−2.841	马来西亚	−4.64	1.67	−14.943
巴　林	−1.04	1.37	−4.068	厄瓜多尔	−4.66	2.40	−10.447
乌拉圭	−1.06	1.67	−3.409	哈萨克斯坦	−4.88	4.54	−4.026
白俄罗斯	−1.25	1.52	−3.292	阿塞拜疆	−7.07	12.34	−2.142
意大利	−1.31	1.11	−6.339	叙利亚	−7.31	4.53	−8.527
立陶宛	−1.42	1.61	−3.524	哥斯达黎加	−8.05	5.62	−7.722
加拿大	−1.50	0.81	−10.054	俄罗斯	−68.78	179.79	−1.482
中国香港	−1.54	0.61	−8.446				

资料来源:IMF 的 BOP/IFS 数据库、MSCI、Bloomberg 和作者的计算。

附表 5.8　样本国家(地区)账面净收益率(1980—2008 年)

	均值(%)	标准差(%)	t		均值(%)	标准差(%)	t
美　国	3.24	4.50	3.876	匈牙利	−2.50	8.90	−1.457
塞浦路斯	2.55	22.05	0.623	智　利	−2.76	7.80	−1.907
新西兰	1.93	11.19	0.931	拉脱维亚	−2.78	5.85	−1.958
乌拉圭	1.74	9.14	1.027	中国内地	−2.86	7.27	−2.042
柬埔寨	1.70	21.89	0.320	印度尼西亚	−2.97	15.22	−1.031
沙特阿拉伯	1.54	13.27	0.626	委内瑞拉	−3.16	11.74	−1.449
希　腊	1.51	8.15	0.998	布隆迪	−3.23	18.50	−0.856
荷属安的列斯群岛	1.17	4.94	1.248	南　非	−3.57	14.36	−1.338
白俄罗斯	0.60	9.99	0.239	科威特	−3.84	6.05	−3.416
印　度	0.26	10.85	0.129	韩　国	−3.99	9.14	−2.352
巴拿马	0.25	1.54	0.861	爱沙尼亚	−4.07	10.63	−1.580
英国	0.22	2.53	0.469	斯洛文尼亚	−4.33	7.22	−2.470
澳大利亚	0.19	5.33	0.191	波　兰	−4.51	6.62	−3.670
比利时—卢森堡	0.11	3.18	0.182	利比亚	−4.67	22.08	−1.139
西班牙	−0.36	7.29	−0.267	萨尔瓦多	−4.68	7.11	−3.544
立陶宛	−0.40	5.50	−0.288	捷　克	−4.74	7.99	−2.370
巴　林	−0.43	1.47	−1.575	芬　兰	−4.74	15.91	−1.605
阿鲁巴	−0.43	9.10	−0.227	斯洛伐克	−5.02	9.33	−2.152
瑞　士	−0.52	6.08	−0.459	泰　国	−5.21	9.68	−2.896
克罗地亚	−0.55	11.71	−0.189	哥斯达黎加	−5.26	12.41	−2.282
法　国	−0.62	4.94	−0.676	中国香港	−5.29	11.89	−1.477
土耳其	−0.68	10.62	−0.346	秘　鲁	−5.35	9.03	−3.192
奥地利	−0.80	4.91	−0.879	马来西亚	−5.36	13.61	−2.120
阿根廷	−0.88	7.86	−0.606	爱尔兰	−5.43	4.02	−7.275
日　本	−1.02	8.66	−0.634	哥伦比亚	−5.47	13.46	−2.190
挪　威	−1.08	6.32	−0.919	阿　曼	−6.52	23.50	−1.494
丹　麦	−1.21	3.02	−2.149	巴基斯坦	−7.06	9.30	−4.088
保加利亚	−1.21	5.23	−1.249	巴　西	−7.17	16.27	−2.372
德　国	−1.26	2.79	−2.434	约　旦	−7.24	12.38	−3.151
以色列	−1.37	15.04	−0.492	摩洛哥	−7.25	5.93	−6.580
菲律宾	−1.40	12.20	−0.618	叙利亚	−7.46	5.60	−7.055
玻利维亚	−1.49	17.36	−0.463	埃　及	−8.03	19.68	−2.197
意大利	−1.53	4.83	−1.707	哈萨克斯坦	−8.32	28.63	−1.088
葡萄牙	−1.64	4.42	−2.004	突尼斯	−10.29	6.40	−8.657
加拿大	−1.70	3.34	−2.738	阿塞拜疆	−10.70	22.92	−1.747
新加坡	−1.76	5.30	−1.792	厄瓜多尔	−11.34	13.85	−4.410
罗马尼亚	−2.25	10.48	−1.159	乌克兰	−12.28	6.43	−7.401
荷　兰	−2.30	6.26	−1.979	孟加拉国	−14.25	10.57	−7.259
墨西哥	−2.43	5.55	−2.361	俄罗斯	−209.41	607.37	−1.335
瑞　典	−2.44	5.22	−2.517				

资料来源：IMF 的 BOP/IFS 数据库、MSCI、Bloomberg 和作者的计算。

第 6 章　全球资本流动体系中重要国家和地区分析

6.1　美国

　　由于美元的全球货币地位和美国经济金融的实力,美国是全球资本流动体系中的核心国家。在前文中,我们已经了解到,美国作为世界第一大债务国,在全球资本流动体系中,无论是要素收入还是账面收入都超过了其对外支付额。这说明美国的收益率高于支付率,我们的计算结果也证实了这一点,美国是少数几个能够在 30 年中保持要素收益率显著大于要素支付率的国家,而如果考虑资产升值因素,那么在过去 30 年中,美国是全球唯一一个能够长期保持账面收益率超过账面支付率的国家。

6.1.1　美国在全球资本流动体系中的地位

　　作为全球第一大经济体,美国的资本流动规模和境外资产负债规模在全球也是最大的。1980—2008 年间美国资本流出规模占所有样本国家比重均值为 16%,而资本流入规模占全球比重均值为 25%,可见美国的资本流出和流入规模存在巨大差距。1983 年开始美国由资本输出国变为资本输入国,资本净输入规模由 1983 年的 260 亿美元增长到 2006 年的 7 800 亿美元,成为全球第一大资本输入国(见图 6.1)。

　　虽然每年的资本输入和输出规模波动较大,但美国的境外资产和负债规模却增长稳定,1980 年,美国持有境外总资产为 7 550 亿美元,对外总负债 5 000 亿美元,资产

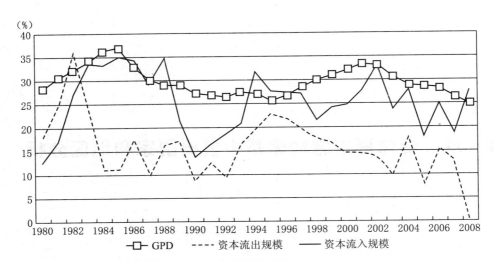

资料来源：IMF 的 BOP 数据库，世界银行 WDI 数据库。

图 6.1　美国资本流动规模占所有样本国家(地区)的比重

负债比达到 1.51，当时的美国还是债权国，净资产达到 2 550 亿美元。1986 年，美国的境外负债首次超过资产，成为债务国，此后美国的资产和负债的规模差距逐渐拉大，不过 2000 年以后，美国的资产和负债比基本稳定在 0.8 左右，虽然净负债规模在不断增加，但是负债和资产的相对规模没有进一步拉大的趋势。2008 年，美国的境外总资产为 13.3 万亿美元，对外总负债为 16.9 万亿美元，净负债规模达到 3.6 万亿美元的历史最高值。美国的境外负债占所有样本国家境外负债的 20% 左右，而资产的占比略低。

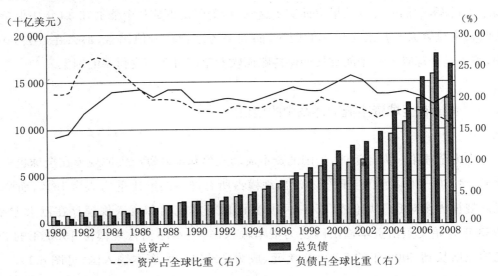

资料来源：IMF 的 IFS 数据库。

图 6.2　美国境外资产负债占所有样本国家(地区)的比重

无论是资本流量还是资产和负债的存量,美国在全球所占的比重都低于其 GDP 在全球的比重,这说明美国的对外资本流动程度并不高。这主要是因为欧洲国家之间的资本流动门槛更低,欧洲国家之间的资本开放水平和实际流动水平都远高于世界其他国家(地区),从而使得美国的资本流动流量和存量都显得不高(见图 6.2)。

6.1.2　美国在对外资本流动中的获益

　　虽然美国在 1986 年以后一直是债务国,但是美国每年的要素收入却超过要素支付,在我们研究的 1980—2008 年,美国的要素收入没有一年低于要素支付,即使是在资产负债比最低的 2001—2002 年(资产和负债比为 0.77)。并且在 1998 年以后,美国的要素净收入持续上升,到 2008 年,要素净收入达到 1 600 亿美元。这说明美国的要素收益率一直高于要素支付率,对于一国来说,对外投资的收益率超过支付率并不难,但能在 30 年的时间里,每年对外投资的要素收益率都高于支付率,除了美国,没有其他国家能够实现。虽然美国的要素净收益率的均值只有 1.56%,看上去差距并不大,但如果考虑到 20 世纪 90 年代以来全球的低利率水平,就会发现,1.56% 相对于整体利率水平来说,并不是一个很小的收益,美国每年的要素收益率是要素支付率的 1.3 倍(均值),而 1980—2008 年间美国的负债仅为美国资产的 1.08 倍(2000—2008 年间这一比值的均值为 1.23),收益率和支付率的比值远高于负债和资产的比值,因此,美国的要素收入长期高于要素支付(见图 6.3)。

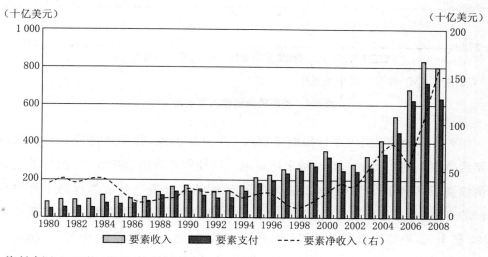

资料来源:IMF 的 IFS/BOP 数据库。

图 6.3　美国的要素收入和要素支付

考虑到资产升值因素,美国的净收入规模则更大。虽然资产的价值波动风险较大,在某些年份资产升值不但为负值,甚至还抵消掉要素收入,账面收入为负值,但美国的境外资产价值增长仍然大大超过对外负债的价值增长,美国的账面收入在2007年达到1.9万亿美元的历史最高值,这其中仅有8300亿美元是要素收入,即2007年美国境外资产的升值超过了1万亿美元。从收益构成来看,美国的境外收益越来越依赖资产升值,而不再局限于传统的利息收入。和美国要素净收入连续30年都为正不同,美国的账面净收入在一些年份为负值。在2008年金融危机中,美国遭受了几十年来最大规模的一次损失,2008年美国的账面收入为−1.66万亿美元,即美国的境外资产损失了1.66万亿美元,而外国投资者在美国的投资损失了9400亿美元,美国净损失7200亿美元,不过这个损失规模和美国过去30年累积的净收入相比,非常小(见图6.4)。

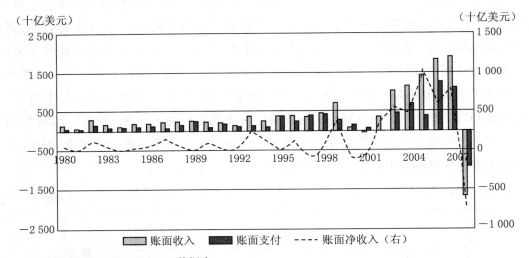

资料来源:IMF 的 IFS/BOP 数据库。

图 6.4　美国的账面收入和账面支付

1980—2008年,美国累计账面净收入4.1万亿美元,其中来自资产升值的收益是要素净收入的2倍多。美国越来越多地从境外资产升值当中获益,虽然美国的对外负债高于其境外资产,但是在各个阶段,美国的境外资产升值都远高于外国在美资产的升值,并且,这一趋势在逐渐加强。20世纪80年代,美国境外资产累计升值4790亿美元,略高于其对外负债的升值(351亿美元),而到了90年代,美国境外资产升值高达1.2万亿美元,远高于负债5390亿美元的升值。进入2000年以后,由于经历了2001年互联网经济泡沫破裂和2008年全球金融危机,外国在美国的资产不但没有升值，反而累计贬值了 7 900 亿美元，相比之下，美国在境外的资产却又升值了 1.4 万亿美元——尽管在 2008 年美国境外资产贬值了 2.5 万亿美元。考虑到 2000—2008 年间的负债贬值，1980—2008 年间，外国投资者持有的美国资产累计升值仅有 1 000 亿美元，和 17 万亿美元的在美资产（2008 年）相比，几乎可以忽略不计。美国负债的累计升值仅是美国资产的累计升值的 3.2%。一方面，美国获得的要素净收入稳步增加，另一方面，美国的境外资产升值带来的净收益以远高于要素收入的速度增加，从而使得美国的境外资产净收益在 29 年中累计高达 4.15 万亿美元（见表 6.1）。

表 6.1　美国的净收益构成（累计值）（十亿美元）

	1980—1989	1990—1999	2000—2008	1980—2008
账面净收入	429	887	2 830	4 146
要素净收入	301	231	619	1 151
资产净升值	128	656	2 211	2 995
资产升值	479	1 195	1 421	3 095
负债升值	351	539	−790	100

资料来源：IMF 的 BOP/IFS 数据库、BEA、美国财政部和作者的计算。

1980—2008 年间，美国在对外资本循环中的获益可以用表 6.1 和表 6.2 来解释，美国的商品和服务贸易、经常转移和薪酬收入的累计赤字为 8.59 万亿美元，但美国在境外投资获得了更高的投资收入，经常账户项下的累计投资收入（即前文所讲的要素收入）盈余为 1.15 万亿美元，投资收入盈余一定程度上抵消了因贸易、经常转移和薪酬支付造成的经常账户赤字，从而使得美国的经常账户赤字累积额降为 7.44 万亿美元（见表 6.2）。

表 6.2　美国的经常账户累计平衡（1980—2008 年）（十亿美元）

经常账户平衡	−7 443
商品和服务平衡	−7 048
经常转移平衡	−1 351
薪酬收入平衡	−195
投资收入平衡	1 151

资料来源：IMF 的 BOP/IFS 数据库和作者的计算。

为了维持国际收支平衡，美国从外部大量借入资本，29 年中美国累计对外净借入资本(资本输入减去资本输出)6.88 万亿美元①。美国净借入资本并不代表没有资本输出,只是资本输出规模小于输入规模,在 1980—2008 年间,美国累计输出资本 9.5 万亿美元,累计输入资本 16.4 万亿美元。由于资本的输出和境外资产的升值,美国的境外资产累计增长了 12.6 万亿美元,到 2008 年时资产总额为 13.2 万亿美元。同样,由于资本的输入和对外负债的升值,美国对外负债规模累计增长 16.5 万亿美元,2008 年总负债 16.9 万亿美元。净资产由 1979 年的 2 320 亿美元变为 2008 年的—3.63 万亿美元,即从 2 000 多亿美元的净头寸的债权国变为 3.63 万亿美元的净头寸的债务国,净负债增加了 3.9 万亿美元。净负债增加的 3.9 万亿美元和累计净输入的资本 6.9 万亿美元之间的差额,就是美国的境外资产升值给美国带来的收益(见表 6.3)。

表 6.3   1979—2008 年间美国资产负债的变化(十亿美元)

	资　产	负　债	净资产
1979 年存量	656	425	232
累计资本流量	−9 513	16 368	6 880
累计升值	3 095	100	2 995
2008 年存量	13 264	16 892	−3 629
头寸变化	12 608	16 467	−3 861

资料来源:IMF 的 BOP/IFS 数据库和作者的计算。

　　3.1 万亿美元的资产升值收益和 1.15 万亿美元的要素净收入是什么样的规模呢? 3.1 万亿美元的资产升值收益相当于美国在过去 29 年间累计借入的净债务 6.9 万亿美元的 45%,1.15 万亿美元的投资收入接近美国在过去 29 年间的累计对外经常转移净值(1.35 万亿美元),而经常转移包括政府部门和其他部门,如美国政府对国外的军事援助、美国向国际组织缴纳的款项(如联合国会费)、美国对外赈灾、美国政府外派援助人员的薪水和其他费用、私人部门对外的捐赠等。通过对外资本循环,外国人就已经帮美国偿还了近一半的借债,还帮美国支付了对外军事、赈灾、援助人员的各项费用,以及美国私人部门对外的捐赠,还替美国缴纳了几十年来美国在国际组织中的会费。

　　当人们还在忧虑美国是否能够还得起其所欠下的巨额债务时,美国已经在减轻其

---

① 这里的资本净流入和经常账户平衡不完全相等是因为一方面这里的资本流动不包括金融衍生品的流动,另一方面,国际收支的平衡还包括资本转移、遗漏和误差项。

债务负担了。美国境外资产的累计升值,已经帮美国"偿还"了45%的累计借债[1],如果加上美国获得的累计1.15万亿美元的要素净收入,那么美国还能"再偿还"17%的累计借债[2]。也就是说,在过去29年中,美国即使不通过改善其贸易条件,缩减逆差的途径,就已经具备能够"偿还"其60%以上借债的能力(见图6.5)。

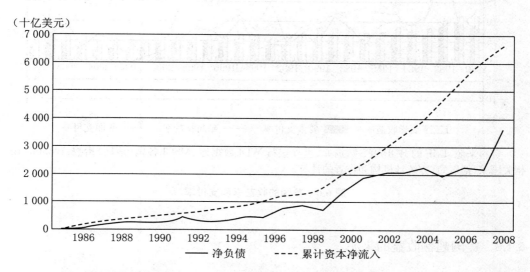

注:1986年美国成为债务国,我们以1986年美国的净负债为参照,将1986—2008年间,美国累计资本净流入量和美国净负债进行比较。
资料来源:IMF的IFS数据库和作者的计算。

图6.5 美国净负债和累计资本净流入

美国之所以能够在负债的情况下获得投资要素净收入,并且净负债的增长低于累计净流入资本的增长,是因为美国对外投资的收益率超过外国对美投资的收益率。1980—2008年间,美国的投资要素收益率均值为6.83%,投资要素支付率均值为5.27%,前者比后者高1.56%,并且两者的差异在统计上非常显著,两组序列成对样本检验t值为27.92,在1%的水平上显著大于0。而账面收益率的均值为9.97%,远高于账面支付率6.73%的均值,两者相差3.24%,并且美国也是全球唯一一个账面收益率在统计上显著大于账面支付率的国家。账面净收益率(均值3.24%)和投资要素净收益率(均值1.56%)的差异是由资产的净升值所引起的,这说明1980—2008年间,美国的境外资产升值幅度要高于美国对外负债的升值幅度(见图6.6)。

---

[1] 45%是用美国的资产净升值(3.1万亿美元)除以累计净借债(6.9万亿美元)。

[2] 17%是用美国的要素净收入(1.15万亿美元)除以累计净借债(6.9万亿美元)。

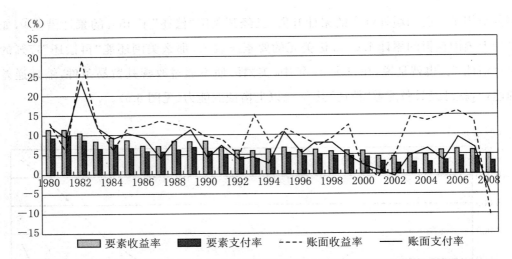

资料来源：IMF 的 BOP/IFS 数据库、世界银行 WDI 数据库、MSCI 各国（地区）指数、Bloomberg、相关国家（地区）官方统计机构和作者的计算。

图 6.6　美国的收益率和支付率

6.1.3　美国超额收益的来源

　　关于美国在国际金融体系中的霸权地位，各国的学者、官员都已做了诸多讨论，而这些讨论的集中点大多是美国可以通过发行货币流通到他国，换取商品和服务，从而在全球享有"铸币税"，以及在当前国际货币体系安排下，贸易盈余国不得不将积累的贸易盈余投资于美国国债作为外汇储备，即美国的逆差越大，其越能够向外国借债。除非美国政府破产，否则，美国国债不会发生违约（但可能因为美元贬值等因素造成债权国实际损失），因此美国政府向外国投资者发行的国债，至少在账面上还是美国的债务。而外国持有的美国现金，则仅仅是一些纸币，与美国政府或者美联储没有直接的债权债务关系。但这部分现金又是从美国流通出来的，这些现金从美国流通出来时必然换取了外国的商品和服务，因此，这部分现金就是人们常说的，美国享有的"铸币税"。根据美联储的估算，2008 年大约有 6 000 亿美元的现金在美国国外流通，占所有流通美元的 60% 左右。

　　如果打个比方，全球资本流动体系就像一个交易市场，那么美国是这个交易市场的建立者，也是监管者（美国在 IMF、世界银行、联合国，都有其他国家无法享有的特权，这些国际机构很大程度上受到美国的影响），同时美国在这个交易市场中身兼上市公司和银行中介的角色。作为监管者，美国维持着现行的全球金融体系制度，并为其作为上市公司和做市商的角色服务。作为上市公司，在一级市场，美国通过对外输出美元，用纸币换取国外的商品和服务，这些纸币不同于其他债务，没有直接债务人，其成本几乎为零，这笔收益有 6 000 亿美元，被人们称为"发行铸币税"。同时，作为上市公司，美国在一级市场还发行债券融资——不是股权融资，外国投资者买不到美国的核心资产——到 2008 年末，仅美国财政部对外国投资者所欠债务就达到 3 万亿美元，另外还有"两房"这样的政府担保机构所欠的巨额债务，这些债券大多为外国官方机构持有。而现在全世界担心的是，美国政府能否还得起这笔债。在二级市场，美国作为银行中介——即使不是全球唯一的，也是最大的——低成本吸收存款，再投资到高收益的资产中，从而获取稳定持续的巨额利润。无论是哪个角色，美国都是现行全球金融体系中的获益者。在我们研究的 29 年中，美国获取了 6 000 亿美元的"发行铸币税"[①]，从外部借入了 6.88 万亿美元的债务，在对外资本循环中获取了 1.15 万亿美元的要素净收入，还有 3.1 万亿美元的资产升值净收益。

美国之所以能够在全球资本循环中获得如此大的收益，有多方面的原因，既有微观原因，又有宏观原因，如美国对外资产和负债结构的差别、国际货币体系和汇率因素、美国企业和金融机构自身的竞争力等。因此，我们首先将净收益率的构成进行分析。

衡量一国对外资本流动的总收益和成本，主要从账面收益率和账面支付率角度分析，账面收益率和账面支付率的差称为账面净收益率。账面净收益率大于零，说明一国境外总资产的账面收益率大于对外总负债的账面支付率，即本国在对外资本循环中的盈利能力高于对外融资的成本。账面净收益率小于零，说明一国境外总资产的账面收益率小于对外总负债的账面支付率，即本国的融资成本较高。

影响账面净收益率大小的因素可分解为两个方面——我们称之为收益效应和结构效应。一方面，境外投资的总资产可以分解为直接投资、证券投资（股票、债券）和其他投资等几种不同类型，每类资产的账面收益率和账面支付率又存在差异，这种差异是一国总资产账面收益率和总负债账面支付率差异的基础。以直接投资为例，若本国直接投资的账面收益率高于账面支付率，这就说明本国对外直接投资获得的投资收入以及境外直接投资资产的升值比外国在本国直接投资获得的投资收入以及资产升值高，本国投资者的盈利能力更强。另一方面，由于不同类型的资产在风险、期限等方面

---

① 6 000 亿美元是 2008 年境外美元现金的存量，这笔资金也有一部分是 1980 年以前流出的，因此在 1980—2008 年间实际的"发行铸币税"低于 6 000 亿美元。

的差异,其账面收益率(支付率)水平存在差异,而一国的资产和负债结构往往不一致,因而资产和负债的结构差异又会引起总资产账面收益率和总负债账面支付率的差异——我们称之为结构效应。

$$R^a = \mu^{af} R^{af} + \mu^{as} R^{as} + \mu^{ao} R^{ao} \qquad (6.1)$$

$$R^l = \mu^{lf} R^{lf} + \mu^{ls} R^{ls} + \mu^{lo} R^{lo} \qquad (6.2)$$

其中,R^a 和 R^l 分别表示总资产账面收益率和总负债账面支付率,μ^{ai} 表示资产 i 在总资产中的权重,μ^{li} 表示负债 i 在总负债中的比重,R^{ai} 表示资产 i 的收益率,R^{li} 表示负债 i 的账面收益率,f、s、o 分别表示直接投资、证券投资和其他投资。我们通过下式来分解一国账面净收益率的收益效应和结构效应。其中,证券投资又可分为股票投资和债券投资,因此上述两式可扩展为:

$$R^a = \mu^{af} R^{af} + \mu^{ae} R^{ae} + \mu^{ad} R^{ad} + \mu^{ao} R^{ao} \qquad (6.3)$$

$$R^l = \mu^{lf} R^{lf} + \mu^{le} R^{le} + \mu^{ld} R^{ld} + \mu^{lo} R^{lo} \qquad (6.4)$$

其中 e 表示证券投资、d 表示债券投资。

账面净收益率的期望值可以通过下式分解来表示:

$$E(R^a - R^l) = E[\bar{\mu}^f (R^{af} - R^{lf})] + E[\bar{\mu}^s (R^{as} - R^{ls})] + E[\bar{\mu}^s (R^{ao} - R^{lo})]$$
$$+ E[(\mu^{a1} - \mu^{l1})(\bar{R}^1 - \bar{R}^3)] + E[(\mu^{a2} - \mu^{l2})(\bar{R}^2 - \bar{R}^3)] \qquad (6.5)$$

其中 $\bar{\mu}^i = (\bar{\mu}^{ai} + \bar{\mu}^{li})/2$,表示 i 的平均权重,$\bar{R}^i = (\bar{R}^{ai} + \bar{R}^{li})/2$ 表示 i 的账面收益率和账面支付率的均值。式(6.5)的后两项中,资产 1、2、3 表示直接投资、证券投资和其他投资,这三项资产的账面收益率和账面支付率均值由高到低排序,即资产 3 的账面收益率和账面支付率均值最低。式(6.5)中前三项表示收益效应,即在平均权重之下,每一类资产的账面收益率和账面支付率的差异对总资产账面净收益率的影响。后两项表示结构效应,即资产结构中不同收益率的资产所占比重不同,对总资产账面净收益率的影响。

根据美国对外投资和融资的收益率以及支付率,在三大类资产中,其他投资的账面收益率与账面支付率均值最低。因此,根据美国的情况,式(6.5)可改写为:

$$E(R^a - R^l) = E[\bar{\mu}^f (R^{af} - R^{lf})] + E[\bar{\mu}^s (R^{as} - R^{ls})] + E[\bar{\mu}^s (R^{ao} - R^{lo})]$$
$$+ E[(\mu^{af} - \mu^{lf})(\bar{R}^f - \bar{R}^o)] + E[(\mu^{as} - \mu^{ls})(\bar{R}^s - \bar{R}^o)] \qquad (6.5)$$

我们计算得到如下结果(见表 6.4):

表 6.4　美国净收益率的来源

收益效应	1980—1989	1990—1999	2000—2008	1980—2008
直接投资	2.00%	2.10%	1.75%	1.96%
证券投资	1.83%	2.41%	1.86%	2.04%
其他投资	−0.11%	0.41%	0.95%	0.40%
总　计	3.71%	4.92%	4.55%	4.39%

结构效应	1980—1989	1990—1999	2000—2008	1980—2008
直接投资	0.37%	−0.01%	0.46%	0.26%
证券投资	−2.23%	−1.33%	−0.59%	−1.41%
总　计	−1.87%	−1.35%	−0.13%	−1.15%

	1980—1989	1990—1999	2000—2008	1980—2008
总资产账面净收益率	1.85%	3.57%	4.42%	3.24%

注：表格中每项数据是对应时间段内该效应的均值。
资料来源：IMF 的 BOP/IFS 数据库、美国经济分析局(BEA)和作者的计算。

　　美国的总资产账面收益率均值为 9.97%，比总负债账面支付率均值（6.73%）高 3.24%，更高的收益率是美国对外资本循环中获得超额收益的直接写照。根据美国的各类资产账面收益率和支付率数据，可以看出美国超额收益的来源主要来自于收益效应，除了其他投资的收益效应较弱（即便如此，其他投资的账面收益率仍旧比支付率高 0.4%），美国在直接投资和证券投资方面都获得了较强的收益效应，在美国 3.24% 的账面净收益率中，直接投资和证券投资的收益效应分别贡献了 2%。相比之下，尽管美国的资产和负债结构存在巨大差异，但美国并没有从这种结构差异中获益，相反，这种结构差异还使得美国的净收益率降低。

　　在三大类资产中，证券投资的账面收益率与支付率的均值最高，其次是直接投资，其他投资的账面收益率与支付率均值最低，而在 20 世纪 80、90 年代，美国资产结构中的证券投资远远低于其在负债中的比重，而同期证券投资的收益率又明显高于其他投资的比重，这种结构的差异反而给美国带来了负面影响。

　　通过分析美国净收益率的收益效应和结构效应，我们发现，美国并没有因资产和负债的结构差异获利，资产和负债结构的差异甚至降低了美国的净收益率。而美国超额收益的来源则来自每项资产的收益效应，美国在每一项资产的收益率都高于其支付率，也就是说在每项资产项下，美国投资者的盈利能力都高于外国投资者在美国的投资。或者说，在每项资产中，美国投资者的投资收益率都高于其融资成本。因此，下文我们将进一步从微观角度分析为何美国投资者能够长期保持对外资本循环的高收益和低成本。

　　1. 金融机构和企业的竞争力——"收益效应"的微观基础

　　美国能够在每类资产上获得"收益效应"，说明美国投资者在每一类资产上具备更强的盈利能力。这说明美国的投资者——金融机构和企业具有较强的竞争力。

（1）发达的金融市场和成熟的金融机构

美国对外投资的主体是私人部门，并且越来越倾向于证券和金融衍生品的投资，这些私人部门的投资主体是美国对外投资获得高收益的主要原因之一。美国的金融业高度发达，金融机构不仅在美国国内经济活动中起到核心作用，而且在美国对外的投资和融资活动中，乃至在全球的活动中都有着重要的地位。

在2008年金融危机爆发前，全球融资和收入排名最大的15家投资银行中，有10家是美国的公司。这些投行不仅在本土经营相关业务，而且其分支机构遍布全球，在全球金融市场都随处可见他们的身影。这些投资银行积聚了美国本土和其他国家的优秀人才，不仅能够在其他国家和本土企业竞争，而且更具备全球的资源优势，这是那些拘泥于本土的外国金融机构所不能企及的。

除了信息、技术、研究、营销等各方面的优势外，这些投资银行还具备其他国家同行不具备的本土优势——以纽约、芝加哥为首的金融交易市场本身就是全球金融中心，由于美国发达的金融市场和充裕的私人资本，大量外国企业选择赴美国上市，同时又有大量外国投资者进入美国金融市场进行投资，而这些企业和投资者进入美国市场时往往会选择这些本土的金融中介（见表6.5）。

表6.5 2006年全球前15大投资银行

排名	中文常用名	英　文
1	花旗所罗门美邦	Citigroup/Salomon Smith Barney
2	美国雷曼兄弟公司	Lehman Brothers
2	美林公司	Merrill Lynch
4	瑞士信贷第一波士顿	Credit Suisse First Boston
5	摩根士丹利公司	Morgan Stanley
6	高盛集团	Goldman, Sachs & Co.
7	贝尔斯登公司	Bear, Stearns & Co.
8	德意志银行	Deutsche Bank Securities
8	瑞银华宝	UBS Warburg
10	保诚证券	Prudential Securities
11	摩根大通公司	J.P.Morgan Securities
12	美银证券公司	Bank of America Securities
13	桑福德伯恩斯坦公司	Sanford C.Bernstein & Co.
14	国际战略与投资集团	International Strategy & Investment Group
15	法国兴业证券	SG Cowen

注：排名标准：总融资额/资本市场收入。
资料来源：基于网络资料搜集整理。

由于 2008 年金融危机的影响，美国的金融业格局发生了变革，一些知名的投资银行倒闭，其他一些投行或被兼并，或进行业务改革。但这并没有给美国金融机构在全球的竞争力地位带来实质影响。在英国《银行家》杂志 2010 年①的全球 1 000 家大银行排名中，一级资本前 10 强中有 4 家美国银行，其中美国银行、摩根大通、花旗集团位居全球前三甲，富国银行排名全球第 6，可见这些美国银行的资本实力。《银行家》杂志还公布了全球银行品牌价值排名，如果说一级资本说明了银行的资金实力的话，那么品牌价值则反映了一个银行的品牌形象和综合竞争实力，在全球品牌价值前 100 的银行中，美国占据 25 席②，并且美国的银行品牌价值分布比较靠前，前 10 名中美国的银行占据 5 席，分别是美国银行、富国银行、花旗集团、高盛集团、大通银行。

发达成熟的金融行业和实力强大的金融中介机构为美国投资者提供了优质的外部投资对象，又为美国融资者引入了大量资金（往往成本还比较低）。而具体的投资行为，则由各类资产管理机构主导。这些资产管理机构既有前面提到的投资银行、商业银行，也有一些独立的资产管理公司，包括共同基金、对冲基金等。这些资产管理机构，通过专业的投资素养管理着数十万亿美元的个人和企业的资产。

由于相关公开信息较少，缺少关于资产管理公司资产托管规模的详细统计，但我们可以从一些知名机构的数据管窥美国资产管理公司的庞大规模。贝莱德集团（BlackRock，又被称为黑岩集团或黑石集团）的资产管理规模高达 3.19 万亿美元（2009 年末），纽约银行梅隆公司（BNY Mellon）的资产管理规模高达 1 万亿美元（2010 年末），高盛集团的资产管理规模达到 7 320 亿美元（2009 年三季度末）。这些大银行和资管公司管理的资产动辄上万亿美元，而美国有数十家这样的资产管理机构。共同基金是美国另一重要的投资管理机构，截止到 2009 年底，美国已注册共同基金的资产规模达到 12.2 万亿美元③，前三大基金管理公司的累计资产接近 3 万亿美元，其中最大的先锋基金管理公司（Vanguard）资产超过了 1 万亿美元。相对于其他国家规模小而分散的投资行为，美国投资者的资金通过集中到这些资产管理机构，由少数专业人员管理，具有资源集中化、技术专业化的优势。庞大的管理机构，能够建立完善的研究、投资、营销队伍，能够搜集和处理其他机构和个人不能获取和处理的信息，强大的资金实力也使得这些机构在市场上有较大的话语权，从而能够更有效地管理和投资这

---

① 实际使用的是 2009 年年末数据进行排名。
② 具体数据参考附表 6.1。
③ 仅包括向美国投资公司协会（ICI）报告数据的共同基金，不包括投资于其他共同基金的共同基金。数据来源：Morningstar。

数十万亿美元的资产,为投资者提供更高的回报。

这些基金不局限于投资美国本土的资产,相当数量的资金还用于投资境外资产,根据 Morningstar 的数据,美国的共同基金投资国际化程度较高,2007—2010 年间,境外股票占美国共同基金的平均比重高达 18%,考虑到超过 10 万亿美元的美国共同基金规模基数,美国投资外国股票的实际规模是非常庞大的,另外还有一定数量的资金投资境外的债券等其他资产。在美国最大的 15 只共同基金当中,就有数只基金专注于美国境外资产,包括先锋全股票市场指数(1 446 亿美元)、美洲欧太成长(1 066 亿美元)、先锋新兴市场股票指数(553 亿美元)等,而另有一些基金虽然不是专注于境外资产,但是其对境外资产在其投资组合中的比例较高,如美洲资本世界成长收益(810 亿美元)就偏好于投资欧洲股票,即使是一些主要投资美国国内资产的基金,也会持有一定比例的境外资产作为配置,如美国第二大基金——美洲成长基金(1 561 亿美元)在其基金介绍中就提到该基金可配置不超过总资产 25% 的外国证券(见表 6.6)。

表 6.6   美国最大的 15 只共同基金

名　　称	资产规模(十亿美元)	名　　称	资产规模(十亿美元)
PIMCO 总回报	255.9	富达反向基金	71.1
美洲成长基金	156.1	美洲美国收益基金	67.2
先锋全股票市场指数	144.6	美洲美国投资公司	60.2
美洲欧太成长	106.6	富兰克林收益	55.7
先锋 500 指数	96.9	先锋新兴市场股票指数	55.3
先锋全债券市场指数	89.3	先锋惠灵顿基金	51.7
美洲资本世界成长收益	81	美洲美国平衡	49.3
美洲资本收益建设人	79.4		

注:截止到 2010 年 11 月 20 日。
资料来源:Morningstar。

(2) 具备全球竞争力的美国跨国公司

在资本市场,美国投资者的资金由具备较强投资能力和资金管理能力的专业机构打理,从而具备在全球投资的竞争力。同样,在实体经济中,虽然美国制造业近几十年来严重依赖进口,但是美国保留下来的产业,大多是美国企业具备较强竞争力的行业。《财富》杂志发布的 2009 年世界 500 强企业排行榜中,美国公司有 140 家,即使这是"美国上榜家数历史最低"的一次,但美国上榜的企业仍是其他任何国家的两倍以上(上榜公司第二多的日本有 68 家上榜),美国入围 500 强的企业之所以减少了数十家,主要是因为 2008 年金融危机导致美国大批金融机构倒闭、被兼并或合并。

随着经济全球化趋势的深入,美国的跨国公司迅猛发展,其数量、规模和实力不断膨胀,是全球化过程中的先行者。美国的跨国公司目前在全球建立数以万计的分公司,它们作为一个整体,组成世界生产体系中的重要网络,对全球经济和贸易,有着举足轻重的影响力。特别是在进入 20 世纪 90 年代以后,跨国经营扩大了美国在国际市场的占有率,实现了成本最小化和利润最大化,从而实现了资源的优化配置。事实证明,美国的跨国公司在科技、管理、资金上都有着较强的竞争力。

美国兰德公司的一份报告①打消了人们关于美国的科技优势是否会被赶超的担心。该报告研究发现,美国在科技领域仍然处于世界领先地位。美国的科技实力从许多方面衡量比日本和欧洲发展得快,而包括中国和印度在内的发展中国家(地区)科技产出增长迅猛,不过它们的起点较低。迄今为止,这些发展中国家(地区)在全球创新和科技产出中所占的份额不大,在这些领域,仍然是美国、欧洲和日本处于主导地位。美国的研发开支占世界研发总开支的 40%,其他国家和地区在研发开支上没有大大超过美国;在作为经济合作与发展组织成员的工业化国家中,美国申请专利的新技术发明占到 38%;美国聘用了 37%(130 万)的经合组织成员国的科研人员,其他国家和地区在科技工作者就业人数方面没有超过美国,欧盟 15 国科研人员的增加数量与美国相当,日本增加的人数则大大少于美国;美国出版物的数量占全世界出版物总数的 35%;在全球引用的出版物中,源自美国的占到 49%,中国、印度和韩国正开始在全球科技投入和活动中占据重要份额,而且科技产出和成果也在出现迅速的增长,不过在专利、科技出版物和获得引用的权威资料方面所占的份额非常小;引用频率很高的出版物中,有 63% 源自美国;70% 的诺贝尔奖得主在美国工作;引用频率最高的个人中,有 66% 在美国工作;全球顶尖的 20 所和 40 所大学中,有 75% 在美国;全球顶尖的 100 所大学中,有 58% 在美国。

毫无疑问,美国目前在科学技术上相对其他国家(地区)占据绝对优势,并且这些先进的技术大多为私人公司持有,能够快速实现产业化,这使美国企业的技术优势表现得十分突出。在信息产业革命中,美国涌现出了一大批优秀的高科技企业,如微软、英特尔、IBM 等,这些公司已经在某种程度上成为美国的标志。美国的传统制造业也由于高新技术的介入,实现了结构性复苏,并获得更高的利润。这样的优势,也出现在美国企业的对外投资当中。高科技行业本身就是回报率高的产业,再加上具备垄断的技术优势,美国企业在外投资能够具备更强的定价能力,同时还能利用外国资源降低成本,因此美国的企业在外投资能够获得更高的回报率。另一方面,外国具备成本优

---

① Titus Galama and James Hosek, 2008, "U.S. Competitiveness in Science and Technology", Rand Corporation.

势的中低端制造业无法投资到美国,而技术密集型和资本密集型产业,虽然外国公司在某些方面具备优势,但是这种优势不是全面性的。并且,美国政府还会阻止其他国家通过收购美国企业获得更多的技术优势。正如美国学者赫德森(2008)所说:"美国不容许别国用手中积存的美元购买美国的有价值的资产,更不用说关键产业和部门的资产。上世纪70年代,欧佩克成员国政府被告知,只能以其美元购买美国主要公司极少量的股份。80年代,日本被允许只能投资于估价过高的房地产、电影公司或者有困难的公司,而美国要求其他国家出卖其关键部门的最高控制权。"赫德森还提到,当石油输出国想购买美国公司时,美国认为这是战争行为。同样,近年来中国收购美国技术或能源公司连连遇阻也说明了这一点。

同样,美国跨国公司的总体管理水平、创新精神和财务实力也是具备全球竞争力的。美国的管理文化在全球得到了认可,《财富》杂志通过长期投资价值、公司资产的合理使用、创新能力、管理质量、财务表现、吸引和保留人才的能力、产品和服务的地位、社会责任感及全球化经营的有效性等指标的评估,编制出全球最受赞赏公司排行榜。这些筛选指标从各个角度评价了一个公司的综合形象,反映了一个公司全面的竞争力。在2010年的排行榜中,排名第一的是美国苹果公司,位居次席的是谷歌公司,第三名是伯克希尔—哈撒韦(巴菲特创办),排入前20的仅有一家非美国公司——丰田汽车。可见美国公司不仅具备强劲的科技实力,在管理、创新、公司文化建设方面都有着非常优异的表现。而这些公司大多都是全球性的跨国公司,在美国本土之外,这些公司也能够获得非常高利润。图6.7是我们计算的美国在外直接投资的要素收益

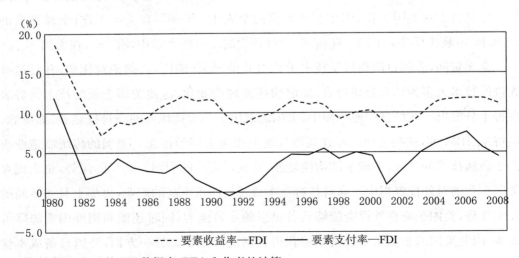

资料来源:IMF的IFS数据库、BEA和作者的计算。

图6.7 美国直接投资的要素收益率和要素支付率

率与直接投资要素支付率(即外国在美国直接投资的回报率)。美国公司在外获得高额利润的同时,美国又为外国在美国的投资设置障碍,外国投资者自身能够具备竞争优势的仅为少数,而又不能购买具备核心竞争力的公司,因此外国投资者在美国投资的回报率就比较低了。

2. 资产和负债结构的差异

尽管前面的分析显示美国没有从"结构效应"中获得超额收益,但是美国的资产和负债结构差异仍然值得注意。由于风险、期限等因素的不同,不同类型的资产回报率也存在差异,前文我们在数据上也说明了这一点,直接投资的实际收益率最高,而股票投资的实际收益率虽然低,但是名义收益率却最高,其他投资虽然实际收益率高于股票投资,但是名义收益率是几类资产中最低的。在美国的境外资产中,最显著的特征就是证券投资资产比例的上升,特别是股票投资,其他投资大大下降,也就是说美国对外投资越来越倾向于证券投资渠道,而不是传统的银行贷款等间接金融方式。在2008 年以前,甚至直接投资的比例也有一定程度的下降①。2007 年,股票投资已经占美国在境外资产的1/3 之多,远远高于全球 18% 的平均水平②。由于美元本身就是全球储备货币,美国在进入 20 世纪 80 年代以后,其储备资产存量几乎没有增加,外汇储备值维持在几百亿美元的水平,因而储备资产的比重逐渐被稀释,目前仅为 2% 左右,在美国的境外资产中无足轻重(见表 6.7)。

表 6.7　美国的境外资产结构(%)

	1980	1985	1990	1995	2000	2005	2007	2008
直接投资	28.51	28.82	28.30	25.40	24.55	24.62	21.96	27.89
证券投资	8.27	9.27	15.71	34.53	38.88	42.69	46.08	34.68
股票	2.51	3.45	9.07	22.68	29.70	30.80	33.39	21.50
债券	5.76	5.83	6.64	11.86	9.18	11.89	12.69	13.19
其他投资	63.22	61.90	55.99	40.07	36.57	32.69	31.97	37.43
储备资产	22.69	9.16	8.02	5.05	2.06	1.75	1.76	2.21

资料来源:IMF 的 BOP/IFS 数据库和作者的计算。

进一步分析各种类型资产回报率会发现,美国的境外资产和负债结构调整会随着全球资产回报率的变化而进行对自身有利的调整。具体来说,在 20 世纪 80 年代,全

① 2008 年,直接投资和其他投资的比例出现反弹是因为股票资产的大幅缩水,而不是这两类资产自身规模的大幅增长。

② 在全球平均水平中也含有美国的资产,由于美国资产所占比重较大,如果去除美国因素,其他国家(地区)的资产中,股票投资的比例将会更低。

球利率水平较高,即意味着银行贷款的利息较高,这时美国的资产中其他投资所占比例最高(这意味着美国主要通过银行贷款等传统方式对外输出资本),从而使得美国可以获得较为丰厚的利息回报,此时美国的净收益主要来自利息收益而不是资产增值。进入 90 年代以后,全球进入一个一直延续至今的降息周期当中,这就意味着依靠银行贷款获取的利息收入将会降低。此时在美国的境外资产中,其他投资的比重大幅下降,1995 年时仅为 40%,而 1990 年时还高达 56%(见图 6.8)。

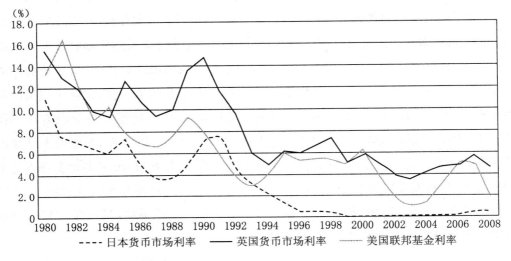

资料来源:IMF 的 IFS 数据库。

图 6.8　全球利率水平的变化

　　其他资产比重的下降,主要是由于直接投资和证券投资以更快的速度增长所致,特别是证券投资,其增长速度最快。1990 年,美国的境外资产中,证券投资规模为 3 400 亿美元,1995 年增长至 1.2 万亿美元,2000 年超过 2.4 万亿美元,平均 3 年多就翻了一番。而 20 世纪 90 年代之后,全球资本市场又进入了一个繁荣期,即使期间有数次金融危机的影响,其带给投资者的回报也高于银行存贷款的利息收入。而在直接投资方面,美国又能够在境外获得持续稳定的高收益率,我们计算得到全球所有国家(地区)的境外直接投资平均实际收益率为 7.28%,而美国每年境外投资的平均实际收益率达到 10.62%,并且这一收益率非常稳定,绝大多数年份在 8%—12%之间波动,直接投资为美国的股东提供了稳定的利润来源。在各类资产的盈利能力上,美国就能够做到高于世界平均水平,在此基础上,美国对外投资结构又进一步向高收益资产集中,因此美国对外投资的实际和名义收益率都高于世界平均水平。

与倾向于股权投资不同，美国的融资则依赖债权融资方式，直接投资和股票的合计权重在 2008 年为 28%，远远低于美国境外资产中这两项合计 49% 的权重。美国对外负债中，比重最高的是债券，近几年债券在美国的总负债中已经达到 40% 左右，这其中大部分是美国政府债券，如 2008 年，美国对外负债中债券总额为 7.4 万亿美元，这其中美国国债和机构债合计 4.2 万亿美元，其余为公司债。与股权投资依赖被投资企业的经营业绩获得收益不同，债券投资的收益率受到利率水平的影响。在全球低利率的背景下，美国对外债权融资的成本就相对较低，美国债券的实际支付率均值为 5.72%，不过名义支付率并不低，均值为 7.83%。

与美国企业在境外获取较高的直接投资利润相比，外国在美国的直接投资收益率却很低，1980—2008 年间，美国的直接投资实际支付率仅为 3.89%，还不到美国在外直接投资收益率的一半，这说明外国企业在美国的利润较低。虽然其他投资 6.17% 的实际收益率均值和全球平均水平相差不多，但是由于其在美国的融资方式中比重越来越低，因此，这并未大幅提高美国的融资成本（见表 6.8）。

表 6.8　美国对外负债结构（%）

	1980	1985	1990	1995	2000	2005	2007	2008
直接投资	16.58	20.26	21.04	17.40	18.77	14.94	13.66	15.67
证券投资	35.05	37.35	38.68	47.29	51.03	57.53	57.59	56.37
股票	12.89	11.21	10.15	14.06	21.71	18.06	18.02	12.42
债券	22.16	26.14	28.53	33.24	29.32	39.47	39.57	43.95
其他投资	48.37	42.39	40.28	35.31	30.20	27.53	28.74	27.96

资料来源：IMF 的 BOP/IFS 数据库和作者的计算。

3. 汇率和价格对净资产的影响

资产和负债价值的变化，首先会受到价格的影响，这在证券资产上的表现尤为突出，而非证券资产，如直接投资，其价值也会受到物价因素的影响（重置成本）。对于跨国投资，资产的价值会受到汇率波动的影响。由于目前各国（地区）的境外资产和负债都是以美元表示，因此，对于美国来说，其对外负债大部分是美元资产，所以受汇率影响较小。而美国的境外资产中，有 2/3 是非美元资产[①]，从而其美元价值会受到汇率较大的影响。

虽然由于危机等因素的影响，资产价格在某些时候会明显下降，但是从长期来

---

① Tille, Cédric(2005).

看,全球的资产价格都是上升的,并且除了金融产品之外,全球实体经济也长期处于温和的通胀之中。同样,美国的境外资产和负债自身的价格在大多数年份中也是上涨的,美国经济分析局评估了资产价格上涨和汇率变化对美国境外资产和负债价值的影响。

2008 年以前,资产价格增长给美国的境外资产带来的影响非常巨大,1989—2007年,美国新增对外投资资本总量为 8.8 万亿美元,而由于价格影响而产生的境外资产升值就达到 3 万亿美元,不过 2008 年的金融危机,因为美国境外资产价格的下跌导致的资产贬值达到惊人的 1.95 万亿美元。即便如此,在 1989—2008 年的 20 年中,价格上涨还是给美国投资者带来超过 1 万亿的收益。相比之下,美国对外负债的价格上涨就没那么快了,1989—2008 年间,外国投资者累计对美投资总额为 15 万亿美元,但外国持有的美国资产因为价格上涨而产生的累计升值仅为 5 000 亿美元。美国对外负债的基数是美国境外资产的 1.7 倍(1989—2008 年的累计投资成本),但是价格上涨引起的美国负债升值却不到其境外资产升值的一半(见图 6.9)。

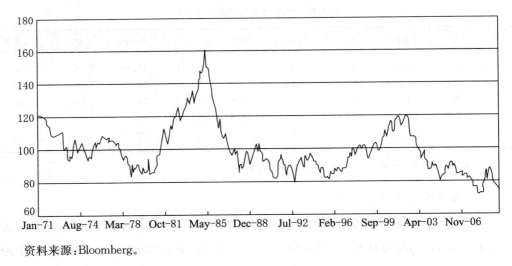

资料来源:Bloomberg。

图 6.9　美元指数

汇率虽然也给美国的境外资产价值带来非常大影响,但相比于价格因素给资产负债带来的升值,汇率造成的累计影响却小很多。美元指数在过去 40 年中,大多数年份在 80—120 之间波动,期间在 20 世纪 80 年代中期美元曾经一度达到 160 的高点。最近一个美元周期是自 2002 年初到 2008 年中,美元经历长达 6 年的熊市,美元指数从 2002 年 2 月的 120.21 点下降到 2008 年 4 月的 71.8 点。在这轮美元熊市中,全球主要货币都兑美元升值,特别是欧元、英镑兑美元的升值幅度极大,在 2002—2007 年间美国的境外资产因为汇率原因升值了 1.3 万亿美元[①],可见汇率因素在当前国际投资中的重要影响。但是从更长期的角度来看,美元汇率尚未对美国的境外资产价值产生根本性的影响。在 2008 年美元的升值过程中,英镑、日元和加元兑美元的贬值都接近或超过 20%,由于英国、加拿大和日本是除加勒比之外,美国前 3 大资金目的地,因此,这些地方货币的贬值,使得美国投资者在这些地区的资产大幅贬值,2008 年,美国的境外资产因汇率变动而造成的价值损失高达 6 800 亿美元。同样,在 2002 年开始的美元熊市前,美元也经历了一波 1995 年末至 2002 年初的大牛市,美元指数从 84 点上升到 120 点。在这波美元牛市中,美国的境外资产因汇率原因而损失了 5 800 亿美元。

由此可见,若汇率发生持续的单向变动,那么美国的境外资产价值将会受到明显影响。而在过去 30 年中,美元虽然大起大落,但是美元汇率并未发生根本性的贬值或升值。在美元贬值给美国带来境外资产增值的同时,美元升值也给美元境外资产造成损失。不过在 2000 年以后美元长期贬值的趋势给美国带来的收益值得注意。

3.2 节我们从理论上推导了影响一国(地区)净资产相对规模(nfa)的因素,在其他条件给定的情况下,境外资产货币升值将会增加本国(地区)净资产(nfa)或者降低净负债($nfa < 0$)。本地货币汇率的上升则会增加本国(地区)净负债的负担。对于美国来说,本币是美元,而我们的计算结果均以美元表示,因此美元汇率波动对美国净资产(以美元表示)的值没有直接影响。但美国境外资产的币种汇率对美国净资产(nfa)存在理论上的影响,根据式(3.6)我们进行如下回归:

$$\Delta nfa_t = C + C_1 \cdot e_t^a \tag{6.6}$$

Δnfa_{t+1} 表示美国净资产相对规模(净资产绝对值和 GDP 比值)的变化量,e_{t+1}^a 表示美国境外资产货币兑美元的汇率升值率,由于无法追踪美国境外资产的具体构成,而现实中美国的境外资产又主要投资于欧洲、日本、加拿大和澳大利亚等发达市场,因此,我们用美元指数的倒数表示美国境外资产货币的汇率,美元指数的倒数反映了这些主要货币对美元的加权汇率,e_{t+1}^a 表示美元指数的倒数的升值幅度,用以代表美国境外资产货币的升值。根据 1981—2008 年间美国的数据[②],我们回归计算方程式(6.6)得到如下结果:

---

① 本段关于汇率因素对美国境外资产影响的数据均来自 BEA 的估计。另外,BEA 在估计汇率影响时,从 2005 年开始将金融衍生品也列入评估资产的范围。

② 由于我们计算的 nfa 初始年份为 1980 年,因此 $\Delta nfa_{t+1} = nfa_{t+1} - nfa_t$ 的初始年份为 1981 年。

$$\Delta nfa_t = -0.012\,576 \quad + \quad 0.040\,685 \cdot e_t^a \qquad (6.7)$$
$$(0.005\,054)^{①} \qquad (0.046\,389)$$

$n = 28$，$R^2 = 0.028\,734$

e_t^a 的 t 统计量为 0.877 025，尽管不是统计显著的，但是其系数为正数，这说明境外货币汇率的上升，有助于增加美国的境外净资产（或降低美国的净负债率）。但是在方程（6.7）中我们也注意到，方程左侧是 nfa 的变化量，也即是说当

$$-0.012\,576 + 0.040\,685 \cdot e_t^a > 0 \qquad (6.8)$$

时，Δnfa_t 才大于零，从而 nfa 增加。式（6.8）成立的条件是 $e_t^a > 0.31$，即境外货币升值超过 31%，美国的净资产才可能增加，否则在当前条件下，美国的净资产仍在减少。实际上，1986 年以来，美国的净资产就为负值，因此式（6.8）意味着除非美国境外资产的货币升值超过 31%，否则在其他条件不变的情况下，美国的净负债率（净负债/GDP）仍将会增加。

除了价格和汇率，还有一些其他因素影响着美国的资产负债规模，包括一些统计上的原因，如统计范围的变更、分支机构的资本利得和损失、其他对资产和负债的调整等。虽然统计范围的变更可能会对资产负债的统计结果产生较大影响，但是由于美国的国际收支和国际投资头寸统计较为成熟，统计范围、评估方法的调整仅在少数年份发生，因此，美国的资产负债大多数变化还是来自实际发生的变化（见图 6.10）。

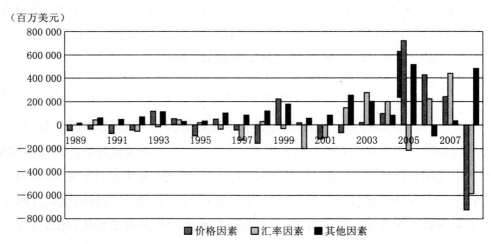

注：（1）直接投资资产和负债是根据当前成本方法估计（不是市场价值法）。（2）本表的估算中，2005 年开始包含金融衍生品。

资料来源：BEA。

图 6.10　主要因素对美国净资产价值的影响

---

① 括号中为标准误，下文同此，不再复述。

总的来说,其他因素和价格因素给美国净资产带来了主要影响,1989—2008 年间,这两个因素给美国带来的净资产价值收益 2.98 万亿美元,汇率虽然在单个年份会对美国的净资产产生较大影响,但是由于美国和其主要投资对象的汇率变动是反复的而不是单向的,因此某些年份汇率产生的影响会被另一些年份汇率反向波动的影响抵消。

4. 美国的投资对象和资金来源

美国是净债务国,但美国获得的收益却又超过其对外的支付,那么哪些国家(地区)在为美国提供廉价资金,又有哪些国家(地区)为美国提供了高回报的资产以供其投资呢? 我们计算了美国与主要投资对象相互投资的规模以及收益率。美国对主要国家(地区)的资产负债头寸估算的年度较长,但由于早期缺乏连续的原始数据,因此收益率的计算年限相对略短,我们计算了 2003—2009 年美国对各国(地区)投资的收益率以及各国(地区)对美投资的收益率。

由于美国官方统计口径的原因,我们将加勒比地区①和比利时—卢森堡分别作为整体考虑。从美国的融资角度来看,资金来源主要有三类国家(地区),一类是加勒比地区、英国、比利时—卢森堡等银行中心,这类地区银行聚集,在美国的金融市场有着重要影响;第二类是中国、日本、德国等贸易盈余国家(地区),这些国家(地区)积累了大量的外汇储备,并将外汇储备投资于美国国债等美元资产;第三类是传统发达国家(地区),如加拿大、法国和其他欧洲国家(地区)等,这些国家(地区)基于实际经济活动和投资的需求,和美国有大量的资金往来。加勒比离岸银行中心是美国第一大资金来源地,美国对加勒比的负债形式主要是银行贷款,2009 年银行贷款占比约 65%,其次债券占 23%,可见加勒比地区主要通过债权方式为美国提供资金,股权投资所占比例较小。加勒比作为一个离岸金融中心,集中了大量的银行和投资基金,其中很多投资者实际上就是注册在加勒比地区的美国机构。中国的"债主"地位则是上升最快的,1984 年中国在美资产仅有 13 亿美元,占美国对外负债的 0.1%,到了 2009 年已经增长了 1 000 多倍,飙升至 1.6 万亿美元,占比上升为 8.9%,和日本持平。与中国内地一样,中国香港、韩国、俄罗斯、中国台湾、印度、巴西等新兴经济体对美投资的份额也不断上升,只是其上升幅度和规模均无法和中国内地相比,在美国的前几大"债主"中,除了中国和加勒比,其余均为发达国家(地区)。虽然占比有所下降,但欧洲仍是

---

① 这里的加勒比地区包括:安提瓜和巴布达、阿鲁巴、巴哈马、巴巴多斯、百慕大、英属西印度群岛(安圭拉、维京群岛、开曼群岛、蒙特塞拉特以及特克斯和凯科斯群岛)、古巴、多美尼加、海地、牙买加、荷属安的列斯群岛、圣克里斯托弗和尼维斯岛、特立尼达和多巴哥等。

美国重要的资金来源地。从结构来看,以中国为代表的新兴国家(地区)更多地持有美国政府债券,而发达国家(地区)则更倾向于 FDI 和股票投资。在收益率方面,由于金融危机,特别是 2008 年美国股市的大幅下跌,一些在美股票投资较多的地区损失比较大,如英国、比利时—卢森堡和中国香港等,因而这些地区 2003—2009 年的年均收益较低,其中比利时—卢森堡由于近几年在美投资资产中,股票和公司债券比例高于 65%,因而在金融危机中受到了很大冲击,使得 2003—2009 年的年均收益为负(见表 6.9)。

表 6.9　美国的资金来源(%)

	2003—2009 年账面支付率		占美国对外负债比例			
	均　值	标准差	1984	1994	2004	2009
加勒比地区	5.0	6.8	12.4	14.3	16.9	16.4
英　国	0.7	3.9	14.9	15.6	12.4	12.0
日　本	3.2	3.7	6.8	13.4	11.4	8.9
中国内地	3.2	3.1	0.1	0.9	3.4	8.9
比利时—卢森堡	−0.8	14.2	1.1	1.6	7.2	7.1
加拿大	2.4	10.0	5.8	3.8	4.2	4.0
瑞　士	3.1	6.1	6.2	3.9	4.0	3.1
荷　兰	6.7	9.2	4.9	3.9	3.7	3.1
德　国	3.7	5.0	4.6	4.5	4.0	3.1
爱尔兰	3.8	3.4	n.a.	0.4	2.1	3.0
法　国	5.0	12.0	2.8	3.4	3.1	2.5
中国香港	1.6	10.1	1.1	1.3	1.2	2.0
韩　国	5.5	10.4	0.2	0.4	1.2	1.4
俄罗斯	2.5	5.6	n.a.	0.1	1.0	1.3
中国台湾	4.6	10.3	0.5	1.4	1.3	1.3
巴　西	3.5	25.5	0.6	0.4	0.3	1.2
澳大利亚	7.2	17.7	0.9	0.8	1.2	1.2
新加坡	6.3	11.0	1.6	1.3	1.4	1.1
墨西哥	1.8	14.4	1.4	0.7	1.1	0.9
挪　威	4.1	2.9	0.4	0.2	0.9	0.7
瑞　典	4.2	2.0	0.5	0.6	0.9	0.6
印　度	3.1	7.7	0.1	0.1	0.3	0.5

注:按 2009 年占美国对外负债比重排序。
资料来源:BEA、美国财政部、IMF 和作者的计算。

美国的对外投资,以发达国家(地区)为主,美国和这些国家(地区)的金融机构资金往来较为密切。英国是美国第一大资本输出目的地,2009年美国在英国的总资产达到2.53万亿美元,其中1.16万亿美元为银行间债务,0.96万亿美元为证券,0.4万亿美元为直接投资头寸。这说明美国对英国的投资,主要是金融活动。伦敦和纽约作为全球最有影响力的金融中心,必然带动两国间庞大的资金往来。加勒比地区的情况同英国相似,2009年加勒比对美负债为2.2万亿美元,其中约1.4万亿美元为银行间债务。由于加拿大和美国的实体经济联系更为密切,从而美国对加拿大的实体投资比例较高,2009年美国在加资产的1万亿美元中,股票和FDI头寸比例达到60%,这和美国对加拿大的负债结构类似(见表6.10)。

表6.10 美国的主要投资对象(%)

	2003—2009年账面收益率		占美国境外资产比例		
	均 值	标准差	1994	2004	2009
英 国	4.61	7.30	11.08	18.37	17.03
加勒比地区	5.93	3.06	n.a.	13.67	14.76
加拿大	7.95	6.59	7.05	6.97	6.83
日 本	6.50	11.41	8.37	5.76	4.59
荷 兰	11.14	8.65	2.67	4.46	4.59
法 国	6.49	11.16	3.06	4.30	4.25
瑞 士	3.26	11.34	2.45	3.91	3.58
德 国	9.31	13.61	3.64	3.63	3.30
澳大利亚	11.10	9.93	1.74	1.94	3.15
比利时—卢森堡	11.12	8.16	1.36	2.03	2.53
爱尔兰	1.25	8.77	0.55	1.75	2.31
巴 西	8.46	7.64	1.39	1.13	2.06
墨西哥	10.96	10.91	3.19	1.93	1.62
中国香港	11.15	11.59	1.49	0.76	1.10
中国内地	8.54	7.35	0.19	0.46	1.02
韩 国	12.55	17.89	0.71	1.19	0.99
新加坡	19.16	11.73	0.77	0.76	0.99
瑞 典	4.16	12.08	1.14	1.31	0.79
中国台湾	14.86	25.76	0.21	0.64	0.68
印 度	7.39	10.43	0.11	0.33	0.60
挪 威	7.75	12.09	0.40	0.74	0.60
俄罗斯	2.17	8.85	0.07	0.27	0.45

注:按2009年资产比例排序。
资料来源:BEA、美国财政部、IMF和作者的计算。

墨西哥作为美国的邻国,其产品以出口美国为主,而实际上,出口到美国的墨西哥产品,大多是美国企业在墨西哥的直接投资企业,由于墨西哥的劳动力成本较低,对美国出口的运输成本也比较低,因此,美国对墨西哥的投资中,直接投资比重非常高,远远超过美国对外投资的平均水平。2001—2009年间,美国持有的墨西哥资产中,直接投资一直维持在50%左右。而美国在墨西哥的直接投资生产的产品,大多返销美国,这说明美国在墨西哥的投资确实是帮助美国企业降低了生产成本,而不是通过在墨投资开拓墨西哥市场。Shatz和Venables(2000)的研究就发现跨国公司在高收入国家(地区)的生产更倾向于在本地生产并销售,而在发展中国家(地区)的生产则是一个中间环节。美国企业在欧洲的分公司生产的产品只有4%再销售到美国,而在发展中国家(地区)这个比例达到18%,在墨西哥则达到40%。

在美国的对外投资对象中,中国内地所占比例较低,这主要和中国内地的资本管制有关,由于中国内地资本账户管制,美国投资者无法大规模进入内地资本市场。尽管如此,随着近十年越来越多的内地公司到境外上市,并且这些公司大多市值规模极大——主要是国有大银行、石油巨头、电信巨头等大型央企,美国投资者持有中国内地的公司股票的比重也在不断上升。2004年以前,美国投资者持有的中国内地的资产中,FDI平均占40%左右,而2005年以后这一比重明显下降,2007年股市高点时,FDI所占比重仅为20%。虽然中国内地没有完全开放资本市场,但是基于本国高度发达的金融市场,美国投资者仍然可以大规模投资中国内地公司的股票。

我们用了两个指标——分别称之为"收益率差"和"净负债贡献度",来进一步说明美国的廉价资本和高额收益来自哪些国家和地区。"收益率差"即美国对该地区投资的平均收益率(2003—2009年)减去该地区对美投资的平均收益率,"净负债贡献度"是用美国对该国(地区)的净负债除以美国的对外净负债总额。从这个角度看,既有较大"净负债贡献度",又有较高"收益率差"的经济体有两类——贸易盈余地区和国际金融中心。贸易盈余地区包括中国内地、日本、中国台湾、韩国、德国等,而比利时—卢森堡、中国香港和新加坡则属于国际金融中心。2003—2009年间,在美国最主要的22个投资对象中,美国仅对爱尔兰和俄罗斯的投资净收益率为负值,即在这两个国家的投资的收益率低于对这两个国家负债的支付率,而在其他国家(地区),美国的投资收益都远高于融资成本。形象地说,美国从亚洲借钱,再投资到欧洲和南美,赚取了丰厚的利润(见表6.11)。

表 6.11 账面净收益率和净负债贡献度(%)

	账面净收益率	净负债贡献度		
		1994	2004	2009
中国内地	5.34	7.79	15.74	49.63
日　本	3.33	63.25	34.80	31.37
比利时—卢森堡	11.88	4.17	28.57	30.79
加勒比地区	0.97	n.a.	30.51	24.84
中国香港	9.50	−0.64	3.01	6.78
爱尔兰	−2.51	−0.64	3.42	6.28
俄罗斯	−0.37	0.36	4.16	5.73
中国台湾	10.31	13.79	4.11	4.46
韩　国	7.07	−2.58	1.17	3.69
德　国	5.64	12.55	5.38	2.16
新加坡	12.83	6.95	3.80	1.82
挪　威	3.61	−1.78	0.82	1.32
瑞　士	0.13	18.79	4.16	0.86
印　度	4.30	0.02	0.06	−0.01
瑞　典	0.00	−5.20	−0.93	−0.41
巴　西	4.92	−10.06	−3.14	−2.99
墨西哥	9.15	−24.66	−2.19	−3.12
荷　兰	4.39	15.83	0.31	−4.52
法　国	1.50	6.79	−1.67	−6.84
澳大利亚	3.87	−8.24	−1.75	−9.06
加拿大	5.54	−28.31	−7.03	−10.69
英　国	3.93	60.93	−12.46	−14.08

资料来源:BEA、美国财政部、IMF 和作者的计算。

6.2 英国

6.2.1 英国的资本流动和收益

虽然英国 GDP 目前仅排名世界第六,但是英国在国际资本流动体系中的重要性大大超过其实体经济在世界上的地位。英国的 GDP 占所有样本国家(地区)的比重在 5% 左右,而 1980—2007 年间英国的资本流入流出规模占世界均值的 15% 左右。这主要是因为伦敦作为全球第一大金融中心①,在全球资本流动体系中起着中枢作用。不同于纽约有强大的美国经济作为支撑,英国本国经济规模有限,因此伦敦作为金融中心,对外依赖度更高,更多地提供了一个国际性的交易平台(见图 6.11)。

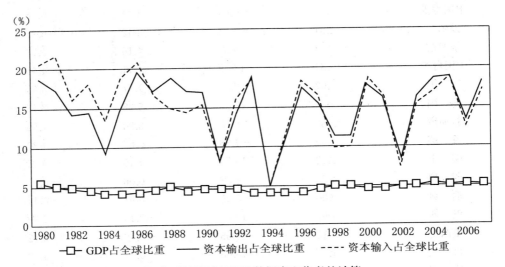

资料来源:IMF 的 IFS 数据库、世界银行 WDI 数据库和作者的计算。

图 6.11　英国资本流动规模占所有样本国家(地区)的比重

尽管美国的境外资产和负债规模位居世界第一,但是相对本国经济规模来说,英国的境外资产(负债)和 GDP 比值远超过美国,2008 年英国的境外资产 10 万亿美元,是当年 GDP 的 3.8 倍,而同期美国的境外资产/GDP 比值仅为 0.92。20 世纪 80年代后期,英国的资本流入规模超过资本流出规模,成为资本净输入国,随着资本的持续输入,英国在 90 年代中期由债权国转变为债务国,同时又由于资产价格、汇率因素的影响,英国的负债规模不断增长,到 2006 年英国对外净负债已经达到 6 920亿美元,不过在随后两年净负债有所下降,特别是由于 2008 年的金融危机,英国对外负债规模大幅下降,净负债仅为 860 亿美元。尽管如此,几千亿美元的净负债对于英国十余万亿美元的总资产负债规模来说仍是一个比较小的规模,英国的资产和

① 根据伦敦城的金融中心指数排名,伦敦是全球第一大金融中心,纽约仅次于伦敦。数据来源:The Global Financial Centres Index, March 2008, City of London Corporation。

负债失衡并没有美国那么严重（见图 6.12）。

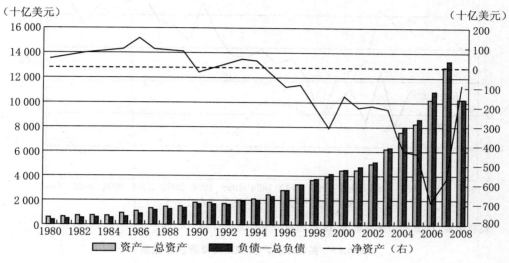

图 6.12　英国的境外资产和负债

资料来源：IFS 数据库。

　　在 20 世纪 90 年代中期以前，英国境外投资的要素收益率略低于要素支付率，1980—1993 年间，英国的要素净收益率均值为－0.48％，即平均每年要素收益率比要素支付率低 0.48％。但是由于这一时期，英国的境外资产超过对外负债，是债权国，资产和负债的比值均值为 1.08，即境外资产比对外负债平均高出 8％，多出的境外资产弥补了英国要素收益率与要素支付率的差距，因而在 1980—1993 年间的大多数年份中，英国的要素收入都大于要素支付。进入 90 年代中期以后，英国由于持续输入资本，成为债务国，但与此同时，英国对外投资的要素收益率也超过要素支付率，并且收益率的提高弥补了净负债的影响，使得英国的要素收入仍然高于要素支付。1994—2008 年间，英国的要素净收益率均值为 0.51％（即要素收益率平均比支付率高0.51％），而资产和负债的比值均值为 0.96（即资产比负债低 4％）（见图 6.13）。

　　资产负债比和要素净收益率的相对消长，使得英国在对外资本循环中能够保持长期获得净收益。在 2000 年以后，随着英国要素收益率和支付率差距的拉大，英国获得的要素净收入持续上升。尽管每年几百亿美元的要素净收入对于英国十多万亿美元的境外资产和负债来说显得比较微小，但是能够长期维持正的要素净收入也说明英国在当前的全球资本流动体系中是能够长期获益的（见图 6.14）。

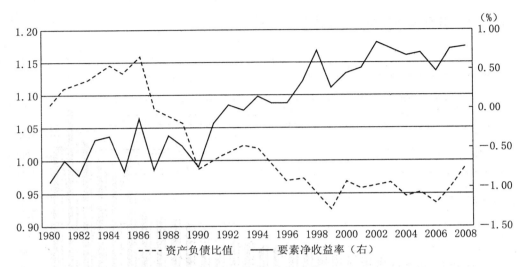

资料来源：IMF 的 IFS 数据库、BOP 数据库和作者的计算。

图 6.13　英国的资产负债比与要素净收益率

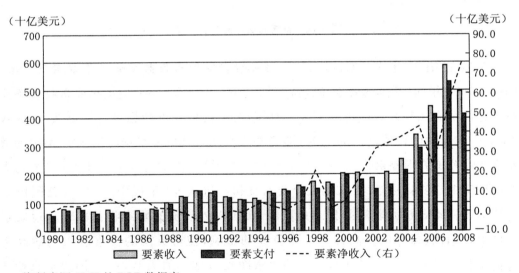

资料来源：IMF 的 BOP 数据库。

图 6.14　英国的要素收入和要素支付

　　相比稳定的要素收入与要素支付，英国境外资产和负债价值的波动要大得多，由于资产价格、汇率等各方面因素的影响，资产和负债会发生升值或者贬值，两者升值规模的差额就是净资产升值。从过去 30 年的历史经验来看，随着境外资产负债规模的增长以及结构的变化，英国境外资产和负债的升值波动也越来越大。虽然多数年份中，资产和负债都是升值的，但是由于金融危机和经济泡沫的不断出现，英国的资产和负债多次发生大规模贬值,如 1992 年,英镑危机爆发,对英国和欧洲金融市场造成极大冲击,这一年英国的境外资产贬值了 1 570 亿美元,而英国对外负债贬值了 1 830 亿美元,虽然 1 000 多亿美元现在来看并不是一个庞大的数字,但当时产生的冲击却极大,英国当年的境外资产和负债也仅为 1 700 亿美元,也就是说英国对外负债当年贬值了超过 10%,其中一个重要原因是英镑的贬值。此后的 2001—2002、2005、2008 年英国的资产和负债都发生了较为严重的贬值,尽管如此,这些危机看上去似乎对英国是"有利的",在这几次危机中,英国的负债贬值都超过了资产贬值,因而有助于减少英国的净负债(见图 6.15)。

（十亿美元）

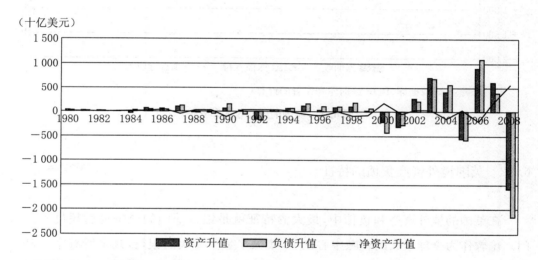

资料来源:IFS 数据库和作者的计算。

图 6.15　英国资产和负债的升值

　　长期来看,英国的境外资产和负债升值差异不大,即净资产升值累计变化较小(2008 年除外),1980—2007 年英国净资产累计升值 585 亿美元,相对于英国的资产负债规模来说几乎可以忽略。但是 2008 年,英国的资产贬值 1.6 万亿美元,负债贬值 2.2 万亿美元,两者相差 6 000 亿美元,这一年的影响超过了过去 28 年的累计影响。

　　总的来说,英国在 1980—2008 年间累计获得要素净收入 3 710 亿美元,净资产升值 5 050 亿美元,累计获得账面净收入 8 760 亿美元,而获得如此收益的背景是 1980—2008 年间,英国累计净输入资本 6 210 亿美元。1980 年英国的资产和负债分别为 5 510 亿美元和 5 080 亿美元,2008 年英国的资产和负债分别为 10.16 万亿美元和

10.24万亿美元(见图 6.16)。

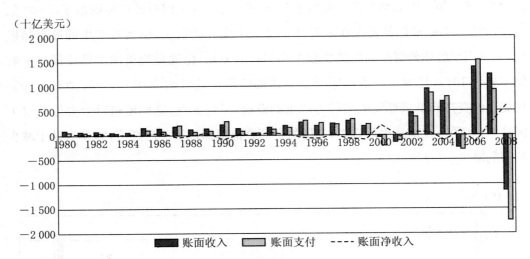

（十亿美元）

资料来源:IFS 数据库、BOP 数据库和作者的计算。

图 6.16　英国的账面收入和支付

6.2.2　英国境外资产负债的特征

在英国的境外资产和负债中,最大的特征就是银行部门的地位远远超过其他部门。伦敦作为全球最大的金融中心之一,集聚了数量庞大的银行,几乎所有全球最大银行都在伦敦设立分支机构,根据英国《银行家》杂志公布的每年全球最大银行排名的数据,2005 年,在全球 500 强银行中,有 7 家总部位于伦敦,174 家在伦敦设立分支机构,其中 172 家是外国银行①。目前,英国对外贷出的银行业跨国贷款规模位居全球首位,2007 年末英国的银行资产达到 7 万亿英镑,占全球跨国贷款规模的 21%。英国的银行存款也位居欧洲首位,达到 4.6 万亿英镑。银行部门贡献了英国金融服务业GDP 的一半②。

从英国的资产和负债结构中可以看出,银行部门是英国对外资本流动中最主要的环节,在英国的境外资产中,银行部门的资产一度超过 60%,虽然近年来银行部门的资产比例有所下降,但仍远高于其他任何一类资产。而在英国的负债结构中,银行部

---

① 数据来自潘英丽等:《国际金融中心——历史经验与未来中国》(中卷),格致出版社、上海人民出版社 2010年版。

② 数据来源:TheCityUK。

门的负债比例更是高达 56%（1980—2008 平均值）。可见，在日趋一体化的全球金融体系中，英国承担了银行家的角色。

随着金融市场和产品的不断演变，投融资活动越来越多地脱离于传统的银行存贷款。作为全球最具活力的金融中心，英国也必然走在全球金融改革的前沿。除了其银行业在全球的领先地位之外，英国的其他金融市场发展也处于世界前列。伦敦是全球最大的外汇交易市场，每日外汇交易量占世界所有外汇交易量的 34%，场外（OTC）市场交易的衍生品占全球 43%，在全球进行的跨国股票交易中，有 46% 是在伦敦完成，而在跨国债券交易中，更是有 70% 是在伦敦金融市场交易。金融市场的不断创新，也正在改变英国对外的投资和融资结构，银行贷款在英国的境外资产结构中的比例较 20 世纪 80 年代有了明显下降（但绝对比重仍然远高于世界平均水平），特别是在资产结构中，银行部门的比重下降较快。这说明英国从早期的高度依赖银行部门对外进行投融资，演变为高度依赖银行部门融资，而投资结构则越来越多样化（见表 6.12）。

表 6.12　英国的资产和负债结构(%)

资　产	1980	1985	1990	1995	2000	2005	2008
直接投资	14.38	11.70	13.58	13.74	21.10	14.69	15.07
证券投资	8.27	17.92	22.96	32.16	30.89	28.31	23.89
股票	5.82	9.55	11.24	13.98	14.64	12.84	8.11
债券	2.45	8.37	11.72	18.19	16.25	15.47	15.77
其他投资	77.35	70.38	63.46	54.09	48.02	57.00	61.04
银行部门	63.96	59.74	52.20	41.12	36.15	38.40	46.29
储备资产	5.75	2.22	2.49	2.04	0.98	0.52	0.52

负　债	1980	1985	1990	1995	2000	2005	2008
直接投资	12.41	8.48	13.24	9.34	10.24	9.77	9.57
证券投资	5.54	16.53	20.69	25.95	35.24	28.89	27.69
股票	2.26	3.03	6.47	11.03	22.24	13.03	8.45
债券	3.29	13.50	14.22	14.92	13.00	15.86	19.23
其他投资	82.04	74.99	66.07	64.71	54.52	61.34	62.75
银行部门	73.71	69.64	58.77	51.20	41.77	43.51	50.40

资料来源：IFS 数据库、BOP 数据库和作者的计算。

6.2.3　英国净收益的来源分析

英国不像美国那样从对外资本循环中能够保持长期的高收益和低成本，英国的收益率仅比支付率略高,但基于庞大的境外资产负债规模,英国每年仍获得了数百亿美元的要素净收入——即使资产略低于负债。在 2008 年以前,英国的境外资产和负债升值规模基本持平,因而英国的境外投资净收益主要来自要素净收入(即分红和利息收入),而不是资产升值。

与通常认识不同的是,英国能够长期获得要素净收入,不是因为其作为全球银行家的角色。英国并未因为国内集聚了大量的银行,就在对外存贷款循环中赚取了稳定利差。英国其他投资(主要是银行贷款)的要素收益率仅仅是和其他投资要素支付率持平,甚至略低,并且随着其他投资净负债规模的增加,在其他投资中,英国不但没有获得要素净收入,还对外净支付。

英国的累计要素净收入全部来自直接投资,第 5 章中我们已经讲到,1980—2008年间,英国的累计要素净收入为 3 710 亿美元。实际上,英国对外直接投资的累计净收益高达 8 110 亿美元,在证券投资和其他投资中,英国都没有获得净收益,均为对外净支付(见表 6.13)。

表 6.13　英国的要素净收入来源(十亿美元)

	1980—1989	1990—1999	2000—2008	1980—2008
直接投资	34	192	585	811
证券投资	−6.5	−42	−30	−78
其他投资	−1.3	−124	−237	−362
累　　计	26	26	318	371

资料来源:IMF 的 BOP 数据库和作者的计算。

20 世纪 80 年代,英国的直接投资要素收益率低于支付率,但当时直接投资资产超过负债,因而仍能够获得要素净收入。进入 90 年代以后,直接投资负债逐渐超过直接投资资产,但同时直接投资收益率也超过支付率,1990—2008 年,直接投资要素收益率平均比支付率高 3.37%,正是这样的收益率差使英国获得了数千亿美元的直接投资要素净收入。其他投资的要素收益率和支付率长期持平,因此其他投资的要素净收益率基本维持在 0 左右,但是由于其他投资负债高于其他投资资产,所以英国并未从其他投资中获得要素净收入。在证券投资方面,英国也并未获得更高的收益率,在 2000 年以前,英国证券投资要素收益率长期低于支付率,2000 年以后前者也仅略高于后者,但由于证券投资规模相对较小,因此对英国的投资收益影响也最小(见图 6.17)。

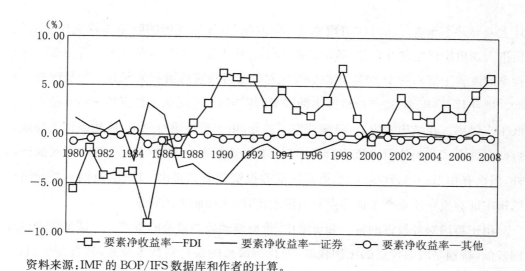

资料来源：IMF 的 BOP/IFS 数据库和作者的计算。

图 6.17 英国各类资产的要素净收益率

我们将英国获得的账面净收益率拆分为收益效应和结构效应，根据

$$E(R^a - R^l) = E[\bar{\mu}^f(R^{af} - R^{lf})] + E[\bar{\mu}^s(R^{as} - R^{ls})] + E[\bar{\mu}^s(R^{ao} - R^{lo})]$$
$$+ E[(\mu^{af} - \mu^{lf})(\bar{R}^f - \bar{R}^o)] + E[(\mu^{as} - \mu^{ls})(\bar{R}^s - \bar{R}^o)]$$

我们计算得到下表结果：

表 6.14 英国账面净收益率的分解(%)

收入效应	1980—1989	1990—1999	2000—2008	1980—2008
直接投资	−0.88	0.67	0.51	0.09
证券投资	−1.43	−1.66	0.84	−0.80
其他投资	0.78	−0.24	−0.06	0.17
总　计	−1.53	−1.23	1.29	−0.55

结构效应	1980—1989	1990—1999	2000—2008	1980—2008
直接投资	0.16	0.06	0.10	0.11
证券投资	1.46	0.23	0.12	0.62
总　计	1.62	0.29	0.22	0.72

	1980—1989	1990—1999	2000—2008	1980—2008
总资产账面净收益率	0.09	−0.95	1.51	0.18

注：表格中每项数据是对应时间段内该效应的均值。
资料来源：IMF 的 BOP/IFS 数据库和作者的计算。

尽管英国的账面净收益率为 0.18%，大于 0，但是账面收益率和账面支付率在统

计上差异并不显著。从时间阶段来看,20 世纪 90 年代英国的收益率较支付率略低,而进入新世纪以来的 9 年中,英国的账面收益率显著高于账面支付率。英国账面净收益率的改善主要归功于 2000 年以后英国对外证券投资的盈利情况有了明显改观。在 80、90 年代,在汇率、资产价格等多种因素的影响下,英国证券投资的账面收益率明显低于支付率。在结构效应上,英国获得了益处,由于英国银行聚集,这些银行主要通过短期融资方式从国外引入资本,而这些资本尽管很大一部分以银行贷款方式流向国外,但也有相当一部分以收益率更高的证券投资等方式流出。因此,英国对外投资的结构中证券投资比重高于证券投资负债的比重,从而使英国获益。

由于英国对外投资的资产和负债中,价格波动较为显著的资产——证券资产的比例较低,特别是股票投资的比例较低,而比例最高的银行贷款等业务,其自身价值(本金)一般都是以某种币种固定表示,因此英国的境外资产和负债受价格波动的影响较小。汇率则是影响英国境外资产和负债价值的最主要因素,从图 6.18 可以看出,英国的资产和负债的升值率趋势和英镑汇率变化方向几乎完全一致,而从变化率大小来看,在同一年份内,英镑汇率变化最显著,其次是英国负债的升值率,而波动最小的是英国资产的升值率。这是因为英国的负债基本为英镑资产,因此其美元价值和英镑的汇率呈同向变化,而英国的资产中也有相当数量的英镑资产,其他欧洲货币资产的比例也比较高,而英镑和其他欧洲货币的汇率往往同向变化,因此英镑汇率对英国境外资产的价值影响也是同向的。

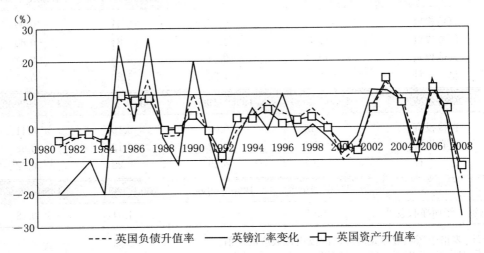

资料来源:IMF 的 BOP/IFS 数据库和作者的计算。

图 6.18 英国负债的升值率和英镑汇率变化

为了进一步分析汇率对英国资产负债的影响,我们引入在 3.2 节的理论推导,即在其他条件给定的情况下,本地货币汇率的上升会降低本国的净资产相对规模,或者增加本国的净负债率。根据式(3.6)我们进行如下回归:

$$\Delta nfa_t = C + C_1 \cdot e_t^l$$

其中 nfa_t 表示英国境外净资产绝对值和英国 GDP 的比值, Δnfa_t 表示 nfa_t 的年变化量, e_t^l 表示英国对外负债货币的汇率升值幅度,这里用英镑兑美元的升值幅度表示,我们得到如下结果:

$$\Delta nfa_t = -5.79 \cdot 10^{-6} - 3.25 \cdot 10^{-4} \cdot e_t^l$$
$$(0.000\ 011\ 5)(0.000\ 139)$$

$n = 28, R^2 = 0.173\ 581$。

e_t^l 的 t 统计量为 $-2.336\ 888$,在 5% 的水平上显著。这说明英镑汇率会对英国的净资产(净负债)产生影响,英镑升值,英国的净资产相对规模就降低。而只要英镑贬值超过 1.7%,就有 $-5.79 \cdot 10^{-6} - 3.25 \cdot 10^{-4} \cdot e_t^l > 0$,即 $\Delta nfa_t > 0$,从而 nfa 上升。

6.3 欧元区国家

欧元区是指欧盟成员中统一使用欧洲货币——欧元的区域,目前欧元区有 16 个成员国[①],欧元区在全球经济中有着重要的地位,其经济规模已经接近美国,超过世界上任何一个其他经济体。对于欧元区国家来说,对外的经济活动可以根据两种不同的标准来划分。一类就是以本国为界限,来界定一国对外的经济活动。另一种就是以区域为界限,由于欧元区经济高度一体化,国家之间的资本流动规模几乎没有限制,因此,欧元区内部的资本流动更像是一个国家内部不同省份之间的资本往来。后一种情况下,区域内部国家之间的资本流动就不再视为国际资本流动。作为一个整体,欧元区的对外资本流动规模和其实体经济规模在全球的比重接近,无论是 GDP、资本流出、流入规模,还是资产头寸和负债头寸,欧元区在全球的比重基本维持在 20%—

---

① 这 16 个国家是德国、法国、意大利、荷兰、比利时、卢森堡、爱尔兰、希腊、西班牙、葡萄牙、奥地利、芬兰、斯洛文尼亚、塞浦路斯、马耳他、斯洛伐克,其中 1999 年欧元区刚成立时的成员国仅有 12 个,斯洛文尼亚、塞浦路斯、马耳他、斯洛伐克在 2007—2009 年间陆续加入。

25%左右(见表6.15)。

表 6.15　欧元区各项指标占所有样本国家(地区)的比重(%)

	1999	2000	2001	2002	2003	2004	2005	2006	2007	2008
GDP	23	20	21	22	24	24	23	23	23	23
资本流出	24	25	30	25	22	19	25	26	22	35
资本流入	24	24	27	23	20	17	24	26	23	53
资产头寸	18	19	19	20	21	21	21	22	22	22
负债头寸	20	20	20	22	23	23	22	23	24	25

资料来源:IMF 的 IFS/BOP 数据库、世界银行 WDI 数据库和作者的计算。

　　如果以单个国家为样本,不难想象,在欧元区国家的对外资本往来中,很大一部分是和区域内部国家发生的。我们比较了欧元区作为一个整体对外的资本流动规模与欧元区各个国家对外资本流动规模的累加值,在 1999—2008 年间,欧元区对外资本流动规模约占欧元区国家资本流动总量的 58%左右(均值)。尽管我们在第 4 章中提到西欧和北欧国家的对外资本流动规模占全球近一半的比重,但实际上这其中相当一部分是本区域内部的资本流动,在欧元区的国家当中,就有超过 40%的资本流动是在区域内部进行的(见表6.16)。

表 6.16　欧元区国家对区域外资本流动占资本总流量的比重(%)

	1999	2000	2001	2002	2003	2004	2005	2006	2007	2008
资本流出	45	60	63	50	50	54	55	66	64	68
资本流入	47	62	61	51	49	52	54	67	66	81

资料来源:IMF 的 IFS/BOP 数据库和作者的计算。

　　欧元区自成立以来,欧元区的资本输出和输入规模接近,1999—2008 年间欧元区对外资本输出和输入规模从 7 千多亿美元增加到 2 万多亿美元,而每年的资本净输入(净输出)规模仅为几十至几百亿欧元(仅 2004 年和 2008 年超过 1 千亿美元)。1999—2008 年间欧元区累计净输入资本 2 140 亿美元[1]。在资本流动保持基本平衡的同时欧元区的对外净负债却不断扩大,1999 年欧元区的对外资产和负债规模分别为 5.5 万亿美元和 6.2 万亿美元,净负债 7 000 亿美元。但到了 2008 年,欧元区的对外资产和负债分别为 18 万亿美元和 20.8 万亿美元,净负债 2.8 万亿美元。也就是说在

---

[1]　具体数据见附表6.5。

累计输人资本 2 千亿美元的情况下,欧元区的净负债却增加了 2 万亿美元,两者之间 1.8 万亿美元的差额就是由资产和负债的价值变化差异所引起(见图 6.19)。

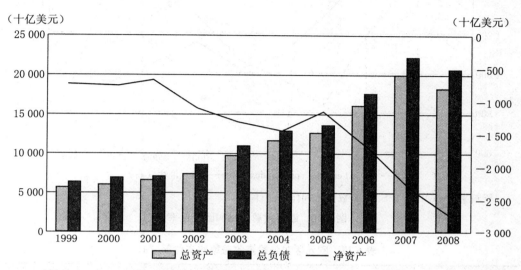

资料来源:IMF 的 IFS/BOP 数据库和作者的计算。

图 6.19 欧元区对外资产和负债规模

在 2002—2004、2006—2007 年间,欧元区的负债升值率都明显高于资产升值率,两者之间的差额使得欧元区每年增加数千亿美元的负债。这和 2002 年以后欧元的长期升值以及欧洲股票市场的繁荣有关。2001 年末至 2007 年末,欧元汇率从 1 美元兑 1.135 欧元升值到 1 美元兑 0.679 欧元,虽然欧洲境外资产中也有一定比例的欧元资产,但是相比之下,欧元区的对外负债中欧元资产所占比例更高,因而这一时期欧洲的对外负债增长较快。另外,2002—2007 年欧洲股市长期繁荣,MSCI 欧洲市场价格指数从 2002 年末的 830 上升至 2007 年末的 1 543,几乎翻了一番。这一时期在欧元区的投资对境外投资者来说回报率是非常高的。尽管同期全球资本市场也处于一个繁荣期,但是美元相对欧元的贬值,使得欧元区国家在外部,特别是在美国市场投资的回报率就略低(见图 6.20)。

尽管欧元区国家因为欧元升值和本地资产价格的上涨而增加了对外净负债,但欧元区国家自身企业和金融机构的竞争力比较强,金融市场发达,因此欧元区国家对外投资的要素收益率和支付率基本持平,无论是直接投资、证券投资,还是其他投资,几乎在每一类资产项目下,欧元区国家对外投资的要素收益率和要素支付率都非常接近(见表 6.17)。

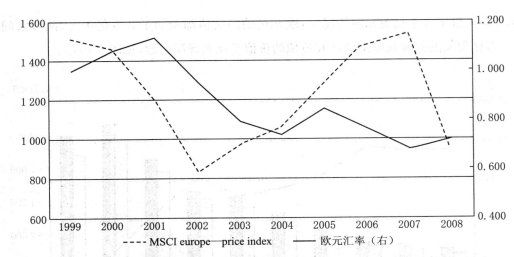

资料来源：IMF 的 IFS/BOP 数据库和作者的计算。

图 6.20　欧洲股票价格和欧元汇率

表 6.17　欧元区对外投资收益率和支付率(%)

	2000	2001	2002	2003	2004	2005	2006	2007	2008
要素收益率	4.10	3.59	3.36	3.45	3.51	3.76	4.50	4.67	3.84
要素支付率	4.34	3.82	3.70	3.69	3.25	3.39	4.04	4.23	3.84
要素净收益率	−0.24	−0.23	−0.35	−0.25	0.26	0.37	0.46	0.44	0.00
账面收益率	−3.22	−2.93	9.07	22.44	11.31	−1.90	14.12	13.11	−8.91
账面支付率	−2.80	−2.51	14.55	23.33	12.47	−3.50	16.59	14.63	−6.98
账面净收益率	−0.42	−0.42	−5.48	−0.89	−1.16	1.61	−2.47	−1.52	−1.93

资料来源：IMF 的 IFS/BOP 数据库和作者的计算。

　　总的来说，由于欧元区国家经济发达、金融市场成熟、本地企业也具备全球竞争力，因而在对外投资和融资过程中，欧元区作为一个整体，其投资要素收益率和要素支付率非常接近。从这个角度来看，欧元区自 1999 年成立以来，在对外资本循环中的收益和成本是接近的，虽然没有获得超额收益，但是也未支付更高的成本。但是由于2002 年以来欧元的持续升值，使得以美元计价的欧元区对外负债增加，由于欧元区持有资产和负债的币种差异，在 2002—2007 年欧元的这一轮牛市中，欧洲的净负债增加了 2 万亿美元。

6.3.1　德国

　　德国是欧洲最大经济体，目前 GDP 位居全球第四，在 2006 年以前经济总量高于中国,仅次于美国和日本,是当时的世界第三大经济体。德国的制造业在全球享有盛名,其产品出口竞争力较强,长期保持贸易顺差,并且近10年贸易顺差的规模不断扩大。经常账户的盈余使得德国持有大量的外汇收入,因此,德国和日本以及近年的中国一样,资本账户持续逆差,不断对外输出资本,1980—2008年间,德国累计净输出资本1.17万亿美元,2008年末持有境外净资产9 290亿美元,是仅次于日本和中国的全球第三大债权国。

20世纪90年代初,东欧发生巨变,德国统一,突然发生的政治变革给德国经济也带来了一定影响,90年代初德国经常转移突然增加,而贸易和服务顺差也有所缩减,从而使得90年代德国的经常账户出现逆差,因此80年代德国的资本净输出趋势在90年代没有得到延续。进入新世纪以后,德国贸易顺差不断扩大,积累的大量资本不断输出国外。2001年德国净输出资本仅为170亿美元,到了2008年德国资本净输出规模达到2 620亿美元(见图6.21)。

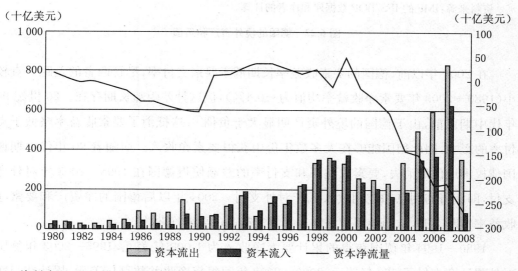

资料来源:IMF的IFS/BOP数据库和作者的计算。

图6.21 德国对外资本流动规模

随着德国在1980—2008年间经历资本"输出—输入—输出"的转变,德国的境外净资产也经历了"增长—下降—增长"的起伏。20世纪80年代德国境外净资产持续增长,1990年达到3 360亿美元的一个历史高峰,随后资产和负债的差距不断缩小。1998年时,德国的境外资产总量为22 090亿美元,负债为22 000亿美元,仅有几十亿美元的差额,德国的债权国地位几乎消失。随后,德国又经历了一个长周期的持续资本输出,净资产不断上升,直到 2007—2008 年达到 9 300 亿的规模(见图 6.22)。

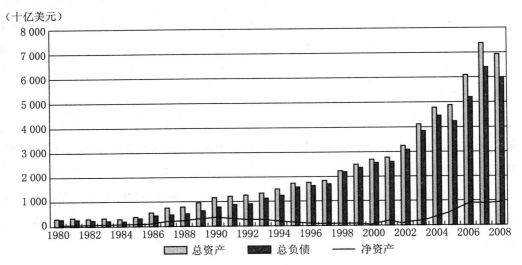

资料来源:IMF 的 IFS/BOP 数据库和作者的计算。

图 6.22　德国的境外资产和负债

在 2004 年以前,德国的要素收益率长期低于要素支付率,尽管两者的差距一直较小(1980—2003 年要素净收益率均值为-0.4%),但这种差距却长期存在。20 世纪 90 年代中期以前,由于德国的境外资产明显大于负债[①],这抵消了要素收益率略低于支付率的影响,因此德国能够在大多数年份中获得要素净收入。而随着 90 年代中期德国债权国地位的消失,要素收益率和支付率的差额使得德国在 1995—2003 年对外净支付,即获得的利息和红利收入低于对外支付。2004 年以后德国的净资产和要素净收益率不断上升,从而使得德国获得了越来越高的要素净收入。

1980—1994 年德国获得的累计要素净收入为 1 000 亿美元,1995—2003 年德国对外累计净支付了 660 亿美元,2003—2008 年间每年净收益数百亿美元,累计获得净收益 2 510 亿美元。与通常人们认为所不同的是,虽然德国的制造业企业在全球具备很强的竞争力,但是德国的直接投资要素收益率并不显著高于直接投资支付率,相反,在 20 世纪 80 年代,外国在德国的直接投资获得的收益率甚至高于德国企业在外投资获得的收益率。这一情况直到 2004 年以后才得到改观,这一阶段直接投资也成为德国获得要素净收入的主要资产类型(见图 6.23)。

---

① 1980—1994 年,德国的境外资产与负债之比均值为 1.26。

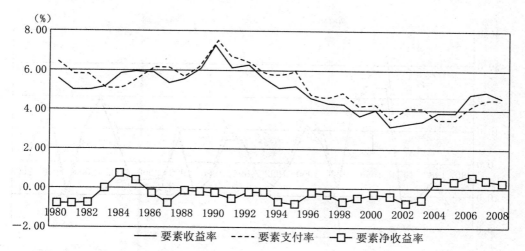

资料来源：IMF 的 IFS/BOP 数据库和作者的计算。

图 6.23 德国的要素收益率和要素支付率

20 世纪 80 年代中期，德国马克和日元是最为强势的币种，德国马克汇率从 1984 年末的 3.148 马克兑 1 美元升值到 1987 年末的 1.582 马克兑 1 美元，同期马克相对于欧洲其他货币也比较强势，这就使得德国的负债比资产升值得更快。由于当时德国的资产存量超过负债，基于更大的基数，资产的升值和负债的升值绝对规模接近。由于德国的境外资产大多投资于欧洲本地[①]，因此欧元区成立以后，尽管欧元相对于美元升值，但这也仅部分影响德国对外负债的升值，而德国的境外资产由于大多为欧元资产，这就降低了因为本币兑美元升值而导致本国负债增加的局面。尽管如此，1980—2008 年间德国的负债仍比资产累计多升值了 2 860 亿美元，其中 2 110 亿美元发生于2000—2008 年间（见图 6.24）。

均值比较检验结果显示，1980—2008 年间，德国的要素净收益率均值为 -0.26%，配对样本检验 t 值为 -2.94，这就意味着德国的要素收益率显著小于要素支付率。而德国账面净收益率均值为 -1.26%，配对样本检验 t 值为 -2.434，账面收益率显著小于账面支付率。这说明在德国的对外资本循环中，无论从要素收入还是账面收入的角度来看，其收益率都是低于支付率的。不过因为德国是资本输出国，其境外资产大于负债，因此德国仍然获得了累计 2 900 亿美元的要素净收入。由于马克和欧元的升值，资产价值的变化给德国造成了损失，抵消了要素净收入，1980—2008 年间德国累

---

① 根据德意志联邦银行的数据，截止到 2008 年底，德国对外直接投资 50％以上是在欧洲。

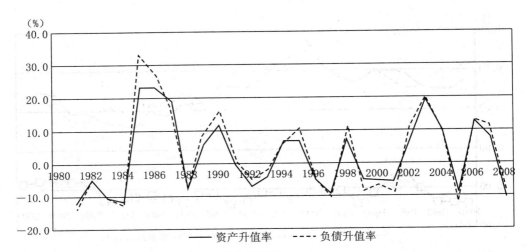

资料来源：IMF 的 IFS/BOP 数据库和作者的计算。

图 6.24　德国资产和负债的升值率

计账面净收入仅为 39 亿美元。也就是说德国在累计输出 1.17 万亿美元资本，到 2008 年成为一个净资产 9 300 亿的世界第三大债权国之时，却几乎没有获得任何收益。

我们将德国获得的账面净收益率拆分为收益效应和结构效应，根据

$$E(R^a - R^l) = E[\bar{\mu}^f(R^{af} - R^{lf})] + E[\bar{\mu}^s(R^{as} - R^{ls})] + E[\bar{\mu}^s(R^{ao} - R^{lo})]$$
$$+ E[(\mu^{af} - \mu^{lf})(\bar{R}^f - \bar{R}^o)] + E[(\mu^{as} - \mu^{ls})(\bar{R}^s - \bar{R}^o)]$$

得到如表 6.18 结果：

表 6.18　德国账面净收益率的收益效应和结构效应（%）

收入效应	1980—1989	1990—1999	2000—2008	1980—2008
直接投资	−0.91	−2.23	0.30	−0.99
证券投资	−0.06	1.06	−0.77	0.11
其他投资	−0.13	−0.71	−0.10	−0.32
总　　计	−1.10	−1.88	−0.56	−1.20

结构效应	1980—1989	1990—1999	2000—2008	1980—2008
直接投资	0.00	0.47	0.01	0.17
证券投资	−0.39	−0.29	0.03	−0.23
总　　计	−0.40	0.19	0.04	−0.06

	1980—1989	1990—1999	2000—2008	1980—2008
总资产账面净收益率	−1.49	−1.69	−0.52	−1.26

注：表格中每项数据是对应时间段内该效应的均值。
资料来源：IMF 的 BOP/IFS 数据库和作者的计算。

德国账面净收益率为负的主要原因来自收益效应,德国在直接投资和其他投资方面的账面净收益率都小于0,实际上德国对外投资的要素收益率和对外负债的要素支付率差异均值仅为−0.26%,但由于德国马克以及欧元的升值,使得德国负债的升值率略高于资产升值率,因而从账面收益率来看,德国在对外资本循环中并不处于有利地位。而在对外投资的结构中,证券投资比例略低,这也在结构上给德国的总资产账面净收益率造成一定的损失。

我们用回归方程式(3.6)来检验马克以及欧元的升值对德国净资产相对规模(nfa)的影响,得到如下结果:

$$\Delta nfa_t = 5.32 \cdot 10^{-6} - 1.55 \cdot 10^{-5} \cdot e_t^l$$

$$(0.000\ 006\ 11)\quad(0.000\ 045\ 5)$$

$n = 28$,$R^2 = 0.004\ 431$。

e_t^l 的 t 统计量为−0.340 167,不显著。这说明在德国的对外资产负债中,本币汇率对净资产相对规模的影响并不显著,即本币的升值并未明显降低本国的净资产。这可能和德国的投资目标区域分布有关,德国的境外投资中,大多数仍然集中于欧洲地区,而这些地区的汇率变动往往和德国马克有较高的相关性,而在1999年欧元流通之后,欧元区内部已经不存在汇率问题,即德国对欧元区国家的资产和负债规模已经摆脱了汇率的影响。

6.4 日本

由于自身资源环境的约束,日本在第二次世界大战后确立了"贸易立国"的战略方针,发展出口导向型经济,战后率先在亚洲完成工业化,并在很长时期内成为亚洲经济的龙头。持续增加的贸易顺差为日本积累了大量外汇资金,这些资金成为日本对外投资的主要资源。进入20世纪80年代之后,日本加速对外资本输出。当时的日本经济界提出了"海外投资立国"的口号,认为日本对外经贸关系的指导方针应从沿袭已久的贸易立国转向海外投资立国。1984年日本政府的《经济白皮书》也以大量篇幅论及海外投资,认为日本已经具备了大规模进行海外投资的主观条件,希望通过对外投资来缓解日益严重的经贸摩擦,并加快生产和资本国际化的步伐[①]。1980年以来,日本对外资本输出的步伐仅在20世纪90年代初日本泡沫经济破灭和90年代末亚洲金融危

---

① 贾明:《日本提出"海外投资立国"的口号》,《现代日本经济》1984年第6期,第63页。

机爆发后有所放缓,其他年份日本对外投资大大超过外国对日本的投资(见图6.25)。

（十亿美元）

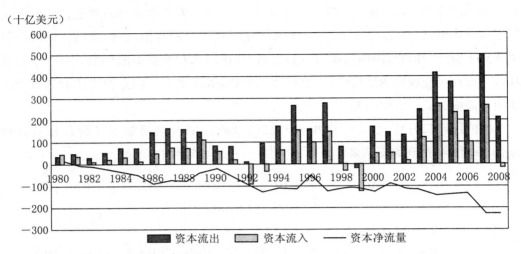

资料来源:IMF 的 IFS/BOP 数据库。

图 6.25　日本对外资本流动规模

由于日本持续大规模的资本输出,日本的境外净资产连续 30 年近乎单边上涨,
1980 年日本持有的资产为 1 600 亿美元,对外负债 1 470 亿美元,两者相差 130 亿美
元,即为当时日本的境外净资产规模。此后,资产和负债规模不断拉大,到了 2008 年,
日本的净资产高达 2.5 万亿美元,是全球第一大债权国。当年日本的境外资产为 5.6
万亿美元,对外负债 3.2 万亿美元,前者是后者的 1.8 倍之多(见图 6.26)。

（十亿美元）

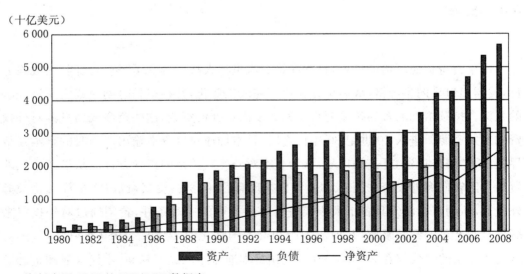

资料来源:IMF 的 IFS/BOP 数据库。

图 6.26　日本的境外资产和负债

日本的境外资产和负债结构也有显著的特征，尽管日本企业在全球各地投资设厂，但是直接投资在日本境外投资中的比重仍然比较低，债券、储备资产和其他投资等债权类的资产在日本海外资产中比例超过 80％以上，这是因为日本对外投资主体仍旧是货币当局、银行等机构，这些机构倾向于投资流动性好、安全性高的资产。

　　而在日本的负债结构中，直接投资的比例极低，能够在日本投资经营的外国企业少之又少。由于日本资本账户完全开放，日本公司的股票则成了外国投资者投资日本资产的主要途径。日本的对外负债中，股票投资一度超过了 40％（见表 6.19）。

表 6.19　日本境外资产和负债的结构（％）

资产结构	1980	1985	1990	1995	2000	2005	2008
FDI	12.3	10.1	10.8	9.1	9.4	9.1	12.1
证券投资	13.4	33.3	32.1	32.5	44.0	49.6	42.1
股票	2.3	2.0	3.7	5.6	8.8	9.6	7.0
债券	11.2	31.3	28.4	27.0	35.2	40.0	35.1
其他投资	74.3	56.6	57.1	58.4	46.6	41.3	45.8
储备资产	16.1	6.2	4.3	7.0	12.2	19.8	18.2

负债结构	1980	1985	1990	1995	2000	2005	2008
FDI	2.2	1.5	0.6	1.8	2.8	3.7	6.5
证券投资	28.9	38.4	25.9	30.1	48.9	56.6	49.1
股票	9.6	15.0	5.9	16.9	30.4	41.3	24.0
债券	19.3	23.4	20.0	13.2	18.5	15.3	25.1
其他投资	68.9	60.1	73.5	68.1	48.3	39.7	44.5

资料来源：IMF 的 IFS/BOP 数据库和作者的计算。

　　我们在前文中已经介绍，几大类资产中，股票的要素收益率最低，即股息率一般要低于其他资产的利息率。在外国投资者投资的日本资产中，股票占较大份额，因而日本的总负债对外要素支付率较低。日本对外投资的主要资产——债券和其他投资（主要是银行贷款）则往往能够获得稳定的利息收入，外国在日本的直接投资比例极小，几乎可以忽略，而日本在外国的直接投资企业也为日本投资者提供了丰厚的利润来源。因此，1980—2008 年，日本的要素收益率显著大于要素支付率，日本的要素净收益率均值为 1.86％，配对样本检验 t 值为 6.965，结果非常显著（见图 6.27）。

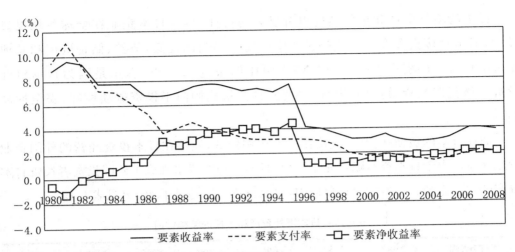

资料来源：IMF 的 IFS/BOP 数据库和作者的计算。

图 6.27　日本的要素收益率和要素支付率

　　基于更高的资产基数和要素收益率，日本的要素收入数倍于要素支付。如 2004 年以来，日本每年的要素收入为 1 000—2 000 亿美元，而要素支付每年则不到 600 亿美元。2005 年，日本的要素净收入达到 1 040 亿美元，超过了当年的贸易盈余（940 亿美元），成为日本经常账户顺差的最主要来源。1980—2008 年日本累计要素净收入 1.87 万亿美元。

　　相比稳定的要素净收入，资产和负债升值波动性则大得多。特别是在 20 世纪 80 年代后期，日本国内资产价格的上涨和日元的大幅升值，使得日本的资产和负债都不同程度升值，并且负债的升值幅度要远大于资产升值幅度。随着资产和负债升值幅度的相对变化，日本的净资产在升值和贬值之间变换，在去除了反向变动的影响之后，1980—2008 年日本净资产累计升值－1 900 亿美元，即资产价值的变动给日本造成了1 900 亿美元的损失。尽管这一规模对于其他国家来说是个不小的数字，但是相对于日本 1.87 万亿美元的累计要素净收入来说，这一规模并不大。虽然日本在 80 年代给外国投资者提供了高额的投资回报，但是从更长的时间周期来看，日本投资者的境外投资收益仍然是非常显著的（见图 6.28）。

　　在 1980 年至 1989 年间，日本的账面支付率极高，均值达到 23.21%，这意味着当时外国投资者在日本的投资获得了极高的回报。虽然同期日本的境外资产也升值较快，日本的账面收益率绝对水平也非常高，但和其账面支付率相比，仍有明显差距。这一时期日本的账面净收益率均值为－5.73%，但由于日本的资产远高于负债，因此 20世纪 80 年代日本的累计账面净收入仍然为正，累计值为 370 亿美元。进入 90 年代以后，随着日本国内资产价格泡沫的破灭，日本经济陷入长期萧条，资产价格低迷，日

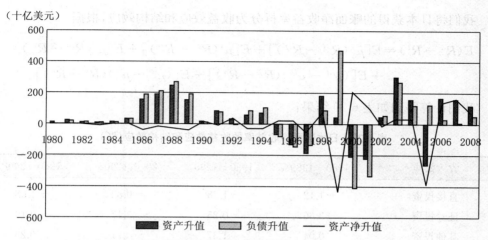

资料来源：IMF 的 IFS/BOP 数据库和作者的计算。

图 6.28　日本的资产和负债升值

本央行不断降低基准利率，甚至一度达到了零利率。尽管 90 年代以后至 2008 年日元兑美元继续升值，但是和 80 年代日元的升值幅度相比，90 年代以后的日元升值要温和得多，因此对资产和负债的影响也比 80 年代小得多。在这些综合因素的影响下，日本的账面支付率 90 年代以后比 80 年代有了大幅下降，80 年代日本账面收益率低于支付率的情况也得到改变，1990—2008 年间，日本的账面净收益率均值为 1.46%，即账面收益率平均比账面支付率高 1.46 个百分点。1990—2008 年间，日本累计获得账面净收入 1.65 万亿美元，加上 80 年代获得的 300 多亿美元的累计账面净收入，1980—2008 年间日本获得了 1.68 万亿美元的账面净收入（见图 6.29）。

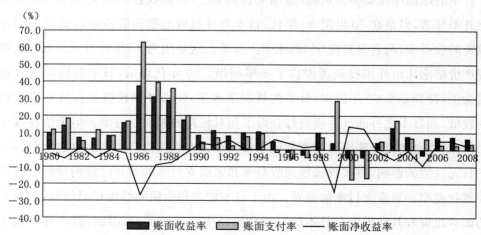

资料来源：IMF 的 IFS/BOP 数据库和作者的计算。

图 6.29　日本的账面收益率和账面支付率

我们将日本获得的账面净收益率拆分为收益效应和结构效应,根据

$$E(R^a - R^l) = E[\bar{\mu}^f (R^{af} - R^{lf})] + E[\bar{\mu}^s (R^{as} - R^{ls})] + E[\bar{\mu}^s (R^{ao} - R^{lo})]$$
$$+ E[(\mu^{af} - \mu^{lf})(\bar{R}^f - \bar{R}^o)] + E[(\mu^{as} - \mu^{ls})(\bar{R}^s - \bar{R}^o)]$$

我们计算得到如表 6.20 结果:

表 6.20　日本账面净收益率的收益效应和结构效应(%)

收入效应	1980—1989	1990—1999	2000—2008	1980—2008
直接投资	−1.12	−1.28	−0.82	−1.08
证券投资	−3.66	0.25	3.17	−0.19
其他投资	0.04	1.37	−0.71	0.26
总　　计	−4.74	0.33	1.64	−1.01
结构效应	**1980—1989**	**1990—1999**	**2000—2008**	**1980—2008**
直接投资	0.20	0.51	0.61	0.44
其他投资	−1.19	−0.45	0.39	−0.44
总　　计	−0.99	0.06	1.01	−0.01
	1980—1989	**1990—1999**	**2000—2008**	**1980—2008**
总资产账面净收益率	−5.73	0.39	2.64	−1.02

注:表格中每项数据是对应时间段内该效应的均值。
资料来源:IMF 的 BOP/IFS 数据库和作者的计算。

　　日本的账面净收益率为负值,虽然从长期来看,账面收益率和支付率的差异在统计上并不显著,但是在 20 世纪 80 年代,日本对外投资的账面收益率远低于外国在日本投资的收益率,两者差异在 5% 的水平上显著。这是因为 80 年代日元大幅升值和日本资产价格泡沫给外国投资者提供了丰厚回报。90 年代以后,日本的账面净收益率均值为正,特别是 2000 年以来,日本的低利率水平,使得外国投资者在日本投资的收益率较低,而日本之外的证券投资却获得了相对较高的账面收益率。但无论在哪个阶段,日本对外直接投资账面收益率都低于外国在日本直接投资的账面收益率,实际上,由于日元升值的影响,直接投资账面收益率和账面支付率的差异已经明显低于直接投资要素收益率和要素支付率的差异。由于日本资产和负债的结构相对均衡,占较大比重的证券投资和其他投资在日本的资产和负债中的比例接近,因此,资产和负债在结构上并未给日本的账面净收益率带来显著影响。

　　我们用回归方程式(3.6)来检验日元汇率变动对日本净资产相对规模(nfa)的影

响,得到如下结果:

$$\Delta nfa_t = 1.98 \cdot 10^{-6} - 5.35 \cdot 10^{-5} \cdot e_t^l$$
$$(0.000\,007\,93) \quad (0.000\,060\,8)$$

$n = 28$,$R^2 = 0.028\,917$。

e_t^l 的 t 统计量为 $-0.879\,907$,并不显著,说明从长期来看,尽管日元汇率兑美元呈上升趋势,但是日元汇率对日本净资产相对规模的影响并不显著。

6.5 中国

6.5.1 中国对外资本流动的规模和结构

20 世纪 80 年代以前,中国处于比较封闭的状态,对外经济交流极少,资本往来也非常少。随着我国改革开放的不断深化,我国对外资本流动规模也不断增加。中国对外资本流动经历了由流入到流出的转变。中国的对外资本流动规模在 2000 年之后几乎每年以翻番的速度在增长,这主要是因为中国的贸易盈余积累了巨额外汇,而外汇管理部门又将这些外汇资金投资于储备资产(如美国国债),也有学者认为除了贸易盈余引起的外汇增加外,还可能存在热钱涌入的情况等。不管如何,中国的对外资本流动平衡在 2000 年以后被打破,实际上自 1997 年开始中国就持续对外输出资本。80 年代中期至 90 年代中期是中国集中输入资本的一个阶段,这一时期中国累计净输入 650 亿美元的资本。尽管这一数字现在看来非常小,甚至微不足道,但对当时的中国经济来说,还是非常有影响力的,当时的中国 GDP 也仅有 3 000 多亿美元。1980—1999 年的 20 年间中国累计净输入资本 230 亿美元,而 2000—2008 年间中国净输出资本 1.41 万亿美元。中国的资本输出规模的增长速度是其他国家无法比拟的(见图 6.30)。

中国对外资本流动规模随着经济实力的增强在全球比重迅速提升,特别是中国的资本输出规模和中国 GDP 在全球中的比重接近,而中国的资本输入规模要小得多。虽然 GDP 占所有样本国家(地区)的比重已经超过 7%,但与日本、英国、欧元区相比,中国对外资本流量还相对较小,中国的资本开放度还比较低,且单笔资金反复往来的次数较少。如中国投资美国国债作为储备资产,往往就是中国的资金单向流出,同样,

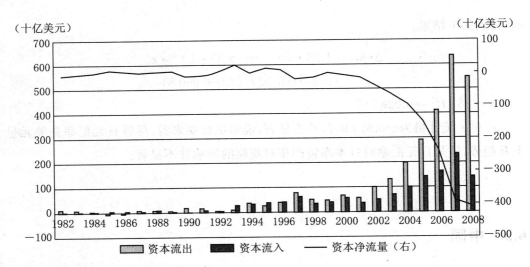

资料来源：IMF 的 IFS/BOP 数据库。

图 6.30　中国对外资本流动规模

外国投资者在中国进行直接投资，也往往是资金单向地流入。由于缺少发达的金融市场和自由的交易政策，中国的对外资本流动很少像一些金融交易一样，资金不断地来回流动，这就使得中国对外资本流动活跃程度要低于其他主要经济体（见图 6.31）。

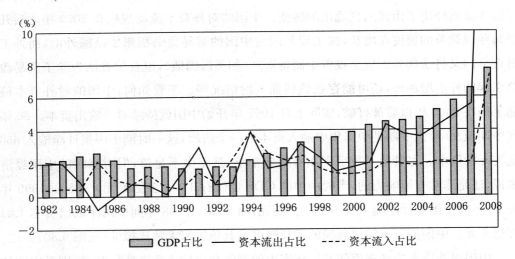

资料来源：IMF 的 IFS/BOP 数据库、世界银行 WDI 数据库和作者的计算。

图 6.31　中国资本流动占所有样本国家（地区）的比重

中国的资本输入和资本输出不仅在数量上存在巨大差别，在结构上也大不相同。由于中国尚未实现资本完全开放，对外来资本存在诸多限制，因此早期外国资本进入中国基本只能以直接投资或者银行贷款形式。近年来，随着中国适当开放股票和债券市场，以及中国企业赴境外上市，外国投资者投资中国的渠道有所增加。尽管如此，外国投资者在对中国的投资中，直接投资仍然占了绝大部分比例，这也是受到中国官方政策欢迎的一种方式。在流入中国的资本中，直接投资平均占比达到了72%，其次是其他投资（如银行贷款等），中国吸收外国资本，更注重在实际经济的吸收，而金融市场吸收的外国资本微乎其微。

中国的输出资本中，投资于储备资产的资本平均占比达到了64%，也就是说中国2.76万亿的输出资本中，2/3是投资到了储备资产。直接投资和证券投资的规模虽然近年有所上升，但是比重仍然很低（见图6.32）。

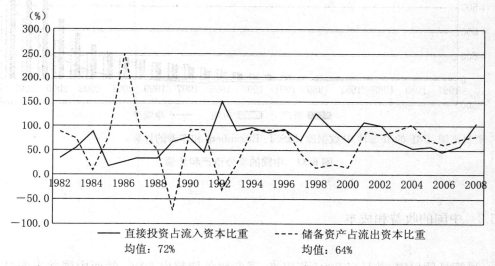

注：图中出现了一些比重超过100%或者小于0的比值，这是因为这些年份该类型资本或者其他类型的流动资本发生了反向流动，从而使得图中的对应资本流量超过了总流量，或者小于0。
资料来源：IMF的IFS/BOP数据库。

图6.32　中国的主要输出和输入资产类型

1982—2008年间，中国累计输出资本2.76万亿美元，累计输入资本1.37万亿美元，其中大多数发生在2000—2008年间。由于早期中国的境外资产负债规模较小，因此，当前中国的境外资产和负债的头寸也主要是这一时期的新增投资积累起来的。到了2008年末，中国持有的境外资产总额为2.92万亿美元，负债规模为1.4万亿美元，净资产1.52万亿美元，成为仅次于日本的世界第二大债权国。基于中国流入资本和流出资本的结构特征，中国的境外资产和负债特征也和资本流动的构成类似。2008年，中国境外资产中，储备资产规模达到1.97万亿美元（其中外汇储备1.95万亿美元），占总资产 67%，其次为非储备其他投资（银行贷款、应收账款、政府贷款等），占比 18%，直接投资和证券投资所占比重均不足 10%。而在中国负债结构中，2008 年，直接投资存量达到 8 760 亿美元，占总负债的 63%，其次为其他投资，占比 26%，证券投资仅占 11%（见图 6.33）。

（十亿美元）

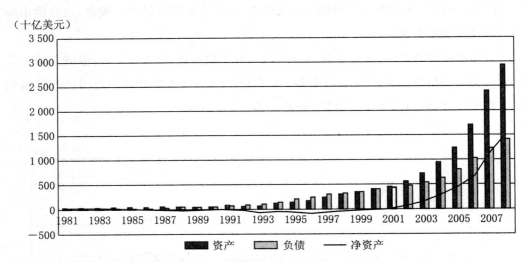

资料来源：IMF 的 IFS/BOP 数据库、MSCI、Bloomberg 和作者的计算。

图 6.33　中国的境外资产和负债

6.5.2　中国的收益和成本

尽管是债权国，并且自 2004 年以来，资产比负债超出 50%，然而中国并未通过对外借债获得要素净收入。中国对外投资的要素净收入连续多年为负值，直到近年才有所改观。1982—2008 年间，中国获得的累计要素收入为 3 830 亿美元，累计要素支付为 4 260 亿美元，累计要素净收入为 -430 亿美元。也就是说中国在资产是负债 1.5 倍的基数上，获得的要素净收入仍然为负值。这就意味着中国对外投资的要素收益率远低于要素支付率。

20 世纪 90 年代中期以前，中国的要素收益率高于要素支付率，由于中国对外负债主要以直接投资为主，这说明当时外商投资在中国赚取的利润还不高，而 80 年代全球利率水平比较高，中国对外投资资产中，即使是最为保守的储备资产也能够获得较高的利息收入。而进入 90 年代以后，全球利率水平下行，到了 90 年代中期已经处于一个较低的水平，与此同时中国的境外资产中储备资产的比重仍旧维持在 60% 以上，其他投资也仍旧以银行贷款等资产为主，从中国的要素收益率中也可以看出，在 90 年代前半期中国的要素收益率经历了一个快速下滑的阶段，此后一直维持在一个较低的水平上。相比之下，进入 90 年代以后，中国经济进入了一个加速发展的阶段，GDP 增长率长期保持高位。外商企业凭借在华生产的低成本以及不断增长的中国市场获得了丰厚利润，因此中国对外负债的要素支付率和对外投资的要素收益率差距被拉大。尽管近年来中国的要素支付率有所下降，但是仍然高于中国对外投资的要素收益率（见图 6.34）。

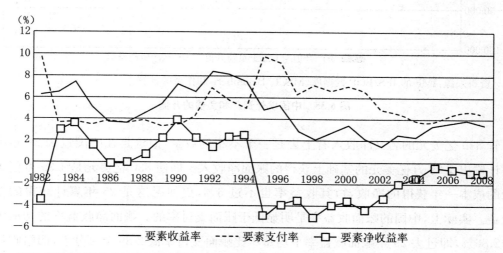

资料来源：IMF 的 IFS/BOP 数据库、MSCI、Bloomberg 和作者的计算。

图 6.34 中国对外投资的要素收益率和要素支付率

　　早期中国对外投资的资产规模较小，且多为银行贷款等其他投资资产，这些资产的价值波动较小，而外商在华直接投资资产的价值则随着中国物价的变化而波动，因此 20 世纪 90 年代中期以前中国的境外资产价值变化极小，而对外负债由于中国国内价格的上涨而有所增值。90 年代中后期，由于人民币贬值、亚洲金融危机等一系列因素，使得外商在华直接投资资产的美元价值有所下降。1994—2002 年间，由于企业重置成本的贬值给外国投资者在华资产造成了超过 500 亿美元的损失。进入新世纪以后，中国境外资产的升值超过负债升值，从而给中国带来了账面上的收益（见图 6.35）。

　　尽管资产升值超过了负债的升值，给中国带来了账面上的收益，中国的累计账面收入也因此超过了累计账面支付，但这主要是因为中国的资产基数比负债基数大引起，而不是因为中国对外投资的账面收益率超过账面支付率。1980—2008 年间，中国累计账面收入为 5 300 亿美元，累计账面支付为 4 470 亿美元，账面净收入 830 亿美元。

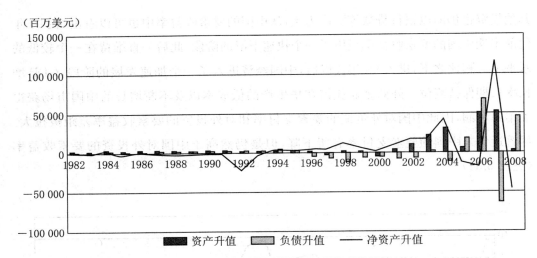

（百万美元）

■ 资产升值　　■ 负债升值　　— 净资产升值

资料来源：IMF 的 IFS/BOP 数据库、MSCI、Bloomberg 和作者的计算。

图 6.35　中国境外资产和负债的升值

尽管 830 亿美元的名义净收入看上去是一个不小的数字，但这是在中国过去 29 年中累计输出 1.39 万亿美元的基础上获得的账面净收入。即使 830 亿美元是 1.39 万亿美元的成本一年获得的净收益，其收益率也不过 6%，更何况这是 29 年累计获得的净收益。实际上，中国的账面收益率是明显低于账面支付率的。账面净收益率的均值为 −2.86%，即过去 29 年账面收益率平均每年比账面支付率低 2.86 个百分点，两组收益率均值比较检验的 t 值是 −2.04，统计显著（见图 6.36）。

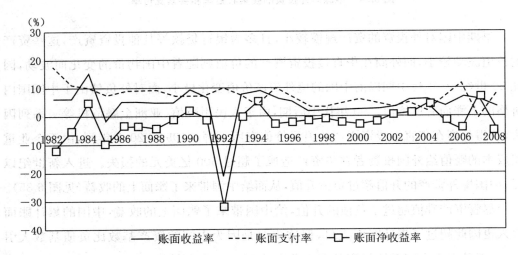

（%）

— 账面收益率　　---- 账面支付率　　—□— 账面净收益率

资料来源：IMF 的 IFS/BOP 数据库、MSCI、Bloomberg 和作者的计算。

图 6.36　中国账面收益率和账面支付率

我们将中国的账面净收益率拆分为收益效应和结构效应，根据

$$E(R^a - R^l) = E[\bar{\mu}^f(R^{af} - R^{lf})] + E[\bar{\mu}^s(R^{as} - R^{ls})] + E[\bar{\mu}^s(R^{ao} - R^{lo})]$$
$$+ E[(\mu^{af} - \mu^{lf})(\bar{R}^f - \bar{R}^o)] + E[(\mu^{as} - \mu^{ls})(\bar{R}^s - \bar{R}^o)]$$

我们计算得到如表 6.21 结果：

表 6.21　中国账面净收益率的收益效应和结构效应(%)

收入效应	1980—1989	1990—1999	2000—2008	1980—2008
直接投资	0.80	1.13	1.40	1.12
证券投资	0.61	0.41	0.51	0.50
其他投资	−6.73	−9.01	−1.90	−5.97
总　　计	−5.32	−7.46	0.01	−4.34
结构效应	1980—1989	1990—1999	2000—2008	1980—2008
证券投资	−0.18	−0.05	0.22	0.00
其他投资	0.97	3.87	−0.72	1.48
总　　计	0.78	3.83	−0.50	1.48
	1980—1989	1990—1999	2000—2008	1980—2008
总资产账面净收益率	−4.54	−3.64	−0.49	−2.86

注：表格中每项数据是对应时间段内该效应的均值。
资料来源：IMF 的 BOP/IFS 数据库和作者的计算。

中国对外投资的账面净收益率均值为负值，这主要是由于收入效应所引起，这是因为在中国的境外投资中，储备资产所占比例接近 60%，而这部分储备资产的收益率较低，这是导致中国对外投资低收益的主要原因。中国在直接投资和证券投资方面的账面收益率并不比账面支付率低，但是因为这两部分资产的比重较低，因而对总资产账面净收益率的影响较小。

总的来说，中国在对外资本循环中是长期低收益高成本的，作为全球第二大资本输出国和第二大债权国，中国获得的要素净收入竟为负值，也就是说不但对外借钱，还要支付给他人利息。尽管在资产升值上获得了一定收益，但是中国的账面收益率仍然显著低于账面支付率。

附表 6.1   2010 年全球银行品牌前 100 强中的美国银行(百万美元)

2010 年排名	2009 年排名	银　　　行	品牌价值	市　　值(2009 年)	品牌竞争力2009 年	品牌价值2008 年	品牌竞争力2008 年
2	2	Bank of America	26 047	111 754	AAA+	21 017	AAA
4	3	Wells Fargo	21 916	131 225	AA	14 508	AA
5	7	Citi	14 362	70 105	A+	9 810	A
7	17	Goldman Sachs	13 887	93 316	AAA+	6 753	AAA−
8	10	Chase	13 400	69 901	AA	8 747	A+
11	6	American Express	12 737	42 043	AA	9 944	AA
14	11	JPMorgan	11 732	102 425	AA−	8 072	AA−
23	25	Morgan Stanley	7 907	45 931	A+	4 775	A+
33	35	Visa	5 037	55 159	AAA−	2 875	AA+
39	33	US Bank	3 777	45 984	AA	2 933	AA−
43	60	PNC	3 383	23 236	AA−	1 752	A+
48	50	MasterCard	3 186	28 521	AA+	2 056	AA+
57	34	Capital One	2 758	17 885	A	2 913	A+
58	63	Merrill Lynch	2 694	18 193	A+	1 682	BBB
60	52	State Street	2 598	21 483	AA−	1 953	A
64	49	The Bank of New York Mellon	2 477	33 306	A+	2 115	A+
71	66	BB&T	2 056	17 472	AA	1 546	A+
74	91	Blackstone	1 997	15 817	A+	1 155	A+
77	113	Franklin Templeton Investments	1 908	24 760	AA−	922	A
86	62	SunTrust	1 724	9 539	A+	1 721	AA−
89	100	Discover	1 690	8 055	A−	1 043	B
92	67	JP Morgan Chase	1 607	172 325	AA	1 538	AA−
93	n.a.	Black Rock	1 580	29 722	AA	n.a.	n.a.
95	99	Western Union	1 542	13 063	AA−	1 053	AA−
100	96	Ameriprise Financial	1 498	9 208	A	1 082	A

资料来源:英国《银行家》杂志。

附表 6.2   美国的对外资产和负债规模(十亿美元)

	1980	1981	1982	1983	1984	1985	1986	1987	1988	1989
资　产	755	820	1 108	1 211	1 205	1 287	1 469	1 647	1 830	2 071
负　债	501	583	772	903	1 033	1 220	1 491	1 710	1 991	2 311
净资产	255	237	337	308	172	67	−22	−64	−161	−240

	1990	1991	1992	1993	1994	1995	1996	1997	1998	1999
资　产	2 179	2 286	2 332	2 754	2 987	3 486	4 032	4 568	5 096	5 974
负　债	2 402	2 571	2 736	3 031	3 278	3 909	4 489	5 347	5 947	6 699
净资产	−223	−285	−404	−278	−291	−423	−456	−780	−851	−724

	2000	2001	2002	2003	2004	2005	2006	2007	2008
资　产	6 239	6 309	6 649	7 638	9 341	10 772	13 189	15 720	13 264
负　债	7 569	8 178	8 687	9 725	11 586	12 755	15 433	17 931	16 892
净资产	−1 331	−1 869	−2 038	−2 087	−2 245	−1 983	−2 244	−2 211	−3 629

资料来源：IMF 的 IFS 数据库。

附表 6.3　价格因素引起的美国资产和负债变化（百万美元）

	价格因素的影响		汇率因素的影响		其他因素的影响	
	资产变化	负债变化	资产变化	负债变化	资产变化	负债变化
1989	35 496	73 513	−6 639	−892	36 963	24 733
1990	−50 887	−24 251	54 101	10 256	23 662	−33 640
1991	7 371	70 550	1 635	−2 637	34 083	−7 316
1992	−7 891	31 782	−63 559	−8 868	42 280	−26 485
1993	149 079	39 372	−22 464	−8 002	94 786	−15 731
1994	−33 283	−72 919	58 342	12 601	29 474	4 189
1995	104 918	198 226	29 107	11 886	12 865	−14 454
1996	134 503	87 144	−51 149	−8 862	49 272	−46 750
1997	196 788	240 988	−167 660	−27 509	20 996	−59 062
1998	136 392	284 522	41 924	10 824	−4 505	−116 599
1999	350 758	129 940	−41 978	−5 586	66 006	−114 837
2000	−83 061	−95 360	−229 626	−30 045	16 555	−42 141
2001	−258 901	−142 786	−130 706	−18 982	76 887	−12 961
2002	−321 626	−259 353	184 416	36 095	182 962	−62 410
2003	414 296	405 683	346 543	71 427	−97 256	−297 863
2004	289 317	194 739	239 572	41 729	172 789	91 783
2005	721 907	1 091	−272 748	−51 801	1 625 128	1 104 010
2006	755 025	336 631	269 436	46 940	107 429	229 936
2007	476 451	244 090	529 222	85 523	52 569	38 565
2008	−1 954 331	−1 234 194	−681 066	−98 026	179 390	−240 312

注：1. 直接投资资产和负债是根据当前成本方法估计（不是市场价值法）。

2. 其他因素包括统计范围的变更、分支机构的资本利得和损失、其他对资产和负债的调整等。

3. 本表的估算中，2005 年开始包含金融衍生品。

资料来源：BEA。

附表 6.4　美国的收益和支付规模(十亿美元)

	1980	1981	1982	1983	1984	1985	1986	1987	1988	1989
要素收入	79	94	94	94	115	104	96	107	136	160
账面收入	90	45	258	135	73	148	166	205	212	226
要素支付	−43	−54	−56	−54	−74	−73	−79	−92	−116	−139
账面支付	−56	−51	−148	−98	−88	−117	−121	−64	−151	−237

	1990	1991	1992	1993	1994	1995	1996	1997	1998	1999
要素收入	171	148	132	134	165	208	224	255	259	291
账面收入	197	191	103	356	219	355	357	305	433	666
要素支付	−140	−121	−105	−106	−143	−183	−198	−238	−251	−272
账面支付	−92	−182	−101	−121	−87	−379	−229	−392	−429	−282

	2000	2001	2002	2003	2004	2005	2006	2007	2008	
要素收入	348	288	278	318	411	532	679	827	793	
账面收入	45	258	135	73	148	166	205	212	226	
要素支付	−54	−56	−54	−74	−73	−79	−92	−116	−139	
账面支付	−51	−148	−98	−88	−117	−121	−64	−151	−237	

资料来源:IFS 数据库、BEA 和作者的计算。

附表 6.5　欧元区对外资本流量和资产负债规模(十亿美元)

	1999	2000	2001	2002	2003	2004	2005	2006	2007	2008
总资产	5 510	6 037	6 414	7 343	9 575	11 433	12 444	15 938	19 940	18 045
总负债	6 253	6 794	7 097	8 440	10 902	12 909	13 619	17 629	22 232	20 797
净资产	−743	−757	−683	−1 097	−1 328	−1 476	−1 175	−1 691	−2 292	−2 752
资本流出	−721	−965	−797	−547	−765	−1 069	−1 706	−2 192	−2 549	−691
资本流入	721	1 024	756	544	733	957	1 656	2 165	2 634	1 026
资本净流量	−0.3	60	−41	−3	−32	−112	−50	−27	85	334

资料来源:IMF 的 IFS/BOP 数据库和作者的计算。

附表 6.6　中国的要素收入和要素支付(十亿美元)

	1982	1983	1984	1985	1986	1987	1988	1989	1990
要素收入	1.02	1.45	1.92	1.39	0.90	0.98	1.47	1.89	3.02
要素支付	0.64	0.30	0.39	0.55	0.92	1.19	1.63	1.67	1.96
要素净收入	0.38	1.16	1.53	0.84	−0.02	−0.22	−0.16	0.23	1.06

	1991	1992	1993	1994	1995	1996	1997	1998	1999
要素收入	3.72	5.60	4.39	5.74	5.19	7.32	5.54	5.49	8.18
要素支付	2.88	5.35	5.67	6.78	16.97	19.76	16.72	22.02	22.28
要素净收入	0.84	0.25	−1.28	−1.04	−11.77	−12.44	−11.17	−16.54	−14.09

	2000	2001	2002	2003	2004	2005	2006	2007	2008
要素收入	12.35	9.09	7.67	14.81	18.53	35.62	50.32	76.20	92.48
要素支付	26.54	27.71	22.34	22.81	22.68	26.51	37.16	54.85	57.44
要素净收入	−14.19	−18.62	−14.67	−8.00	−4.15	9.12	13.17	21.35	35.04

资料来源：IMF 的 BOP 数据库。

附表 6.7　中国的账面收入和支付（十亿美元）

	1982	1983	1984	1985	1986	1987	1988	1989	1990
账面收入	1.0	1.4	3.9	−0.6	1.3	1.5	1.6	1.9	3.8
账面支付	−1.2	−0.9	−1.0	−1.2	−2.1	−2.9	−3.9	−3.4	−4.1
账面净收入	−0.2	0.4	2.9	−1.8	−0.8	−1.5	−2.3	−1.5	−0.3

	1991	1992	1993	1994	1995	1996	1997	1998	1999
账面收入	3.9	−15.0	4.3	6.9	7.0	7.0	4.1	5.5	8.0
账面支付	−5.1	−7.8	−7.8	−4.9	−16.6	−15.1	−9.7	−9.6	−15.6
账面净收入	−1.2	−22.8	−3.5	2.0	−9.5	−8.1	−5.7	−4.1	−7.6

	2000	2001	2002	2003	2004	2005	2006	2007	2008
账面收入	9.5	11.2	16.8	34.7	48.9	40.5	100.2	128.4	92.5
账面支付	−20.9	−19.0	−14.5	−24.6	−10.5	−44.2	−105.7	8.5	−103.5
账面净收入	−11.4	−7.8	2.3	10.0	38.5	−3.7	−5.5	137.0	−10.9

资料来源：IMF 的 IFS/BOP 数据库、MSCI、Bloomberg 和作者的计算。

第 7 章　结论和展望

7.1　总结

　　本书在梳理前人研究工作的基础上,从理论和实证角度分析了全球资本流动过程中的收益分配问题。作者首先从理论上分析了在全球资本流动体系中的收益分配问题,其次通过建立实证模型,分析了各国(地区)在对外资本循环中的收益和成本,并重点分析了全球资本流动体系中的主要国家和地区。

　　针对不同类型的境外投资资产(直接投资、证券投资和其他投资),学者们从不同角度建立了理论研究体系。根据这些理论体系,我们对国际资本流动过程中投资国(地区)和东道国(地区)的收益与成本建立了相关假说。首先,根据直接投资的理论,我们可以推测,那些大规模进行对外直接投资的国家(地区),特别是发达国家(地区),具备技术和知识优势(中高端制造业)、垄断优势(产业垄断、技术垄断、资金垄断等)以及信息优势;如果是出于寻求市场进入的目的进行境外投资,也说明在目的国(地区)投资至少比出口贸易更具备优势;对于那些在本国(地区)竞争优势不明显的产业,对外大规模直接投资,说明在境外投资能够降低成本。因此,大多数情况下,跨国公司在投资目的国(地区)的市场上的优势能够使其获得比当地企业更高的利润,借助当地廉价的劳动力和其他资源,在外投资降低生产成本,也将比在本地生产获取更高的利润。因而,那些大规模进行境外直接投资的国家(地区),在其对外直接投资的国际资本流动过程中,无论是和目的国(地区)还是母国(地区)的同类企业相比,都能够获得更高的利润。这就意味着,高度依赖外来投资的国家(地区),其本地企业的竞争优势不强,外国(地区)公司在本地的利润率也必然较高,那么这些国家(地区)需要付给外国(地区)较高的投资支付。其次,我们从融资和投资的角度分析了跨国(地区)证券投资过程中,不同类型国家(地区)的收益和成本。从融资角度来看,发展中国家(地区)的企业往往要支付更高的融资成本。而从投资角度来看,发达国家(地区)——特别是资本市场发达的国家(地区)——由于具备市场优势和投资机构的竞争优势,其投资外国(地区)证券要比发展中国家(地区)更具备信息和技术优势,从而能够取得更好的收益。因此,从理论上来说,在全球证券资本流动过程中,发达国家(地区)的投资者能比发展中国家(地区)的投资者获得更高的收益率,而发展中国家(地区)的融资者(如上市公司)要比发达国家(地区)的融资者支付更高的成本。最后,我们分析了其他投资的投资收益和成本。在其他投资和储备资产类别中,国际资本流动收益和成本具有如下特征:(1)考虑汇率波动在内,以主要国际流通货币计价的国际借贷利率水平在理论上相差不大。(2)在现实操作中,由于借款人的资质差异,即使是同样货币计价的贷款,也会出现利率不同的情况。(3)政府间的借贷,由于大多具有援助性质,从资金的成本角度来说,是落后国家(地区)低成本获得资金的少有的途径,但这类资本的规模在全球资本流动体系中的比重较低。(4)那些提供国际储备货币的国家(地区),不仅在本币初次输出时享有"铸币税",还在此后的对外资本循环中,充当银行家的角色,能够以低成本吸收资金,再以高利率贷出资金。

在理论假说的基础上,我们通过建立一个基本可以代表全球经济活动的国家(地区)样本,从实证角度分析全球资本流动过程中各国(地区)的收益和成本。我们的样本包含 80 个国家和地区,这 80 个国家和地区的经济总量(GDP)占全球的 95% 左右,这些地区对外资本流动规模也占全球所有国家(地区)的 95% 左右,因此,我们可以认为这些样本基本代表了全球的经济活动。在计算各国(地区)的投资收益和融资成本之前,首先要理清全球资本流动的格局。我们发现过去 30 年全球资本流动呈现出以下特征:(1)国际资本流动规模增长加速。全球资本流动规模增长超过同期实体经济的增长速度,各国(地区)对外资本流出规模占 GDP 的比重从 1980 年的 5% 上升到 2007 年的 21%。各国(地区)持有的境外资产和负债规模占 GDP 的比重也从 37% 增长到 172%。(2)少数国家(地区)在国际资本流动体系中占据主导地位,资本流动规模最大的 13 个国家(地区)占全球比重超过 80%。从区域来讲,西欧国家(地区)的资本流动规模占全球的一半左右,是全球资本流动最活跃的地区。其次是北美,资本流动总量平均占全球的 15%—20% 之间。日本的资本流动规模在 20 世纪 80 年代中期至 90 年代中期达到一个历史峰值之后明显下降。随着日本在全球资本流动体系中重要性的下降,发展中国家(地区),特别是亚洲和中东欧的发展中国家(地区)在全球资本流动体系中的比重明显上升。(3)国际资本流动失衡的加剧。国际资本流动失衡有三个方面的主要表现:①发达国家(地区)和发展中国家(地区)的流动失衡,早期资本从发达国家(地区)流向发展中国家(地区),而进入 2000 年以后,资本开始由发展中国家(地区)流向发达国家(地区),并且流动规模不断扩大。②资本流动"失衡"的国家(地区)越来越多。在我们计算的样本中,2000—2008 年间,每年资本净流动和 GDP 比值超过 5% 的有 30 个国家(地区),而这一数字在 90 年代和 80 年代分别仅为 10 个和 12 个。③资本流动规模的分布不均衡。这表现为少数大国(地区)的资本流动失衡是全球资本流动失衡的主要构成,以 2000—2008 年间的累计净流量为例,作为最大的资本输出国,日本、中国和德国的累计资本输出规模等于同期其他所有输出国(地区)的总和。作为最大的资本输入国,美国一国资本输入规模超过了所有其他资本输入国(地区)的总和。(4)发展中国家(地区)的负债地位尚未根本改变。虽然发展中国家(地区)在 2008 年对外总资产首次超过总负债,但是扣除中国因素之后,其他发展中国家(地区)长期以来仍旧对外净负债,并且在 2008 年金融危机之前,其他发展中国家(地区)的负债规模还呈上升趋势——虽然 2000 年以后发展中国家(地区)持续资本输出。扣除美国因素之后,其他发达国家(地区)长期对外资本净输出,持有的境外资产也大于对外负债,并且净资产规模不断上升。(5)资本输出和输入国(地区)的基本特征。从长期来看,资本净输出国(地区)有三类:制造业出口大国(地区)(日本、中国内地、德国)、资源出口大国(中东石油出口国、俄罗斯、委内瑞拉等)、银行业金融中心(瑞士、卢森堡、中国香港、新加坡等)。而资本净输入国(地区)则没有明显的产业特征,但都是中高收入国家(地区)。从相对规模来看,资源型和金融中心型资本输出国(地区)的资本输出规模与 GDP 比值较大,说明失衡较为严重,日本、中国内地、德国虽然资本输出绝对值较大,但因为经济规模也比较大,因此失衡并不严重。而资本输入国(地区)中,大洋洲和中东欧国家对外部资本的过度依赖造成的潜在风险值得注意。(6)发达国家(地区)的境外资产中,证券投资所占比重不断上升,储备资产所占比重大幅下降;而发展中国家(地区)的境外资产结构变化最显著的特征就是储备资产的不断上升,80 年代初发展中国家(地区)的境外资产中储备资产约为 25%,这一比例到 2008 年已经上升为 50%,其中主要是外汇储备,黄金和 SDR 所占比例极小。

从收益和支付角度来看,只有少数国家(地区)在国际资本循环中获得了要素净收入,而获得账面净收入的国家(地区)则更少。我们计算的 80 个样本国家(地区)中,在

1980—2008年间，有34个国家（地区）累计资本净输出，到了2008年只有24个是债权国（地区），能够获得累计要素净收入的只有15个，如果考虑资产升值，那么能够获得账面净收入的国家（地区）只有12个。这说明在国际资本流动体系中，"赚钱"并不容易，不少国家（地区）在输出资本的同时，还同时向外国（地区）支付更多的利息——中国和俄罗斯就是其中的典型代表。在一些债权国（地区）（或资本输出国和地区）还需要对外利息净支付的情况下，美国和英国这两大债务国从国外（地区）大量借入资本的同时，却还能够获得更高的收益——无论是实际的利息收入，还是账面的账面收入。要素净收益率均值显著为正的国家（地区）仅有7个，而账面净收益率显著为正的国家仅有美国。在全球资本流动体系中，能够获益的国家（地区）非常少，大多数国家（地区）在全球资本流动体系中都未能实现收益率高于支付率。

美国是全球资本流动体系中的最大受益国，能够长期维持高收益率和低支付率，净收益率足以抵消净负债的基数影响，不仅获得的要素收入超过要素支付，并且还因为资产升值超过负债升值而减轻债务负担。英国是仅次于美国的第二大受益国，虽然不具备长期维持高收益率低支付率的能力，但是在近年来其收益率高于支付率，境外资产升值超过对外负债的升值，既能够获得净利息收入，又能够通过资产升值减少净负债规模。

另外有一些国家，虽然没有从资本流动体系中直接获得超额收益，但是投资收益率和支付率基本接近，从某种程度上来说，这类国家也是受益于国际资本流动体系的，因为国际市场给这些国家的盈余资金提供了投资机会，或为这些国家的融资提供了资金支持。日本、比利时—卢森堡、瑞士、沙特阿拉伯、法国、荷属安的列斯群岛都是资本输出国。这些国家的收益率水平和支付率水平无显著差异，但因为是债权国而获得了净收益。其中，日本因为本国的要素收益率大于支付率以及全球第一大债权国的地位，获得了全球规模最大的要素净收入。而新西兰、希腊、白俄罗斯、巴拿马、印度、澳大利亚、土耳其、以色列、布隆迪等国，则是资本输入国，这些国家从外部借入资本，并没有支付更高的成本。不过因为是债务国，所以对外净支付。

大多数国家（地区）在全球资本流动体系中是高成本低收益的，其中既包括资本输出国（地区），又包括资本输入国（地区）。资本输出国（地区）如中国内地、德国、科威特、利比亚、挪威、巴林、荷兰、中国香港、委内瑞拉、新加坡、马来西亚、玻利维亚、阿塞拜疆、叙利亚、阿曼、加拿大、乌克兰、厄瓜多尔、埃及、摩洛哥、丹麦、泰国、芬兰、瑞典、韩国等，这些国家（地区）虽然对外输出资本，但是获得的净收益非常低，甚至有的国家（地区）净收益为负，也就是说这些国家和地区为其他国家和地区提供了廉价资本，但本地却未获得合理的收益。而其他的国家和地区则都是以较高成本从外部融资的资本输入国（地区），或者说，这些国家（地区）在对外开放中，给外国（地区）投资者提供了高回报的资产，但是本国（地区）在外投资的资产收益率却很低。

7.2　未来研究的方向

本书的研究尚存在一些欠缺，这些欠缺也是未来研究可以继续深入的方向。

首先，本书估算国际投资头寸的模型不够精确。国际资本流动是一个复杂的过程，流入流出的资本很难追踪，在现实经济活动中，各国（地区）对外投资和融资行为和我们的模型假设必然存在差异，因此我们估算国际投资头寸的模型就会存在一定误差。如果将来的研究能在这一领域有所改进，那么计算结果的精确度将会有所提高。

第二，原因分析尚不够深入。本书更多地从实证角度计算出哪些国家（地区）从对外资本循环中获益，哪些国家（地区）在对外资本循环中受损。对于其中的原因，虽然做了一些分析，但这些原因分析大多从数字层面进行解释，并且仅对一部分国家（地区）进行了深入分析，尚未能够对所有国家（地区）受益或者受损的原因做深入分析，并从中总结出规律。

第三，微观角度分析较少。本书的分析视国家（地区）为一个行为主体，从宏观角度去分析各国（地区）对外投资的收益和成本，基本没有从微观角度，即从具体的投资主体，如官方机构、跨国公司、金融机构、个人等，去分析各国（地区）对外投资和融资行为。微观角度的研究将会有助于深入了解国际资本流动过程中收益分配不均的原因。

第四，加深理论分析。本书主要以实证分析为主，在实证分析基础上，尚未能总结归纳出一定的理论结果。若能总结归纳出全球资本流动过程中收益分配的一般规律，那么其理论和实用价值都将会进一步提高。

参考文献

Albuquerque, Rui, 2003, "The Composition of International Capital Flows; Risk-Sharing through Foreign Direct Investment", *Journal of International Economics*, 61(2):353—383.

Aseem Prakash and Jeffrey A.Hart, 1999, *Globalization and Governance*, London: Routledge, 3.

Athukorala, Prema-chandra and Sarath Rajapatirana, 2003, "Capital Inflows and the Real Exchange Rate: Comparative Study of Asia and Latin America", Research School of Pacific and Asian Studies, Australian National University.

Balakrishnan, Ravi and Volodymyr Tulin, 2006, "U.S. Dollar Risk Premiums and Capital Flows", IMF Working Paper WP/06/160.

Bekaert, Geert and Campbell R.Harvey, 1999, "Capital Flows and the Behavior of Emerging Market Equity Returns", Fuqua School of Business Working Paper No.9807.

Bekaert, Geert and Campbell R.Harvey, 2000, "Foreign Speculators and Emerging Equity Markets", *The Journal of Finance*, 55(2):565—613.

Bertaut, Carol C. and William L.Griever, 2004, "Recent Developments in Cross-Border Investment in Securities", Federal Reserve Bulletin.

Bertaut, Carol C., Steven B.Kamin, and Charles P.Thomas, 2008, "How Long Can the Unsustainable U. S. Current Account Deficit Be Sustained?" Board of

Governors of the Federal Reserve System, International Finance Discussion Papers, No.935.

Branson, William H., 1981, "Trends in U.S. International Trade and Investment Since World War II", NBER Working Paper No.W0469.

Brooks et al., 2001, "Exchange Rates and Capital Flows", IMF Working Paper, WP/01/190.

Buckley, P.J. and Mark C.Casson, 1976, *The Future of Multinational Enterprise*, London: Macmillan.

Cavallo, Michele and Cédric Tille, 2006, "Could Capital Gains Smooth a Current Account Rebalancing?" Federal Reserve Bank of New York Staff Reports.

Cardarelli, Roberto, Selim Elekdag and M. Ayhan Kose, 2009, "Capital Inflows-Marcoeconomic Implications and Policy Responses", IMF Working Paper WP0940.

Carlson, Mark and Leonardo Hernández, 2002, "Determinants and Repercussions of the Composition of Capital Inflows", Board of Governors of the Federal Reserve System, International Finance Discussion Papers, No.717.

Chen, Zhaohui and Mohsin S.Khan, 1997, "Patterns of Capital Flows to Emerging Markets: A Theoretical Perspective", IMF Working Paper No.97/13.

Chiou, 2008, "Who Benefits More from International Diversification", *Int. Fin. Markets, Inst. and Money*, 18, 466—482.

Chiou, 2009, "Benefits of International Diversification with Investment Constraints: An Over-Time Perspective", *The Quarterly Review of Economics and Finance*, 49, 448—483.

Choi, Woon Gyu, Sunil Sharma and Maria Strömqvist, 2007, "Capital Flows, Financial Integration, and International Reserve Holdings: The Recent Experience of Emerging Markets and Advanced Economies", IMF Working Paper No.07/151.

Choi, Gyu, Sunil Sharma, and Maria Strömqvist, 2007, "Capital Flows, Financial Integration, and International Reserve Holdings: The Recent Experience of Emerging Markets and Advanced", IMF Working Paper No.07/151.

Chow, G.C., 1993, "Capital Formation and Economic Growth in China", *Quarterly*

Journal of Economics, 108(3):809—842.

Claessens, Stijn, Daniel Oks and Rossana Polastri, 1998, *Capital Flows to Central and Eastern Europe and Former Soviet Union*, *Capital Flows and the Emerging Economies: Theory, Evidence, and Controversies*, University of Chicago Press.

Clarida, Richard H., 2005, "Japan, China, and the U.S. Current Account Deficit", *Cato Journal*, 25(1):111—114.

Cooper, Richard N., 2001, "Is the U.S. Current Account Deficit Sustainable? Will It Be Sustained?" *Brookings Papers on Economic Activity*, 2001(1):217—226.

Committeri, Marco, 2000, "Effects of Volatile Asset Prices on Balance of Payments and International Investment Position Data", IMF Working Paper No.00/191.

Dooley, Michael P., David Folkerts-Landau and Peter M. Garber, "The US Current Account Deficit and Economic Development: Collateral for a Total Return Swap", NBER Working Paper No.W10727.

Dumas, Bernard, Campbell R. Harvey and Pierre Ruiz, 2003, "Are Correlations of Stock Returns Justified by Subsequent Changes in National Outputs?" *Journal of International Money and Finance*, 22, 777—811.

Dunning, John H. and Khalil A. Hamdani, 1997, *The New Globalism and Developing Countries*, Tokyo: United Nations University Press, 13—14.

Dunning, J.H., 1977, "Trade, Location of Economic Activity and the Multinational Enterprise: A Search for an Eclectic Approach", in Ohlin B., Hesselborn P.O. Wijkman P. M. (eds.), *The International Allocation of Economic Activity*, London: Macmillan.

Eichengreen, Barry and Hui Tong, 2005, "Is China's FDI Coming at the Expense of Other Countries?" NBER Working Paper 11335.

Evans, Martin D. and Viktoria Hnatkovska, 2005, "International Capital Flows, Returns, and World Financial Integration," NBER Working Paper 11701.

Frankel, 1992, "Measuring International Capital Mobility: A Review", *The American Economic Review*, 82(2):197—202.

Froot, Kenneth A., Paul G. J. O'Connell and Mark S. Seasholes, 2001, "The Portfolio Flows of International Investors", *Journal of Financial Economics*, 59, 151—193.

Goldsmith, R. W., 1951, "A Perpetual Inventory of National Wealth", Studies in Income and Wealth.

Gourinchas, Pierre-Olivier and Helene Rey, 2005, "From World Banker to World Venture Capitalist: US External Adjustment and The Exorbitant Privilege", NBER Conference on G7 Current Account Imbalances: Sustainability and Adjustment.

Gruben, William C. and Darryl Mcleod, 1998, "Capital Flows, Savings and Growth in the 1990s", *The Quarterly Review of Economics and Finance*, 38(3):287—301.

Gugler, Philippe and Bertram Boie, 2008, "The Chinese International Investments: Corporate and Government Strategies", Swiss National Centre of Competence in Research, Working Paper No 2008/25.

Hau Harald and Hélène Rey, 2006, "Exchange Rates, Equity Prices and Capital Flows", *The Review of Financial Studies*, 19(1):273—317.

Helmut Wagner, 2000, *Globalization and Unemployment*, Heidelberg: Springer, 19.

Heston, Steven L., K. Geert Rouwenhorst and Roberto E. Wessels, 1995, "The Structure of International Stock Returns and the Integration of Capital Markets", *Journal of Empirical Finance*, 2, 173—197.

Higgins, Matthew, Thomas Klitgaard and Cédric Tille, 2006, "Borrowing without Debt: Understanding the U.S. International Investment Position", FRB of New York Staff Report No.271.

Hoxha, Indrit, Sebnem Kalemli-Ozcan and Dietrich Vollrath, 2009, "How Big Are the Gains from International Financial Integration?" NBER Working Paper 14636.

Hung, Juann H. and Angelo Mascaro, 2004, "Return on Cross-Border Investment: Why Does U. S. Investment Abroad Do Better?" Technical Paper Series, Congressional Budget Office, Washington, D.C.

Hymer, S. 1976, *International Operation of National Firms: A Study of Direct Foreign Investment*, MIT Press.

Ibbotson, Roger G., Richard C.Carr and Anthony W.Robinson, 1982, "International Equity and Bond Returns", *Financial Analysts Journal*, 38(4):61—83.

Ito, Takatoshi, 1999, "Capital Flows in Asia", NBER Working Paper 7134.

Janus and Riera-Crichton, 2009, "International Gross Capital Flows: A New

Measure and Application to a Global Panel", Santa Cruz Center for International Economics (SCCIE) Working Paper 09—08.

Jones, R. W., 1967, "The Theory of International Capital Movement and Tariff Trade", *Quarterly Journal of Economics*, 81(1):1—38.

Jorgenson, Dale, and LR Christensen, 1973, "U.S. Income, Saving and Wealth, 1929—1969", *Review of Income and Wealth* 19, 4, 329—362.

Jorion, Philippe, 1996, "Returns to Japanese Investors from US Investments", *Japan and the World Economy*, 8(3):229—241.

Kemp, M. C. 1966, "The Benefits from International Trade and Investment", *American Economic Review*, 56(4).

Kindleberger, 1969, *American Business Abroad*, Yale University Press.

Kojima, Kiyoshi, 1978, *Direct Foreign Investment: A Japanese Model of Multinational Business Operations*, London: Croom Helm.

Kozlow, Ralph, 2002, "Valuing the Direct Investment Position in U.S. Economic Accounts", Fifteenth Meeting of the IMF Committee on Balance of Payments Statistics, Canberra, October 21—25.

Landefeld, J. Steven and Ann M. Lawson, 1991, "Valuation of the U. S. Net International Investment Position", *Survey of Current Business*, 5, 40—49.

Lane, Philip R. and Gian Maria Milesi-Ferretti, 2000, "External Capital Structure: Theory and Evidence", IMF WP00152.

Lane, Philip R. and Gian Maria Milesi-Ferretti, 2001, "The External Wealth of Nations: Measures of Foreign Assets and Liabilities for Industrial and Developing Countries", *Journal of International Economics*, 55, 263—294.

Lane, Philip R. and Gian Maria Milesi-Ferretti, 2006, "The External Wealth of Nations Mark II: Revised and Extended Estimates of Foreign Assets and Liabilities, 1970—2004", IMF Working Paper No. 0669.

Lankes, Hans P., and Nicholas Stern, 1998, "Capital Flows to Eastern Europe and the Former Soviet Union", European Bank for Reconstruction and Development Working paper 27, February.

Lipsey, Robert E., 1988, "Changing Patterns of International Investment in and By the United States", NBER Working Paper No.W2240.

参
考
文
献

Lipsey, Robert E., 1999, "The Role of Foreign Direct Investment in International Capital Flows", NBER Working Paper No.W7094.

Lucas, R., 1990, "Why Doesn't Capital Flow from Rich to Poor Countries?" *The American Economic Review*, 80(2), Papers and Proceedings of the Hundred and Second Annual Meeting of the American Economic Association (May, 1990), 92—96.

Macdougall, G. A., 1960, "The Benefits and Costs of Private Investment from Abroad: A Theoretical Approach", *Economic Record*, 36(3):13—35.

Masson, Paul R., Jeroen Kremers and Jocelyn Hrone, 1993, "Net Foreign Assets and International Adjustment: The United States, Japan and Germany", IMF Working Paper WP93/33.

Meinen, Gerhard, Piet Verbiest and Peter-Paul de Wolf, 1999, "Perpetual Inventory Method: Service Lives, Discard Patterns and Depreciation Methods", Canberra Group on Capital Stock Statistics, November 1999 Meeting, OECD.

Milesi-Ferretti, Gian Maria, 2008, "Fundamentals at Odds: The U. S. Current Account Deficit and the Dollar", IMF Working Paper No.08/260.

Morrison, Wayne M. and Marc Labonte, 2009, "China's Holdings of U. S. Securities: Implications for the U. S. Economy", CRS Report for Congress, Prepared for Members and Committees of Congress.

Prasad, Eswar and Shang-Jin Wei, 2005, "The Chinese Approach to Capital Inflows: Patterns and Possible Explanations", IMF Working Paper WP05/79.

Ramachandran, S., 1988, "The Debt-Equity Composition of International Investment", IMF Working Paper No.88/8.

Rider, Mark, 1994, "External Debt and Liabilities of Industrial Countries", Reserve Bank of Australia Research Discussion Paper.

Rodrik, Dani and Andrés Velasco, 1999, "Short-Term Capital Flows", NBER Woring Paper 7364.

Shatz, Howard J. and Anthony J. Venables, 2000, "The Geography of International Investment", World Bank Policy Research Working Paper No.2338.

Simard, Eric and Eric Boulay, 2006, "Market Valuation of Equity in the International Investment Position: Canada's Experience", Nineteenth Meeting of the IMF

Committee on Balance of Payments Statistics, Frankfurt, Germany, October 23—26.

Sinn, S., 1990, "Net External Asset Positions of 145 Countries", Kieler Studien no. 224, Institut für Weltwirtschaft an der Universität Kiel, Tübingen: J.C.B.Mohr.

Sun, Lixing, 2003, "Measuring Time-Varying Capital Mobility in East Asia", *China Economic Review* 15, 281—291.

Swiston, Andrew, 2005, "A Global View of the U.S. Investment Position", IMF Working Paper No.05/181.

Tatom, John A., 2008, "Imbalances in China and U.S. Capital Flows", Networks Financial Institute Working Paper 2008-WP-14.

Tesar, Linda L. and Ingrid M.Werner, 1994, "International Equity Transactions and U.S. Portfolio Choice", NBER Working Paper No.4611.

Tesar, Linda L. and Ingrid M.Werner, 1995, "U.S. Equity Investment in Emerging Stock Markets", *The World Bank Economic Review*, 9(1):109—129.

Tille, Cédric, 2005, "Financial Integration and the Wealth Effect of Exchange Rate Fluctuations", Federal Reserve Bank of New York Staff Report No.226.

Vernon R., 1966, "International Investment and International Trade in Product Cycle", *Quarterly Journal of Economics*, 80:190—207.

Warnock, F. and V., Warnock, 2006, "International Capital Flows and U.S. Interest Rates", Board of Governors of the Federal Reserve System, International Finance Discussion Papers, No.840.

William, N. and Andrey D.Ukhov, 2004, "British Investment Overseas 1870—1913: A Modern Portfolio Theory Approach", Yale ICF Working Paper No.05—03.

(美)巴里·艾肯格林:《资本全球化:国际货币体系史》(第 2 版),彭兴韵译,上海人民出版社 2009 年版。

曹伟:《美国国际收支结构的持续性、调整分析及对中国的启示》,西南财经大学博士学位论文,2007 年。

陈小蕴:《我国国际收支投资收益逆差的成因、负面效应及变动趋势》,《国际金融研究》2004 年第 7 期,第 60—67 页。

崔新健:《FDI 微观理论:OL 模型》,《管理世界》2001 年第 3 期,第 147—153 页。

冯蕾、陈柳钦、金永军:《美国经常账户逆差可持续性问题的另类思考》,《国际金融研究》2008 年第 7 期,第 18—24 页。

顾静、李雪飞:《美国对外投资收益与经济霸权》,《现代国际关系》2008 年第 7 期。

管涛、王春红：《对中国资本外逃规模测算方法的思考》，《金融研究》2000 年第 12 期。

何帆：《国际货币体系中的美元霸权因素及其影响》，《中国外汇管理》2005 年第 6 期。

何帆：《全球化中的国家利益的冲突和协调》，中国社会科学院国际金融研究中心工作论文 No.27，2003 年。

何新华、曹永福：《国情调研报告：关于 FDI 存量与利润率的统计问题》，中国社会科学院世界经济与政治研究所统计研究室工作论文 No.DSWP200801，2008 年。

贾明：《日本提出"海外投资立国"的口号》，《现代日本经济》1984 年第 6 期，第 63 页。

江小涓、杜玲：《国外跨国投资理论研究的最新进展》，《世界经济》2001 年第 6 期，第 71—77 页。

李翀：《论金融全球化过程中的利益分配》，《世界经济与政治》2001 年第 2 期，第 11—14 页。

李京文、（美）D.乔根森、郑友敬、（日）黑田昌裕等：《生产率与中美日经济增长研究》，中国社会科学出版社 1993 年版。

李巍、张志超：《汇率弹性、外汇储备对消费需求和国内信贷的影响——基于资本账户开放的视角》，《金融评论》2010 年第 5 期，第 82—126 页。

李扬：《中国经济对外开放过程中的资金流动》，《经济研究》1998 年第 2 期，第 14—24 页。

李众敏：《我国外汇储备的成本、收益及其分布状况研究》，中国社会科学院世界经济与政治研究所国际金融研究中心工作论文 No.0806，2008 年。

林玲、段世德：《经济全球化背景下的中美贸易利益分配研究》，《世界经济与政治论坛》2008 年第 4 期，第 1—6 页。

刘建军、王晋忠：《国际资本自由流动中的公平性分析》，《世界经济研究》2000 年第 4 期，第 80—85 页。

刘莉亚：《我国外汇储备币种结构与收益率的一个估计》，《财经研究》2008 年第 7 期。

罗纳德·I.麦金农：《美元本位下的汇率——东亚高储蓄两难》，中国金融出版社 2005 年版。

马先仙：《美国经常项目逆差分析——基于美元的国际货币地位视角》，西南财经大学博士学位论文，2007 年。

（美）迈克尔·波特：《国家的竞争优势》，李明轩、邱如美译，中信出版社 2007 年版。

（美）迈克尔·赫德森：《金融帝国——美国金融霸权的来源和基础》，嵇飞、林小芳等译，中央编译出版社 2008 年版。

蒙代尔：《三元货币及其对金融的影响》，《国际金融研究》2002 年第 5 期，第 8—13 页。

倪权生、潘英丽：《G20 国家资本账户开放度比较研究——基于改进的约束式测度法》，《世界经济研究》2009 年第 2 期，第 19—22 页。

倪权生、潘英丽：《谁在补贴美国？——美国对外资产负债规模及收益率差异分析》，《上海金融》2011 年第 4 期，第 11—16 页。

倪权生、潘英丽：《中美相互投资收益率差异及其蕴含的政策启示》，《上海金融》2010 年第 12 期，第 10—15 页。

聂名华：《发展中国家对外直接投资理论述评》，《经济学动态》2000 年第 3 期，第 61—69 页。

潘英丽等：《国际金融中心——历史经验与未来中国》（中卷），格致出版社、上海人民出版社 2010 年版。

潘英丽：《有效利用外资理论研究》，华东师范大学出版社 1997 年版。

商德文、何东阳：《现代国际投资理论主要流派评述》，《当代经济研究》1995 年第 3 期，第 51—57 页。

史博：《主权财富基金运作模式研究》，浙江大学硕士论文，2010 年。

宋国友：《中国购买美国国债来源、收益与影响》，《复旦学报（社会科学版）》2008 年第 4 期，第 31—38 页。

王楚明：《金融全球化进程中的利益冲突》，《改革与理论》2002 年第 9 期，第 31—33 页。

王东京：《国际投资规模论》，《经济理论与经济管理》，1990 年第 4 期，第 36—41 页。

王世华、何帆：《中国的短期国际资本流动：现状、流动途径和影响因素》，《世界经济》2007 年第 7 期，第 12—19 页。

王小鲁、樊纲等：《中国经济增长的可持续性》，经济科学出版社 2000 年版。

王晓春：《资本流动程度估计方法及其在发展中国家的应用》，《世界经济》2001 年第 7 期。

王永中：《国际资本流动悖论：一个文献综述》，中国社会科学院世界经济与政治研究所工作论文 No.1003，2010 年。

翁东玲：《国际资本流动与中国资本账户开放》，中国经济出版社 2010 年版。

吴立广：《国际分散化证券投资的潜在利益及对 QDII 投资的启示》，《国际金融研究》2010 年第 5 期，第 47—54 页。

吴信如：《资本账户开放时机的内生决定：一个两阶段动态最优化模型》，《世界经济》2006 年第 6 期，第 40—47 页。

吴云松：《新兴市场国家的国际资本流动：波动和流向的决定》，复旦大学博士学位论文，2004 年。

武常歧:《多少利益流到了国外——FDI给中国经济安全带来隐患的思考》,《国际融资》2004年第5期。

项卫星、杨红:《国际资本流动利益及分配研究进展综述》,《经济研究参考》2007年第46期(总第2102期)。

谢皓:《经济全球化利益分配不均及其制度经济学研究》,《亚太经济》2004年第5期,第2—5页。

谢平、陈超:《论主权财富基金的理论逻辑》,《经济研究》2009年第2期。

邢建国:《发展中国家国际直接投资的产业选择》,《经济研究》1997年第3期,第68—73页。

徐明棋:《美国国际收支经常账户逆差不断扩大对世界经济的影响》,《国际金融研究》2006年第4期,第38—43页。

许承明:《对我国国际投资头寸统计的探讨》,《统计研究》2003年第3期,第46—49页。

(法)雅克·阿达:《经济全球化》,何竟、周晓幸译,中央编译出版社2000年版。

杨国庆:《从亚洲金融危机看美国金融霸权》,复旦大学博士学位论文,2007年。

杨红:《金融全球化进程中国际资本流动利益的分配》,吉林大学博士学位论文,2007年。

俞进:《融合国际贸易和直接投资理论:以国际分工为基础》,《华东师范大学学报(哲学社会科学版)》2002年第11期,第107—125页。

张斌、王勋、华秀萍:《中国外汇储备的账面收益率和真实收益率》,中国社会科学院世界经济与政治研究所国际金融研究中心工作论文No.2010W03,2010年。

张幼文:《全球化经济的要素分布与收入分配》,《世界经济与政治》2002年第10期。

章江益、张二震:《贸易投资一体化条件下贸易利益分配问题新探——兼论我国外资企业进出口贸易利益》,《世界经济研究》2003年第9期。

章丽群:《中美制成品产业内贸易与利益分配》,上海社会科学院研究生院博士论文,2009年。

周玮、方勇、张二震:《论贸易投资一体化条件下的利益分配问题》,《当代经济管理》2005年第5期。

朱淑珍:《中国外汇储备的投资组合风险与收益分析》,《上海金融》2002年第7期。

朱玉杰、曾道先、聂小刚:《国际直接投资的优势互补理论研究》,《清华大学学报(哲学社会科学版)》2001年第5期,第67—71页。

邹欣:《中国的国际收支结构:基于外资流入的分析》,中国金融出版社2006年版。

后　记

　　2015 年 6 月,《亚洲基础设施投资银行协定》签署仪式在北京举行,57 个意向创始成员国财长或授权代表出席了签署仪式。各方商定将于 2015 年年底之前,经合法数量的国家批准后,《协定》即告生效,亚投行正式成立。近年来,中国倡导的以亚投行为代表的一系列新兴国际机构——如金砖国家银行、丝路基金、中非合作基金——的成立,显示出中国作为新兴发展中国家在国际投融资体系中的参与诉求。私人部门的投资需求也在日益增长,2006 年我国吸收外商直接投资和对外直接投资的金额分别为630 亿美元和 212 亿美元,到了 2013 年,这两项指标分别为 1 195 亿美元和 1 078 亿美元。无论是私人部门还是公共部门,中国对外均有着很高的资本交流需求。

　　国际资本是经济全球化的重要载体,它已渗入到全球经济活动的各个领域,将各国紧密地联系在一起,形成一个复杂的活动网络,维系着全球及各国经济、金融体系的运转。国际资本作为一种生产要素,既可以给投资国带来回报,也可以给东道国提供发展所需要的资源,因此国际资本流动的过程也是利益产生和分配的过程。过去几十年,国际流动资本由少数发达经济体掌握,以美国、日本和西欧国家为主体的发达国家是掌握全球资本流动的主导力量,并从中获得巨大利益。而大多数发展中国家,在国际资本流动体系中往往处于被动的地位。

　　资本的逐利性决定回报率是驱动其流动的重要因素,虽然不少学者从不同的角度对国际资本流动和国际金融体系进行了阐述和分析,但对跨国资本流动体系中的收益问题,研究甚少,更未形成系统的、明确的观点和理论体系,并且相关讨论大多是定性的,更侧重逻辑分析的研究,缺少理论和实证的支持。本书试图将国际资本流动过程中的收益分配问题,进行系统的梳理和分析。在充分利用前人已有成果的基础上,通过理论推导和实证分析探讨各经济体在对外资本循环中的收益和成本,分析各经济体在国际资本流动体系中的角色。研究在经济全球化的背景下,国际资本流动所产生的收益在不同经济体之间的分配问题。

本书通过构建以 80 个国家和地区(这 80 个国家和地区的经济总量占全球 95％左右,对外资本流动规模也占全球所有国家和地区的 95％左右,我们可以认为这些样本基本代表了全球的经济活动)为样本、时间跨度近 30 年(1980—2008 年)的实证分析来描述和分析全球的资本流动行为及其过程中的收益分配,并从微观和宏观角度分析其中原因。我们发现过去 30 年全球资本流动呈现出以下一些特征:规模增长快、分布不均、发达国家(地区)和发展中国家(地区)的资本输入方向多样化,发展中国家(地区)境外配置更侧重储备资产,而发达国家(地区)的境外配置更侧重权益资产。只有少数国家(地区)在国际资本循环中获得了净收益,即仅从资产收益角度来看,现有的国际货币金融体系只对少数国家(地区)有益。

本书的内容主要由我在上海交通大学攻读博士学位期间的学位论文整理而来。本书的完成,离不开导师潘英丽教授的支持,正是在潘老师的指导和影响下,我顺利完成了对此课题的深入研究,再次向潘老师表示感谢。感谢沈思玮副教授、华东师范大学的吴信如教授和李巍副教授,感谢你们在研究思路和方法上对我的启发,感谢我的班级主任刘海龙教授在学习上的帮助和支持。最后,要感谢家人的支持,你们是我前进的动力!

图书在版编目(CIP)数据

全球资本流动过程中的收益分配/倪权生著.—上
海:格致出版社:上海人民出版社,2015
(上海交通大学现代金融研究中心系列丛书)
ISBN 978 - 7 - 5432 - 2567 - 1

Ⅰ.①全… Ⅱ.①倪… Ⅲ.①资本流动-利益分配-
研究-世界 Ⅳ.①F831.7

中国版本图书馆 CIP 数据核字(2015)第 229932 号

责任编辑 王梦茜
装帧设计 人马艺术设计·储平

上海交通大学现代金融研究中心系列丛书

全球资本流动过程中的收益分配

倪权生 著

出 版	世纪出版股份有限公司 格致出版社 世纪出版集团 上海人民出版社 (200001 上海福建中路 193 号 www.ewen.co)	印 刷	浙江临安曙光印务有限公司
		开 本	787×1092 1/16
		印 张	14
		插 页	2
	编辑部热线 021-63914988 市场部热线 021-63914081 www.hibooks.cn	字 数	246,000
		版 次	2015 年 11 月第 1 版
发 行	上海世纪出版股份有限公司发行中心	印 次	2015 年 11 月第 1 次印刷

ISBN 978 - 7 - 5432 - 2567 - 1/F · 881

定价:42.00 元